| The Selections Of |

New Concept

90后新概念

花样年华书系

茶·花·纪

◆ 方达 主编

長江出版傳媒 | 湖北教育出版社

目录 | contents

那时，阳光正好

流离的童话，为你寄一张小卡片

猫，带我回家

幽暗的一道目光，你我他

两个女孩，寂寞和美好

作 / 者 / 简 / 介

赵丹盈

一九九二年十月出生于河北承德，
第十四届全国新概念作文大赛一等奖获得者。
第十五届全国新概念作文大赛二等奖获得者。

孙韧

笔名端木赐。

王永强

笔名封尘，生于一九九二年初春。小说手艺人，图书公司编辑。四川人。
曾获第十二届全国新概念作文大赛A组二等奖，第十五届全国新概念作文大赛C组入围奖，
第二届全国高校文学大赛小说组优秀奖。

禾木

原名梁学明，一九九〇年七月生，典型的巨蟹男，现居湖南长沙。
湖南省作家协会《小溪流》杂志编辑。
作品散见于《青年文学》《散文诗》《美文》等文学期刊，
二〇一二年出版个人作品集《做作时光》。

莫诺

原名乐康，一九九二年一月出生，湖北武汉人。
曾获十二、十五届全国新概念作文大赛二等奖，第十三届中国少年作家杯一等奖。

蔶意

一九九二年三月三日出生，双鱼座女子。曾获第十二、十三届全国新概念作文大赛二等奖。

占晖

笔名北西，原名詹晖，常被写作占晖，天蝎座。热衷写字已有十数年。
作品曾入选新青年作家作品联展，系全国新概念作文大赛第九、十一、十三届获奖者。

晏耀飞

湖北十堰人。毕业于荆楚理工学院。

笔名北海没鱼。

第十三届全国新概念作文大赛二等奖获得者。

韩倩雯

女，一九九一年出生于江苏东台，天蝎座。

曾在《萌芽》上发表作品《卡卡的石头》《告别苏西》。

现为江苏省作家协会会员，第十二、十四届全国新概念作文大赛获奖者。

张烜怡

出生于一九九三年三月，曾获第十三、十四届全国新概念作文大赛二等奖。

辛晓阳

笔名Iris，夏天出生，因而拥有热情、外放、不拘谨的性格。

曾多次获得全国新概念作文大赛一等奖和二等奖。

陆晓彤

生于一九九一年，浙江人，曾获第十届全国新概念作文大赛二等奖。

樊海涛

男，一九九〇年出生于东北大都会沈阳。

曾获新东方科教集团旅行征文一等奖、第十二届全国新概念作文大赛二等奖。

作者简介

孙倩兰

目前笔名是夏以砂。敏感而死要面子的狮子座女。
爱好广泛却不坚定，一直喜欢电影、动漫，以及几米。
喜欢买书多过看书。曾获十二届全国新概念作文大赛二等奖。

李雪

女，曾用网名蓝色幻影。
出生于湖北宜昌，双鱼座。
作品散见于某些杂志以及新概念的书籍。

范宇

一九九一年四月生，中国散文家协会会员，
先后在《散文选刊》《美文》《当代小说》《北方文学》等报刊发表数十万字作品。
获得首届孙犁文学奖、第四届“包商杯”全国高校文学作品大赛一等奖。

徐象帆

一九九〇年十月二十四日出生，浙江省瑞安市人。
曾获第十届全国新概念作文大赛二等奖。

张珂

一九九四年生。曾获第十五届全国新概念作文大赛一等奖。

周苏婕

笔名安谙，一九九三年十二月出生于江苏常州，射手座女生。
曾获第十二届全国新概念作文大赛二等奖、第十五届全国新概念作文大赛一等奖。

靳新

出生于一九九二年十二月，笔名大荷。
曾获第十四届全国新概念作文大赛二等奖。

丁好好

原名丁浩，酷爱文学，精于写作。
个人创作剧本有《向着阳光的花朵》《垃圾公主的故事》《零距离》等。
在报刊杂志上发表过一百三十四篇文章。

王明明

男，黑龙江省林都伊春人。
毕业于江西师范大学中文系。
作品发表于《百花洲》《山花》《北方文学》《山东文学》等刊物，
并入选青春文学选本。
江西省作家协会会员，全国邮政作家协会理事。

杨璋

现在美国读书。江苏省作家协会会员。
在《萌芽》上发表有《桃花欲嫣》。
曾获第九届全国新概念作文大赛一等奖、第十届全国新概念作文大赛二等奖。

不日远游

原名沈佳英，白羊座。
喜欢邱妙津、托马斯·特朗斯特罗默、张国荣。
现就读于杭州某大学。曾获第十五届全国新概念作文大赛二等奖。

刘倩

一九九三年四月出生于甘肃。
曾获第十二届全国新概念作文大赛一等奖。

四岁就变坏

原名陆明明。
在《萚苒》上发表的文章有《普罗旺斯的花季》《秋迟》《夜祸》《第三个拐角》
《寒春三月》《蚁生·尘芥》《时差》。

霈七

取谐音而得笔名，
九五年狮子座女生一枚，广东人，
文艺与彪悍并重，可以炫耀的，只有一颗单凭热爱坚持写作的心。

茶花

camellia

在『十大名花』中排名第八。
花瓣为碗形，分单瓣或重瓣。
盛花期通常在1—3月份。
从10月份到翌年5月份都有开放，
又名山茶，古名海石榴。

花语

满树蓓蕾，像是少女述说着幼时的心恋。
它总是静静地开在庭园之中。
红茶花的花语是天生丽质；
白茶花的花语是纯真无邪。

原产地

茶花原产中国。

2500年前，

吴王夫差在会稽所建『梧桐园』内

就已有栽培。

到了宋代，栽培山茶花之风更盛。

诗句

陆游所咏的茶花最为有名：

『东园三月雨兼风，桃李飘零扫地空。
唯有山茶偏耐久，绿丛又放数枝红。』

杨朔说：

『不见茶花，你是不容易懂得「春深似海」这句诗的妙处的。』

仿佛开花是茶花一生的追求。

盛开 Bloom

1739年英国首次引种茶花，
随后这种东方花朵的美丽缪斯传入欧美各国。
小仲马所著《茶花女》的女主角玛格丽特在茶花开放期间，
25天戴白茶花，5天戴红茶花，
惊艳了整个花都巴黎。
雌雄同株的山茶花也呼应了可可·香奈儿叛逆的性格。
在香奈儿的世界中，
山茶花为她特立独行的美做了最好的表达。

Part 1 那时，阳光正好

The Selections of New Concept

茉莉莉语

by/ 黄意

这些天，天气不是很热，风吹过姐姐穿的棉麻宽松上衣，让我觉得她浑身的毛孔都舒张开来了，好像她清爽得一整天都不会出汗一样。外出时路过信箱，我发现了小海寄过来的信件。依然是歪歪扭扭的字体，我想，如果不是我们教他写字，我恐怕都不能够这样得知他的消息。

茉莉说："想念是一件很普通的事。"

我叫月川，有一个姐姐叫作茉莉，还有一个双胞胎妹妹叫朝朝。在这个家里，我最喜欢做的事就是记录下茉莉所说的话，那些她偶尔靠在飘窗上捧着书呢喃出的句子，或者是静静地听音乐时发出的声音。

我从来不叫她姐姐，我觉得茉莉是一个非常美的名字，来自一朵小而纯洁的花。所以我总是喜欢直呼其名，虽然有些不礼貌，每次都会被朝朝骂。茉莉呢，她从来都是微笑着看着我们嬉闹，她是一个温柔的大姐姐，令我如此向往。

今年高考结束，我落榜了。不是说没有考上，而是没有考上我想去的大学。朝朝没心没肺的，她从来不关心学习，但在我沮丧的同时，她失恋了。朝朝，那是你的初吻，你的初恋，你的三年美好时光。一定很难过吧。

我一直在思考，我们这个年纪的女孩子，谈恋爱的时候会考虑什么呢？朝朝的话，好像只要长得好看，会打篮球，或者会弹吉他就够了。好简单呀，后来我在小本子上看到一句话：正是这样简单纯粹的喜欢才最让人怀念。

总之，两个女孩子都苦闷不堪。整天整天待在家里不出门，每到夜晚总是能够听到朝朝的哭声，真想抱抱她。不过我自己也好不到哪里去，十几年的努力，最后还是没有收获好的、满意的果实。听着朝朝的哭声，我窝在床上抱着膝盖，不禁也有点想哭。

于是，茉莉说："陪我去海岛玩吧。"

她还是微笑着说，两只手摸摸我们的头，转身开始一边收拾东西，一边说："哎呀，去海岛要带草帽啦，长裙啦，对了，还有相机……"

朝朝喜欢夏天。她喜欢穿背心短裤坐在地板上用勺子挖着冰镇西瓜吃，喜欢躺在天台上看飞机划过蓝天的痕迹，喜欢啃着冰淇淋到大树下乘凉，听留声机吱吱呀呀翻唱着古老的歌谣。

我想茉莉一定喜欢在夏天穿着碎花裙子戴着太阳帽去海边听潮汐声，或者听着MP3在稻田里吹风。

我没有什么太大的愿望，只想守护着这两个人，去喜欢她们喜欢的东西，记录下她们美好的模样。小海用唇语告诉我我对小天也是这样的感情。初见小海的时候，觉得他是一个这样黑的男孩，也许是生活在海边的缘故，总是要到海边去打鱼。头发剪得短短的，和朝朝喜欢的那种男生不同，但是却有着宽阔坚实的肩膀。他很安静，可眼睛仿佛自来就会说话一样，只是看着观察着，就能够获悉你的不开心。他会走过来默默地待在你身边，与你一起看眼前这片同样宽阔的海。

这是一座民风淳朴的海岛，有泛着白光的沙滩，还没有怎么被开发，游客也比较少。岛上没有汽车，只能够使用单车或者步行。茉莉说："这里和大城市的彻夜欢愉格格不入。怪不得她这样想来，甚至不惜二次前往。"

"福伯，我们到啦。"很自然地推开门，茉莉朝着里面大喊。

"哎哎，来了，来了。"

林福伯伯招呼我们进去，被藤萝爬满的老房子。

"茉莉姐姐！"迎面跑来一个可爱的小男孩，大约六岁吧，声音还奶声奶气的。他穿着白背心、棉短裤，咧开的嘴里有着两颗大白兔一样的门牙。嗯……声音，也像大白兔奶糖。真好听，大白兔声音的男孩。后来，我常常想，小天这样喜欢说话，是不是为了弥补小海无法说话的缺憾呢？

"小天，长高啦。"茉莉蹲下来摸摸他的头，"对了，这是我的两个妹妹，月川和朝朝。"她向小天和福伯介绍着我们。

大白兔声音的小男孩活蹦乱跳地奔过来，脚下一个踉跄，就整个扑进了朝朝的怀里。我看到，原本面无表情的她突然惊慌了一下，接住了肉乎乎的小男孩。

"嗯，朝朝姐姐身上好香。"小天满脸幸福地干脆趴在朝朝身上不肯下来了。

"小色鬼！"朝朝轻轻地宠溺地说了一句。

十几天不见的笑容也终于浮现在她的脸上。

“我们可能会在这里住上一段时间，福伯，就上次的房间就好。”在我和茉莉相差的这几岁、这几年里，她究竟经历过多少我不知道的事呢？她是一个人来这里的吗？带着相机，带着一颗独自旅行的心，然后将这份感动在这一次与我们分享。

茉莉说：“我喜欢旅行，不是为了逃避，而是为了回来更好地生活。”

那天来到福伯家，并没有见到小海。我是在海边见到他的，当时我坐在一条废弃的木船里举着相机拍海与天。然后，镜头里他就从海水里钻出来了，黝黑的皮肤，沾着水珠的脸庞，手里捧着几颗扇贝。

这个年纪的男孩，应该在学校里打篮球，弹吉他，吸引女生的注意吧。

小海，和我所认识的男孩那么不一样。

茉莉走过来，我看到那个皮肤黝黑的男孩脸上闪过一丝惊喜。他有些手足无措，等到茉莉介绍完我，他才仿佛醒了过来，缓缓地举起手里的扇贝，举到我们的面前。

“啊啦，这是要给我们的吗？”茉莉问。

他点点头。

茉莉接过扇贝，递了一个给我。这是我第一次见到活着的扇贝，在壳的外缘，开口处有一溜锯齿状的东西，我捏了一下，外壳立刻闭上，不过等一下又缓慢打开了，从开口里能够看到新鲜的扇贝肉。

“今天晚上请做好吃的扇贝吧！”茉莉笑着对小海说。

她总是笑，我觉得，爱笑的女孩是这样美好，仿佛总能够带给别人快乐。

回去的路上，茉莉告诉我，小海不会说话，他和小天都是福伯的孩子。福伯姓林，所以他们一个叫林海，一个叫林天。他们的妈妈在他们很小的时候就去世了，他们依然居住在这个海岛上，每天打鱼，种植一些高粱小麦之类的植物，偶尔也接待一些游客。

在海风的宁静中，小海和小天仿佛也回归到了宁静里。而在他们之中，小海尤其令我好奇。

茉莉说：“好奇是喜欢的开始。”

“好吃的清蒸扇贝来啦。”福伯厚实的嗓音从厨房间传来，给人一种亲切感和安全感，好像在这里，可以安安静静地生活，不会受到任何打扰。

“啊，扇贝，扇贝！”还没等扇贝上桌，小天就拍起手来了，眼睛更是瞪得铜铃般大。

“不可以乱碰哦，烫。”朝朝敲了敲他的头，小男孩的表情一下子暗淡下来，惹得朝朝只好哄他，“好啦好啦，我帮你剥，好不好。”

大白兔小男孩满足地露出了两颗大门牙。

福伯放了蒜去腥，还加了粉丝增味，打开的扇贝壳里淌着鲜嫩的汁水。桌子上除了扇贝，还有蛤蜊，同样也是清蒸的。我和朝朝都不喜欢吃辣，所以福伯就没有放辣椒。

“真厉害呢，都是小海刚从海里捞起来的。”茉莉夸赞他。他有些害羞了，低下头去，捧起一颗扇贝吃了起来。

露天的庭院里，六人像一家人一样吃着海鲜，聊天，享受宁静海岛那股咸咸的风。突然觉得，要是这时候在这里多一条狗，好像就更加完美了呢。

对于从小就生活在城市里的我和朝朝来说，茉莉带我们来的这座海岛，像是一块透明的水晶一样纯洁而珍贵。如果不是吃着好吃的扇贝，我一定会认为自己在做梦，梦里的人们美好到让人想流泪。

中途去洗手的时候，发现朝朝在厨房外的草堆旁，盯着手机，是空白的，没有电话，也没有短信。她在等他来找她吧。

有时候，明知道结果，还是会义无反顾地等。这场恋爱带来的痛苦，怎能说好就好了呢？望着朝朝，我的妹妹那短发里落下的两行泪，在月光下闪烁出光芒，我默默地离开了，退回到我的位置上。

我知道，这座海岛的宁静会带给朝朝，带给我治愈伤痛的能力。

这就是茉莉带我们来这里的原因。

茉莉，第一次来的时候，也是想要治愈自己的伤痛吗？她会有什么伤痛呢？

我突然很想知道她的过去，她很多的事情，那些我没有参与的时光里她都经历了什么，这些我都很想知道。虽然她是我的姐姐，但因为大学离家较远的缘故，只有暑假和寒假才和我们在一起。每次回来，她都带着一副开心快乐的样子，谁知道那背后会不会有着和朝朝一样的脆弱纤细。

“要不要一起去海边看星星？”茉莉说，“小海带我们去吧！”

“我也要，我也要去！”小天抱着哥哥的裤腿。

“好，好，一起去。”茉莉笑着说。

于是，一行五人，走在环岛公路上，即将前往海边沙地。

其实，一抬头就能够望到星空了，可是，这种时候呢，刚吃完新鲜的扇贝肚子饱饱的时候，还是要走一走比较好。况且，和这些我所喜欢的人在一起散步，真是一件非常非常棒的事情。

有海的声音了，能够听到海浪一股一股涌来再一股一股退去的声音。

“到啦，到啦！”小天抛下大家，率先奔跑到沙滩上。

“嗯！嗯！”小海的喉咙里发出几声着急的声音，他不会说话，又担心小天会被海浪卷走。他跑向他，一把揽过他，扛在肩膀上。小天的手脚像小马达一样发动着。

“看，叫你乱跑。”茉莉也敲了敲他的头。

没有电线杆，没有城市里的影子，这里的星空像是完全没有被开发过一样漫无边际。

我们坐在松软的沙子上，望着漫天星空，聊着各自的小事。茉莉的裙子，朝朝的短发，我的相机。对于彼此的伤痛，我们闭口不谈。应该算是逃避吧。小天一直不停地试图摆脱哥哥的束缚，挣扎了一会儿竟也累得睡着了。在那之后，整个海边仿佛就只剩下我们三个女孩子的声音，小海只是坐在一边静静地听我们诉说而已。

这是一段仿佛增添几句闲言碎语也显得非常安静的时光。若要怀念这段旅行的话，我一定会想用相机记录下这一段。可惜这种感觉，是无法用仪器记录下的，只能够存在心里。

“小海？”我叫他。

他看向我。

“小海，喜欢看这样的星空吗？”

他点点头。

“小海，喜欢海吗？”

依然点点头。

“小海，想离开这里吗？”

摇头。

“小海，想念妈妈吗？”

他不说话，也不点头摇头，于是我知道我任性了。

“哎呀，时间不早了，我们该回去了。”茉莉说。

不知道，那一句提问会不会成为我们之间一道看不见的墙。

“茉莉，小海会讨厌我吗？我只是，只是想知道，他在想什么。”

第二天，茉莉给我们都换上了她喜欢的衣服，朝朝是白色棉麻吊带打底裙和绿色可爱层层拼接短袖娃娃裙，我是背后纽扣田园碎花的无袖背心裙。盯着镜子里的自己，第一次穿裙子，来回转圈，裙子好像会飞起来一样变成一个圆圈。

“月川，你变女人了。”朝朝幽幽地来了一句。

“我本来就是女人好不好。”

下楼的时候，小海已经去海边了，小天在院子里追蝴蝶，看到朝朝来了，就奔跑过来假装摔倒再扑倒在朝朝怀里。

“嗯，朝朝姐姐身上好香。”依然是那副满足得不得了的样子。

“要去拍照喽。”茉莉催促我们，她要带我们去哪儿呢。

坐上福伯借来的自行车，三个打扮得干净清爽的女孩子，行进在环岛公路上，惹得海岸上的人们纷纷注目。我不太习惯这样的裙子，也不太习惯这样的注目。虽然我知道，他们看的应该都是茉莉和朝朝。

像我这样的女孩子，只知道学习的女孩子，应该不会有人想要关注吧。

来到海边，昨晚上的大海是深蓝色近乎黑色的，而现在却变成了海蓝色。沙滩上的沙子，分布不均，有些地方有石头，还有贝壳。越接近海水，沙子就越细腻。

茉莉的裙子是白色的，很适合她，纯白的小花，不招摇不出众却有股清新之美。她奔跑到海边，我把相机调成了运动模式。我把茉莉和朝朝的戏水拍到了镜头里，茉莉有着好看的鹅蛋脸，她那长直黑的头发也如此自然。

这时候，小海从不远处的海水里钻出来，又是那一抹黝黑，这好像成了我对小海的印象。茉莉招呼他过来一起拍照，他们站到一起，摆出各种各样的动作。其中，唯独不变的是小海，他不会做动作，只是站着，逆着耀眼的阳光。

如果换一种说法，可不可以理解为他不做作呢？

纯天然海水养育的男孩。

茉莉他们去了木船那里拍照。我和小海留在了沙滩边，有一些老婆婆挎着篮子卖贝壳手链和项链。阳光好强烈，我问小海有没有可以乘凉的地方。

他没有说话，就朝一处岩壁走去。好大好长的岩壁，像是碉堡一样，那里有树，遮住了太阳。后来我才知道，这是小海的秘密基地，就像所有孩子童年都会拥有的秘密基地一样。这座碉堡也成了小海的依赖。

有一点点尴尬，因为就算说话，对方也不会说话。况且，还有昨天那个任性的提问。望着无边的蔚蓝色的大海，我突然很想唱歌。

每种色彩，都应该盛开
别让阳光背后只剩下黑白
每一个人，都有权利期待
爱放在手心跟我来
这是最好的未来
我们用爱筑造完美现在
千万溪流汇聚成大海
每朵浪花一样澎湃

……

鼓掌声从小海那里传来，我转过头，看到他眼里闪烁着光芒，还有嘴角上的一丝微笑。

“好听吗？”

他点点头。

蓦地，他仿佛是突然想到了什么，他指了指自己，又指了指嘴唇，然后摆了摆手，意思是：我不会说话。

“我知道，小海。”我盯着他的眼睛说，“每个人都有自己伤痛的地方，我也有。”

他就像一个完美的倾听者一样，他不会打断你，他只是在一旁静静地听你诉说。

然后递上一颗扇贝。

我扑哧一下笑了。看到他不解的表情，我明白了，小海是真心希望我能够开心。扇贝是他所能够想到的，最近也最能够让人心情愉悦的东西了。

他跳入大海，不一会儿又钻出来，带来一颗生蚝，打着手语。我看不懂，于是他凑近我，用唇语告诉我：“其实，生蚝也很好吃。”

一片云飘过，遮住了太阳。小海带着我走向海岸不远处充满礁石的地方，那里隐隐约约仿佛有一片绿色。他拉着我小跑起来，我终于看清了那抹绿。好多长在岩石上的类似于海带但比海带还要宽的东西。

“这是什么？”我问。

我还是看不懂小海的手语，而在这些专有名词上，他的唇语似乎也不管用了。我在大概确定几个字之后，写到了沙滩上。

“海白菜？”

他疑惑地看着我。

“不识字吗？”

与此同时，那边的茉莉抱着朝朝，喊我们过去。

“好像是中暑了。”茉莉焦急地说。

小海蹲下来摸了摸朝朝的额头，迅速站起来跑到刚才的岩石旁，扯下几条“海白菜”后又跑了回来，抱起朝朝往家的方向跑。

“等等，有自行车。”茉莉大喊。

冰块和毛巾在还没回家之前就已经让福伯准备好了，茉莉用水洗过的毛巾擦拭着朝朝的脖子和脸颊。

小海端来一碗海白菜汤，回家之后问了福伯我才知道真的叫海白菜，这是一种喜欢生长在中低潮岩石上的海水植物，可以清凉去热，所以小海才会采来给朝朝。

“刚才是怎么回事啊？”我问茉莉。

“可能是在太阳下面站了太久的缘故吧。”

“可是朝朝的身体应该也不会这样弱吧。”我拿过相机，翻看着在她倒下之前的照片。一开始是很开心地在笑，可是后来不知怎的，变得有些勉强。眼睛里依稀能够看到淡淡的泪水。我想在照片里一定存在着某样他们共同回忆的东西，不幸落入朝朝的眼睛里，让她的心房一下子变得柔软，脆弱到抵挡不住阳光的袭击。

所以是想起了内心的那个人吧？

“小海，你心里也有人吗？是妈妈吗？”

“哇……”思绪被一阵小男孩的哭声打破。小天奔跑到朝朝的床边，大声哭喊着“朝朝姐姐别死，怎么一动都不动了”……

小海一把拉过小天，将他带到门外。从门缝中，我看到他从高处俯瞰小天，做着愤怒的手语，训斥着他。

小天，是想起妈妈的死了吗？就像朝朝一样，一动都不动。面对心爱的朝朝姐姐，小天不希望她像妈妈一样，或者他不希望再经历一次悲伤了。

确定朝朝没事之后，我走出房间。看到庭院里的小海，白背心、棉短裤，正在洗一盆蛤蜊。我叫了他一声，他走过来。我拿出纸笔，在纸上写下“海白菜”三个字，准备教他识字。

快要中午了，小天趴在朝朝的床前，两人睡得迷迷糊糊的。茉莉不知哪儿去了。我在桌边教小海写字。庭院里的蛤蜊吐着沙，等沙全吐干净了，就可以下锅了。

小海很聪明，一点就通。我问他：“平时都做什么？”

他用新学会的字写了一个“海”。

他所有的事都与海有关，他不见得有多浪漫，但是却这样朴实，给人一种大海的感觉。

夜晚，茉莉看着窗外的乌云，今晚怕是看不到星空了。朝朝已经醒过来且吃了些虾仁粥，已经好多了，小天一下午都在她床前活蹦乱跳的。

“遮住了呢。”我说，“乌云。”

小海摇了摇头。他蘸了蘸茶水，在桌子上写下几个歪歪扭扭的字——“跟我来”。

于是，我和茉莉一同跟随他的脚步奔跑到海边。大海安静而深黑。小海捡起一块石头，迅速扔进浅滩里，激起千层浪花。

蓦然间，我看到海底亮出了好几个淡绿色的光点，而且越来越亮，越来越亮，仿佛星空掉入了海底，依然熠熠生辉。而在那亮光中，我看清了小海的唇语：“是海笔。”

一种受到攻击就会发出强烈光芒的无脊椎动物。

“真是太美了。”茉莉赞叹道，“而且这种美无法用任何仪器记录下来，只能够存在我们的心里。”

那一刻的感受，身边的人，温度、风、视觉、时间，只要稍有改变，就无法拥有像今天现在一样的震撼。哪怕今后会再来，也不一定能够看到如此美妙的风景，也许小海已不在身边，也许这里会是另一番景致了。

所以无论如何，都想要用双眼记录下现在这种感受的我，拼命地看着看着。小海的侧脸，海底的星空，茉莉那曼妙的背影。

“真想让朝朝也看到。”我说。

其实在那一天，我的脑海里就已经在计划一场海之盛宴了。

坐在木船里的两个白色少年，一个女孩，一个男孩。女孩倒在男孩的肩膀上，彼此说着一些小情话。男孩抓起女孩的手，写下她的名字。女孩微微一笑，说：“小海，淘气。”

蓦然间女孩看到天空中的候鸟，呢喃道：“可是，我终究还是会离开的啊。”

猛然间惊醒，原来是在做梦。外面天还没亮，可是已经能够闻到炊米的味道了。我推开窗户，好安静的海岛早晨。只穿着一件白色棉麻吊带睡衣，我就下了楼。走到庭院里，深吸一口气，感受这个只属于我一个人的清晨，想着梦里的细枝末节。

住在城市听起来好像是件幸福的事。可是，住在那里的我从来没有见过海，没见过海上的日出和日落，没吹过海风，没捉过藏在石缝和沙滩里的沙虫和贝壳，更没有在海边度过一整个夏天。我的夏天看不到海底的星空，也遇不到那样的小海。

梦里的女孩子是这样说的："可是，我终究还是会离开的啊。"

突然间肩膀被拍了一下，是不是真的这样灵验，当我在想你的时候，你就出现了。我已经可以看懂一点小海的手语了。他问我，怎么这么早起来？

"嗯……就是突然睡不着了。"

我们坐在老房子的门槛上，望着远方天空中的云朵，从冷色调变成暖色调。然后我们说起了茉莉的秘密。

茉莉啊，那个原来我以为一直微笑的女孩子，我的姐姐。

小海像梦里那样抓起我的手，在上面写下一个个字。我看到他的表情，是认真而专注的。在温暖的朝阳里，他黝黑的皮肤显得这样柔软，我能够透过阳光看到他脸上细细的茸毛。

他说："上次茉莉是跟一个男孩一起来的。"

一个男孩。世界上最美妙最简短的小说可以只有八个字，那就是：一个男孩，一个女孩。

剩下的就让人们去遐想吧。他们之间发生了什么，他们之间是什么关系，他们后来经历了什么。这些都让人们去遐想吧。

我想我终于能够窥视到茉莉内心的一些小小地方了。

"小海，你知道恋爱是什么感觉吗？"我问他。

他摇摇头。

"我想应该就是茉莉和那个男孩在一起走路时候的感觉吧。"

我凑近他的耳朵，轻声地告诉他我的海之盛宴，然后站起身来，像一位绅士一样摆出自己的手，弯下腰，邀请他一同加入。

他笑了，明眸皓齿，清爽自然。他握住我的手，站起身。然后蓦地像是想到了什么，从裤子口袋里掏出了一样东西放到我的手心。

是那天在海边老婆婆卖的贝壳项链。

我感到很惊讶，同时又有些窃喜。我立刻戴上，绿色的贝壳项链衬得白色吊带睡裙越发清新了。

“谢谢你，小海。”真的，谢谢你。

他有些不好意思地摸摸头。

一阵鸟鸣，我们同时看向天空，天已经完全亮了呢。我想，也许正是小海告诉我茉莉的秘密，我才能够将无意间从行李箱里发现的信纸和茉莉联系起来。

那是在某个茉莉和朝朝还在下面吃饭的时候，我替茉莉上来找移动电源，却在她的行李箱里翻出了某封装在隔层里的信。

信封还没有被拆开过，我想茉莉应该到现在都没有发现。我左思右想，还是忍住了私自拆开来的想法。我下楼，走到茉莉跟前，将这封还未拆封，也许还装载着某人心意的信件交给茉莉。

她有一些惊讶，而我只是告诉她，这是从她行李箱里找到的。

拆开信件，朝朝、小海和我都凑过去看，只见素雅的信纸上写下了几行纯蓝色的钢笔字。

茉莉好像

没有什么季节

在日里在夜里

时时开着小朵的

清香的蓓蕾

想你

好像也没有什么分别

在日里在夜里

在每一个

恍惚的刹那间

落款：凌风。

茉莉缓缓地将信收好放在桌子上，站起身恍惚地走到庭院里，自己一个人呆呆地看着远方。我从来没见过这样的茉莉，我终于明白，或者说验证了那句话的正确性：每个人都有自己伤痛的地方。

小海拿过那封信，有几个字他看不懂。我一边解释着一边遐想，那个叫作凌风的男孩，会是怎样的男孩。一定是浪漫的、多情的，借用席慕蓉的诗句来表达对茉莉的倾慕，想必也是他带茉莉来的这个海岛。

他可曾向茉莉表白过？还是他想借用这封信表白，但是却被时间埋藏了。茉莉根本没有发现他的感情，还是她也喜欢他，但是两人却在彼此的等待误会中擦肩而过。

一种带着淡淡遗憾的感情。

我来到茉莉身边："茉莉？"

她转过身，眼睛红红的。她有些尴尬："我，我没事。海边就是风大。"

"对了，茉莉，你要不要跟我一起……"

看得出来，她不希望我去问凌风的事情，所以我将我的海之盛宴悄悄告诉她，而在那之后，茉莉将自己的手放到了我的手心里。

看着我所喜爱的茉莉，突然很想为她做些什么。

我找到小海，告诉他，能不能再找到两串同样的贝壳项链。他点了点头，奔跑向海边。他的背影在小路上越来越远，最终成为一个黑点，在转角处消失不见。

都是我所喜爱的人，真想永远守护着他们，就像守护着珍宝一样，不希望他们受到任何伤害。

天空中的阳光耀眼夺目，夏天，一个多么绚烂的字眼。我的夏天，在这个海岛上留下短暂的一撇。而正是这一撇，温柔了今后的岁月。

麦田里，小天牵着朝朝一直往前走。

“小天，小天，你要带我去哪儿啊？”

差点忘了，小天也加入了我的海之盛宴。他没有说话，只是牵着朝朝一直往前走，直到看见茉莉站在麦田里，她微笑着，像一个天使。

小天指着硕大的麦子说：“朝朝姐姐，你看，今年的麦子长得特别好。”

茉莉说：“会一年比一年好的。”

茉莉牵起朝朝的手，将她安放在自行车后座上，小天坐在朝朝前面的空位上。茉莉小心翼翼地踩下踏板，这后座上坐着两个如此重要的人，她怎能不小心？

而我则在半路等待着他们的出现，然后踏上我自己的自行车加入他们。

“喂，美女，有空吗？”我冲茉莉和朝朝大喊。

“有，随时都有！”朝朝显得很开心。我们一起迎着风，骑行在小道上，骑行在环岛公路上，就像那天一样。

夕阳如此美丽，映衬得大家如此温暖。

我们来到海边，来到小海的秘密基地。他早已在那里等待我们了，他挎着一个油漆桶，在那上面，我、小海、茉莉、小天分别写下四个字：“勿忘朝朝”。

小天的字比小海的还丑，谁让他只有六岁呢。当我们一个一个轮流上去写下这四个字的时候，我分明看到朝朝的眼眶里眼泪正在打转。

小海将贝壳项链交到我的手里，我将它们分别戴到了茉莉和朝朝的脖子上。三条一模一样的项链，三颗紧密相连的心。

“朝朝姐姐，我哥哥要带你去看星空。”小天摇了摇朝朝的手。

“星空？”朝朝看了看天空，“可今天是阴天呢。”

“哎呀，你就快跟我们来嘛。”

于是，被奶声奶气并且撒娇无赖的小天带着，朝朝也无可奈何地笑了。

依然像那天一样，小海捡起一块石头。为了让更多的海笔发出光芒，我和茉莉也捡起了石头。

“一、二、三……”

我们同时将石头扔进了海里，激起千层浪花。很快，海笔就发出了淡绿色的光芒，而后变得越来越亮，越来越亮。

小海牵起我的手，把我们带到了高地上，从那里俯瞰海底的星空，更加美妙。

“朝朝，喜欢吗？”我问她。

“喜欢！喜欢极了！”她有些激动。后来，我在朝朝的博客里看到她写：最宝贵的东西不是你拥有的物质，而是陪伴在你身边的人。不能强迫别人来爱自己，只能努力让自己成为值得爱的人，其余的事就交给缘分吧。

不过那已经是很久很久之后的事了。

原本以为夏天可以很漫长，长到像永远不会结束一样。可没想到，在这里的夏天这样短暂，像急速收尾的小提琴曲，连琴弦的振鸣也被快速消音，让人手足无措。

我学会了在海边唱给小海听的那首歌的手语。

在离开的前一天晚上，昏黄的灯光下，我们还是那样坐在老房子的门槛上。我说：“小海，我有礼物要送给你。”

拿出MP3，放出《最好的未来》。我站到他的面前，认真而专注地看着他。

每种色彩都应该盛开
别让阳光背后只剩下黑白
每一个人都有权利期待
爱放在手心跟我来
……

我尤其喜欢爱的手语，左手握拳，大拇指上翘；右手摊开，在左手上面画圆。像是某只候鸟在某个小岛上空盘旋，每到归期，它就会归来。

小海看得出神，当一曲结束，他都忘记了鼓掌。

我坐回原来的位置，说：“小海，明天我们就要走了。”

他低下头，什么话也不说。

我们之间的空气仿佛凝固了一般，我有好多话想跟他说，有好多感谢想告诉他。可是这些话，都只变成一个耗费长久思念的名字，挂在嘴边，其余的什么也说不出来了。

夜色融化了小道上的慵懒脚印，只散落了一天一地温柔的星空。

他握起我的手，写下："再见，我会给你写信的。"

什么时候开始的，我的世界变得白白的，很平静，仿佛可以用这股平静去化解一切伤痛。而这股平静，是小海带给我最好的礼物。

茉莉说："那些所有你以为过不去的过去，都会过去。"

那是我在小本子上记录下的茉莉说的最后一句话。

就这样，我们离开了。我北上去念了一所大学。在那里，有着一样被藤萝爬满的老建筑。到处都是山坡路，也在海边，不开心时我就去海边望望海。朝朝跟我相反，她选择南下。我们三人，分散在三处各不相同的地方，但是心却时刻在一起。

这个故事，成为夏天里最美好的一笔。

大头

by/ 徐象帆

大头是我的高中同学。

我高一时并不认识他，后来文理分班，我因为数学差这个当时我无法理解的理由被硬分到了理科班，然而经过两个月我对段长的软磨硬泡和几个老师的帮助，我最终还是转到了文科班。大概过了几个月，大头也从其他理科班转到了我们班，和我因为对数理化没兴趣不同，他转来是因为觉得文科班女生多。

在转来之前，可能大头听说了我的一些事情，在某一天的课间他跑来打听如何做才能转班。虽然认识我的人都认为我是一个外向人，自来熟，不分情况场合胡说八道的话痨，但是我骨子里其实是一个认生的人，即使如此，我还是给他讲这个那个，他甚至知道我当时痴迷于Rap，我居然还应他的要求即兴来了一段，人生中总有这种当时觉得没什么后来想起来觉得丢脸得要死的事情。

然而与我相比，他转班的过程接近于艰难。这几乎不关乎成绩品行，只是因为大头的面相太过于凶恶，恰巧段长又是那种疾恶如仇的老师，即使在此之前，段长根本不知道不了解这个人，但是他就是不同意，因为有时候……正义是不能让步的。

正义还是让了步，大头经常说“我是风一样的男子”这句在当时看来也已经乡土气息扑面而来的话，他直接将自己的桌子搬到了我们班，坐在了最后一排，我的隔壁，并不知从哪里弄来了文科的教材，甚至在课间跑到讲台前做了自我介绍。任课老师们自然是对此毫无办法，他们也不用想办法，因为这与他们毫无关系，站在一个老师的立场上你能让一个千里迢迢从一楼把课桌搬到三楼来无论你提问什么我都举手的学生出去吗？然后班主任却倒了大霉，段长将这件苦差事丢到了他身上。他特地为这件事召开了一次班会，他在班会上把同一句话讲了一遍又一遍，如同他在政治课上一定要把一句话讲两遍一样，今天他的情况似乎又恶化了。大头自然是不会听劝的，他在最后一排，双脚夹在桌脚两侧，时不时找些话跟我扯。当时我正困得不行，趴着桌子上，耳朵里混杂着两个人的话，突然啪的一声，不知道谁的手拍在我的桌角，我抬头发现老胡已经站在我的桌边，他似乎没有计算得很好，只有三个手指甩在了我的桌子上，我想那一定很疼。我直起身子，愣了几秒，心想不该是我呀。老胡也似乎意识到了这件事，说了句“不许上课睡觉”。然后又转身一掌拍在了大头的桌子上，可是力道却大大逊于刚才那下，就算在我身边我也记不清老胡后来又对大头讲了什么，只是伴着下课铃声，我才听到一句话："这个问题的严重性相当于一面锦旗！"

我们学校是所谓的二级重点中学，这种不上不下的状态最容易产生一些畸态，要保证一定的本科率，还要保证在排名底端的学生的上线率，而保证底端学生上线率最简单可行的办法就是让他们都进理科班。在高一结束时其实所有人都拿到了一张意愿表填写自己要进文科还是理科，体育生们被毫无理由地全部塞到了文科班，其他人则按照自己或家长的意愿分好了班，只有成绩靠下的人们即便选择了，开学时看到的结果却可能不是当时选择的，至于理由，就像他们说的：我们永远有理由。

老胡每天都会来劝大头回原来的班。听人说老胡是第三年担任班主任的，之前带过一届高三，也就是说我们是他班主任生涯的第二个班。他年纪并不大，叫老胡只是基于某个惯性，在我转到这个班时我以为我是第一次见到他，直到后来高一时的同学偶尔来我们班见到老胡并说起以前大家去操场打球而他们一群老师在踢球，双方因场地发生一些争执，跟我有过些许争吵的便是老胡，我才记起有过这么一件事。后来为了躲避课间操我曾在厕所和大头讲起这件事，大头在没有厕纸的情况下发表了"一切反动派都是纸老胡"的著名言论。

老胡并不像其他年轻老师那么好说话，也不会那么轻易放弃，这是在段长面前的一次表现机会，所以他和经验丰富的老师一样，他请来了大头的家长。然而老胡可能不知道大头是家里的小儿子，有着几个姐姐，所以当老胡听到"我儿子喜欢就好"这句盖棺定论的话时，他仿佛是看到拿电系对付水系却没有出现效果拔群，非常惊讶失望，大头后来这么跟我描述当时的情景。既然如此，大头便顺理成章地成为了我们班的一员，我不知道老胡是否还耿耿于怀，但是经过一番折腾学校和段长已经不关心这件事了，毕竟，他是交了学费的。

大头不忘初心，他说自己有目标有毅力就一定会成功，事实上，的确是这样的。在一个月里，靠着四个周末八天的时间，大头用手机随机向班里的女生发起试探性表白，可能连他自己也想不到，有个女生居然答应了他，答应的理由和后来分手的理由是一样的："我觉得你人很好。"被甩后大头并没有特别失落，他只是说："你是个好人！"这种情节不是只出现在网上的段子里吗？在大头失恋的这段时期里，我们每天下午放学后都会去买一注双色球，或许他自己都觉得这爱情和彩票一样，明知不会中还要骗自己会中，谁说中五块钱不是中呢。一次他问我中了五百万会怎么花，我当场想了比五百万的好几次方还多的花法。但是我反问他："你如果中了呢？"大头笑了笑，虽然大头的长相就像是读了很多年高中的，但从他口中听到说有钱的话想再多读几年高中的时候我还是有些惊讶，我惊讶的正是我也有过同样的想法，我并不是说成绩差才能体会到学校的乐趣，而是我们都过早地知道了将来的事。

在一天的课间操过后，大头揣着报纸跑来跟我说他中奖了，我理所应当地想他是中了十个五毛，并没怎么理他，他拿出一张彩票在我面前晃了晃，一字一顿地说："一——等——奖——"我赶紧扯过他手里的报纸，看到今天的双色球的确有一注一等奖，我正要看大头的彩票，他已经跑得无影无踪。

第二天他便一个人去领了奖，回来后笑得很开心，随后全班都知道了这件事。晚自习过后大头请全班的男生吃了饭，后来又以此为由拉上我去买了些小礼物分给了全班的女同学，然而只有丁帕拉的礼物和其他人不同，这件事没几个人知道。还有，我几乎以为大头真要多读几年高中了，只是我至今还不相信，他居然瞒着我买的是排列三，头奖一千元……

大头在当初问我怎么转班时也问过一些关于丁帕拉的事，然而丁帕拉坐在第一组的第三排，我坐在第三组的最后一排，这种距离之间的同学基本上可以说是不认识。只是因为这件事我多多少少会注意到她，一头短发，肤色有点黑，有些男孩子气，笑起来时右脸会出现一个小梨窝。我以为大头是奔着她才转来我们班的，但是经过大头上一次莫名奇怪的恋爱，让我知道大头绝对是把松饼上的草莓留到最后吃的那种人。大部分男人认为自己是个专情的人，大头也是，他认为虽然自己见一个喜欢一个，但是每次他都是认真的，即使自己喜欢人家的理由只是因为对方漂亮。

机会来得这么快，丁帕拉的同桌在高二下半学期开学时出国留学去了，大头马上以前排可以更好地学习为由和丁帕拉成了同桌。老胡事后才知道，他在课间赶到教室让大头马上搬回到后面，他已经让了两层楼了，不能再让四排从而丢掉最后的尊严。这次这件事对老胡很有利，大头从来不觉得自己头大，如同老胡从来没注意到自己说话会重复两次。但是经过几节课后坐在大头后面的同学们发现自己无法看到黑板四分之三的情况，大头摸了摸脑袋，当着丁帕拉的面对老胡承诺自己上课时会尽量缩着点，尽管他这虎背熊腰一堵墙似的身材即使缩着点也于事无补。老胡显然要乘胜追击，他把我叫过去，让我坐到前面来，我爽快地拒绝了他："我喜欢一个人坐后面。"这时，丁帕拉回头看了一下我又转过头去，目光一瞬交错后我马上看了看大头，他用左手在课桌下给我打了个good job的手势。老胡有些无奈，只好又对着大头说了那么五分钟，在接近上课时说了两遍"以后这种事要经过我允许"便离开了教室。我从来没看过一场完整的橄榄球赛，但是我当时想的却是，或许正是大头有着橄榄球运动员的身材，才能这么顺利地从后排推进这么多嘛。从此之后，丁帕拉来上早自习时时不时会发现课桌里有一份早餐，体育课后桌子上永远有一瓶饮料。她对此视而不见，坐在前排与丁帕拉同一宿舍的一个女生和垃圾桶成了这些东西最后的归宿。

但是，大头总有办法，作为同学，你很难拒绝一个觉得你学习好所以才来问你的同学，不管他是不是别有所图，当然，大头是别有所图的。我总结不出该说因为大头英语经常不及格才有问不完的问题问丁帕拉，还是该说问了这么多问题大头的英语还是不及格？就算他的目的不在这里，在晚自习结束后回寝室的路上他会手舞足蹈地跟我们讲着今天自己与丁帕拉发生的无关紧要的事情，诸如手不小心碰到，自己的某句话逗她笑了一下，他也会例行般地掺几个英语单词进去以彰显今天的进展，这时我们才会想起大头本名叫皮特。罗皮特，这仿佛是改革后第一代大学生们的坏毛病，他们爱给自己的孩子起英文名，尽管除了英语课情景对话外没有同学这么喊大头。

我会在笔记本上写很多乱七八糟的故事，而女生们偶尔会偷偷拿走去看，因为在那个时候连新闻的广告栏都似乎成了那么有意思的文字。临近期末的一天，大头在我的笔记本上看到了丁帕拉的留言。尽管只是对我写的小故事的评论，而大头一方擅自地感到了什么危机，他决定去表白。"我好不容易把她约到操场，我就握住她的手，她说你放开！差不多半个操场都听见了，我就放开了，然后我说我喜欢你，她没说话，我又问她是不是有喜欢的人了，她也没说话……""再然后呢？""再然后，政教处主任就打着手电来了。"

第二天，大头整个人都无精打采，像是那辆停在科技楼后的上一任校长用剩下的桑塔纳，他睡到了第四节课仍丝毫不像要醒的样子，而地理老师正忘我地对着黑板画着各地的洋流。我看到丁帕拉拿笔戳了戳大头，大头非常迅速地抬起头看了看四周，丁帕拉递过一包纸巾，大头似乎意识到发生了什么事情，他慌张着接过纸巾擦了擦嘴和桌子，世界上再也没有比在自己喜欢的女生面前出丑更难堪的事了。他抬头看了看地理老师，又把黑板左右扫了一遍，仿佛是黑板上的洋流泛滥到他脸和桌子上似的。突然地理老师转过身来，脸色有些许阴沉，我正觉得大头要倒霉，然而地理老师又转过身去，迅速地擦掉了几条洋流，看来他只是对这几条线不够婀娜感到有些惭愧，因为毕竟他以前是美术学院毕业的，至于怎么教上了地理，这是一件很让我费解的事，他以前也说过“咱也是吃过艺术这碗饭的”。而现在他让我感到知识具有无比的力量——几条洋流说没就没了。

大头把剩下的半包纸巾捏了一中午，他似乎重燃了信心，在下午的数学课被点上台后，大头兴奋地把解题过程写满了半个黑板。女人们的任何行动都能成为男人们莫大的错觉，而大头正是那种趴在学校沙坑里都能看到海市蜃楼的人。晚上宿舍关灯后他开始唱歌，在此之前他也每天都要来一首，而今天他唱了一首又一首，从普通话到广东话再到英语，宿管老伯自然是闻声而来，象征性地说了几句正准备回去睡觉，却被大头拉住在楼道里聊了半个小时人生、理想和未来。

大头精神地蹦跶了好几周后，在这个学期最后的几天里，大头从丁帕拉的室友那里得到的消息是她只希望做朋友，但是这时的大头已经无法很好地从语文层面去理解这句话，于是他又去表了次白。这次，大头收到了一封信，他得到了一个很明确的回复，就是：“不！”

与上次不同，大头并没有那么消沉，在暑假中大头约了我和几个同学去学校打球，在休息时难免又说起丁帕拉。我问大头为什么这么执着，大头想了想，说没有什么理由。因为接近一年的时间让我了解到：大头不想让人知道的事，你问他两遍三遍他就会忍不住告诉你。于是我又问了一遍，大头一口气把手中的可乐喝光了，说道：“她对我来讲很特别，我在高一时看过她的一场排球比赛……”

我会记得那场比赛只是因为那是我高中三年中看过的唯一一场排球比赛，我并不知道大头在场下，丁帕拉在场上，我只记得有个女生那样卖力地跑动，救球，扣杀，充满活力，生机勃勃。在一次队友救球后她立刻跑动准备去接，她的身体似乎突然改变了主意，背对着网高高地跃起，背后扣杀，然后她的身体开始倾斜，排球和她的头几乎同时砸到了地板上，不大的体育馆里所有人都听到了这声闷响，所有人都在惊叹，她迅敏地爬了起来朝着队友们笑了笑后跑回到自己的位置，这样的感动几乎不亚于我在电视里看到伊基塔的蝎子摆尾。

我记得有这样一个人，但我不知道她的名字并很快忘了她的长相，现在，我知道了，她叫丁帕拉。我没有告诉大头当时我也看了他所叙述的这一场比赛，而大头却要告诉我另外一个理由，这是一个奇怪的理由，可是我竟然觉得我能理解。“她叫我的名字。”“名字？”“对，所有人都喊我大头，而她叫我皮特。”或许，对大头来讲，丁帕拉真的是一个特别的人。

暑假结束便进入了高三，丁帕拉的短发已经长成了披肩长发，而大头由于在此之前表白两次都遭到拒绝，导致发际线又提高了一档。因为高三，所有人开始早起晚归，而我开始晚起早归，我无法忍受这样每个人都在努力的气氛，我愿意当一个懒散的人，也愿意为之承担后果。所以我待在寝室，直到早自习结束才会去教室，而晚上，安排课程的人永远不知道在那个年纪到了九点半的人有多饿，我无法等到晚自习结束。但是我知道那些女生都是在十一点后才会回宿舍，因为大头也会在那时回宿舍，为了十几分钟的单独相处时间，他又会在四点半起床去教室，他知道，丁帕拉会在五点来到教室。然而在多数情况下他的闹铃会把我们吵醒，其他人醒后会再睡个几十分钟正好去教室，但是这对睡眠浅的我来说是个巨大的麻烦，一次我气不过便在闹铃响后也起了床，大头用奇怪的眼神看着我，一副你怎么能这样的表情。我一摊手，我还能怎么样？洗漱完后我去了教室，大头已经先一步到了，然而我并没有发现丁帕拉在教室里，我啃着面包走到大头边上，并在丁帕拉的位子上坐下来：“人呢，你真来好好学习的啊？”“隔壁。”我们教室边上有个会议室，平时并不会上锁，有些人会抱着旅游心态去那边坐一会儿，我不喜欢人多的地方，也忍受不了孤独，而这里可以一个人待着，又能时不时听到隔壁的嘈杂，我经常在那听歌，画画，写着自己的百无聊赖。我走进会议室，丁帕拉坐在我一直坐的那个位置。她抬头看了我一眼，或许感到有些意外。

“你今天好早。”

“你不是更早？”

“哼，我一直都这么早！”

“有人比你更早。”

丁帕拉没了表情，低下头看着书，我试图改变话题：

“这个是我的位置。”

“哼，它写你名字啦？”

“写了。”

我让丁帕拉站起来，把椅子翻到了会议桌上，椅子的背面还真写着我名字的拼音缩写，我想着丁帕拉会对我平日里这些无聊的行为感到惊讶，然而她没有丝毫惊讶，她拿起笔把我的名字划了两笔，然后又写下了DPL三个字母：“现在，它是我的位置了。”丁帕拉露出了右脸的小梨窝，我没有这么近地看她笑过，我得承认，我蛮喜欢她笑的样子。

我回到教室，又坐到了大头身边，拿起刚才没啃完的面包。“你何苦呢？”我问道。“只要这样就够了。”大头这样回答我。我回到自己的座位，依旧困得不行。我看着大头的背影，想着在隔壁的丁帕拉，这本不关我的事，我的心境却很复杂，我讨厌醒的时候天是黑的，但现在，天已经亮了。

直到毕业，大头没有再去告白，除了偶尔会在隔壁会议室遇到，我也并没有与丁帕拉有什么交集。不像看毕业照时难免有些感伤，拍毕业照那天所有人都兴高采烈，大头站在我的右边，丁帕拉站在我的前面，我感到有些尴尬，但后来拿到照片，里面的我却笑得很开心。

毕业后，我决定出国，而大头似乎如愿以偿地去了和丁帕拉同一个城市的大学。在出国前，我回了一次高中，一切如同几个月前一样，我在窗口看了看原来的教室，我在最后一排找不到我的那张桌子，我又去了会议室，会议桌上落了薄薄的一层灰，我走到最里面，不由得想起丁帕拉，我把那张椅子翻在地上，蹲在地上看着椅子背面，上面有我被划掉的名字，有丁帕拉的名字，然而有一处细微的不同，那个D的头上横出来了一笔，我能看出里面还有一个人的名字。

出国后，听说大头和丁帕拉交往了，在四年里分分合合，但最终还是没走到一起。后来一次回国，大头约我吃了一次饭，我开着玩笑说至今不相信丁帕拉能接受你。这时大头告诉了我一件事，在高二收到的那封信中丁帕拉的确是拒绝了他，并告诉他因为家庭原因她高中时就算有喜欢的人也不会恋爱，但一年后两人有缘，大头也没改变心意的话，她会打开心门试着去接受。我听完不知道该说什么，关于丁帕拉的一切一下子都聚集到了脑中要冲出来。“高中有次我看到她有本笔记本的最后一页写着你名字的缩写。”大头似乎有些醉了，他继续说，“我知道她其实喜欢你。”

而大头不知道，那个笔记本上的名字是我写的。

智齿

by/ 辛晓阳

THE SELECTIONS OF NEW CONCEPT

如果不是因为牙龈肿痛一夜未眠，我根本意识不到这不是普通的上火发炎，而是多了一颗根本就不能完全长出来的牙，这牙就是智齿。

我从小就对医院里四处弥漫的消毒水味怀有深深的恐惧，不到万不得已，拒绝走进医院大门。而现在，坐在走廊的椅子上看着妈妈来来回回地交钱取药，竟然开始觉得医院也是个充满温情的地方。冲洗，消炎，等待它消肿止痛了以后，找一个合适的时间，把牙龈切开，拔掉。这些步骤都是逃脱不掉的。

回家后我整颗心都沉甸甸的，躺在床上看着天花板漫无目的地放空。我从没拔过牙，没有打过麻药，但毕竟这是要切肉去骨的事儿，怎么想都觉得疼到了骨髓里。而最痛苦的是，这竟然是我唯一的选择。片子拍出来，这颗从未谋面的小家伙呈四十五度紧紧贴在前一颗大牙的牙壁上。如果任由它这么任性地贴着，前一颗牙也会出现非常严重的问题。然后就会更惨——两颗一起拔。

手机突然敏捷地亮了一下，我拿起来，是高中时很喜欢的那个男孩，问："你长智齿了吗？"

心突然咯噔一下。手指有些颤抖着在输入栏里输好了很多内容又删掉，像偶像剧里的情节那样，最后就回了一个字：对。

他就像我尚且短暂的人生中的一颗智齿一样。平时不声不响，不痛不痒，偶尔一发炎，就又肿又胀，搅得人不得安宁。高中时单纯美好的喜欢，像童年里松软纯净的棉花糖一样，过了很多年后回头看，还是觉得舌尖甜得要命。只是，也许这些说辞都是将喜欢刻意粉饰后的美好。不然，他就不会是一颗智齿，而是一颗沾满了牛奶糖甜味的乳牙。

高中的时候，他在学校最好的理科实验班，我在普通的文科班。一楼和五楼，就像三层城墙一样，隔离了我们共同的朋友圈和活动圈。冬季里阳光很好的课间，我从阳台上死命地往下张望，偶尔能看到他站在班级门口和一群男生一起说说笑笑地晒太阳。因为那短暂又充满悸动的一瞥，数九寒天里，我整个人都温暖起来了。

再后来，高考前的最后一学期，年级主任大笔一挥，五楼又多了两个"最重点班"，一文一理。我从和他一个班的好友处得知这个消息时，开心得像草原上脱缰的野马。我们终于一起扎根五楼，只是两个重点班之间还隔着一个空教室，无数个晚自习前的傍晚我趴在空教室门前的护栏上背政治。他从我背后走过去上厕所，我一扭头，他像个小孩子一样腼腆地一笑，举起手笨拙地挥一挥，算是打个招呼。我再转回身子，发现政治书上每一个字都那么可爱。从那时起，我的政治成绩突飞猛进，从最差的一科一跃升级为最好的一科。只有我知道，那腼腆的一笑，那笨拙的挥手，对我来说，是多大的动力。

我喜欢他，他一直知道。曾经我在好友的热烈煽动下带着“青春不留遗憾”的想法写了人生中第一封热情洋溢的情书。他收到后过了一周回了一封电子邮件给我，寥寥数字，就让我郁郁寡欢了良久。伤养好了，一如既往，他也知道。只是一直，不接受不拒绝，大多数时候正常当朋友，偶尔非常主动地关心我的成绩和身体，让我产生了各种各样扑朔迷离的猜想和幻觉。每当我坚定地将他偶尔才用一次的QQ拖进黑名单，总能立刻收到他关心慰问、热情友好的短信，于是重新死心塌地，竟然一直到高中结束。

而现在，又是这样。我感谢他给我创造的独一无二的动力，让我在高考中叱咤风云，以文科老二的佳绩辉煌收场，也根深蒂固地明白，他对我的忽冷忽热，只会让我更加失落难过，而且没有任何意义。生活不是偶像剧，等待并不是最长情的告白，只是最无奈的幻想罢了。他就像智齿一样，深深扎根在我已经逐天远去的青春里，等着时间挥舞着刀片，把牙龈切开，再拿工具锤一锤，砸一砸，撬一撬，把那颗永远没有咀嚼作用，只会发炎肿胀的牙齿，从牙槽里一点一点地取出来。

可是我害怕，也不忍心。我怕疼，怕看到自己吐出来的唾液里掺杂着亮眼的血丝，更害怕刀片在牙龈上挥舞的痛苦。据说，打麻药后半边牙龈就会完全失去知觉，可是打麻药的痛苦，还有麻药逐渐消退疼痛逐渐蔓延的痛苦，还是让我害怕。

回到医院。医生坐在我面前，轻松地问：“想好了没有，我们拔掉吧？”

“必须得拔？”我最后一次确认。

“必须得拔，早晚得拔。”经验丰富的医生带着十足的耐心，让我躺在了看牙椅上。然后，让实习生取来缝合包等一系列工具，准备就绪后，轻轻地在牙黏膜内推入一支麻药。那种感觉，像被蚂蚁蜇了一下，再无感觉。

我竟然很享受拔牙的过程，感受着反复折磨着我的牙齿在医生的动作下暴露出来，然后被悉数取出。拿掉最后一片牙齿，医生轻松地说，牙齿已经出来了，冲洗一下缝好针就没事了，不会疼的。那句“牙齿已经出来了”真是我在这个闷热烦躁的夏季听到的最美妙的一句话。

回家后，敷着冰毛巾，我把那个手机号也拖进了黑名单。从此之后，我再也不会收到他的短信，接到他的电话了。就像一颗已经被拔出的智齿，带着青春的印记，带着青春远走的血肉模糊，带着再也不可复制的纯纯的喜欢，被永远地丢进了垃圾箱。

空掉的牙槽慢慢愈合，很快，那个洞被时间填满，好像那颗牙齿从来都不曾存在过一样。

或有梦来时

by/ 刘倩

[上]

这不过是最为普通的一个夜晚。

月华如水，覆了那些沉默的树一身苍凉。它们在寂静里尽情地舒展，摇摆身体，影子便落在地上，组成奇妙的动态图案。风是时光粗糙的双手，抚摸过早已破败残损的老房子。里面的人，是否还有年轻的容颜？清冷的街道上，一些人脚掌的温度曾被灰尘记认。他们的心脏的温度，却只有自己知道。远处的田野间，偶尔有火车开过，发出哐当哐当的沉闷响声。那个狭长的大铁盒子，又带走了一些人，同时送回了一些人。世界既不寂静，也不喧嚣。寂静的，永远只是天空。

我躺在床上，想象自己是一只丢失了壳的孤单的蜗牛，内心有着不必要却无法排遣的淡淡忧伤。伸出双手在虚空里做各种无聊的手势，以求自娱自乐。侧耳倾听，墙角正在织网的蜘蛛用腿贡献了一曲华丽的乐章。它是在为谁弹琴，内心是否和我一样空落无着？我尚未准备好感谢它对我催眠的言辞，意识已像一块被雨水涂抹过的毛玻璃，愈发模糊，使我不能将自己与世界看得清晰。我知道，我即将被梦境捆绑。于是我轻轻微笑，坦然地关闭双眼。

[中]

这里有一张桌子，是木头的。旁边有两把椅子，也是木头的。桌上放着一壶酒，酒香不时地钻入你全身每一个毛孔，蔓延、扩散。还有两个白色瓷质的酒杯，一个是满的，一个是空的。房间里除了酒香，还萦绕着一种奇怪的香味。那香味，大约是檀香。我被这些气味包裹着，昏昏欲睡，无法保持清醒。

坐在我对面的这个青衫男子，有一头凌乱的长发，脸上的皮肤干燥得起了皮。眉毛的轨迹接近没有弧度，浓倒是很浓的。鼻子的形状像被精心雕刻过，让人看着便有上前去抚摸的冲动。嘴唇的厚度适中，无从推测他说话的方式是刻薄或是其他的。下巴上的胡楂儿似花园中未被锄尽的杂草，长得耀眼。这是一张有些沧桑的脸，脸的主人身上不时散发出漂泊的味道，那味道是带着些许凉意的。

当然不能不说他的眼睛。他用灼灼的目光执着地凝视我，寒潭中便倒映出了一个面无表情的女子的脸，那是我。我却还不知道他是谁，来自何方。他拿起斟满酒的那只杯子，仰起下巴一饮而尽。由于用力稍猛，溅出的液体瞬间濡湿了他衣领上的一小块区域。他不说话，我便也不动声色。我隐隐觉得，即使我询问他的身份，他亦不会告诉我。

良久，他有些醉了，抬起目光有些浑浊的眼睛望着我，问道："你可知，天涯的尽头是什么？"我被这猝不及防的奇怪问题问住了，只好摇头不语。我略觉乏味与无聊，伸手去拿酒壶，手却被他按住了。他的手，骨节修长，指甲干净，也是很暖的。他说："这酒叫作浪迹，你若是饮了，便走不回来了。"我说："走不回来又如何？"他忽然笑了，收回手，说："自然是会后悔的，因为你无从得知，天涯的尽头，是不是另一个阴谋。"我疑惑，问道："另一个？阴谋？"他拂了拂衣衫，说道："尘世即阴谋。"然后他站起来，说道：“我要走了，今夜谢谢你的陪伴，后会无期。”我忽然想起了什么，便急忙拉住他，说道：“你可知道我名姓？”他意味深长地笑，说道：“你自己不知？”我心下黯然，答他，刚忽然想到，竟是不知的。他望着远处，幽幽地说道：“每个人真实的名姓，本是要自己去寻的。”说罢，转身阔步离去。我只听他吟：“且留琥珀枕，或有梦来时。”

偌大的房间，只剩我一人。我坐回桌边，去拿酒壶，发现它早已空了。我知道，所谓浪迹，只不过是他的一个梦。他饮尽了它，便可走得心甘、决绝，全然不顾他日是否会后悔。而我，只是个双手空空的尚不知道自己名姓的平凡女子。我拿起那只空杯，移至唇边，想象着里面有液体，让酒杯倾斜，让那不存在的液体流进我的口中，游至喉咙，然后穿肠而过……我知道，我所饮下的，不过是种虚空。这虚空，不知穿过了多少或疼痛或甜美的时光，饮下它，竟是让人感到彻骨的寒冷。我终究还是不由得落下泪来，为这命中注定的虚空，亦为自己尚不知其踪迹的真实的名姓。

月夜如此孤寂，一如千年之前。

[下]

意识比梦境苏醒得要早。天已破晓，我看到窗帘后隐隐渗出的微光。半颗心依旧沉在方才的梦境里回不了神，一时间恍惚得几乎忘记自己身在何处。我细细体味它给予我的苍凉之感，以为是另一个世界的另一个自己想要告诉我一些什么。兴许，那是几世轮回前的我的某一世。她感知到我心里存在已久的困惑，便进入我的梦境，试图给予我一丝安慰。安慰，有时其实更像是没有重量的泡沫。

独处的时候，总是会不由自主地回首来时路，想起一些人，一些事。那些人无疑都是可爱的，但是在我行走的路上，不经意间，将他们遗失了。他们的面目，在记忆里仿佛氤氲着潮湿的水汽，模糊得连轮廓都看不清晰。而我们共同经历过的一些事，已经成为我青春里抹不去也无法再修改的印记。我并不知晓，行走的意义是什么。我只是在一条不知名的河流中与一些人一同漂流，以为有一天看到的彼岸的光，不会令我失望。于是在这场无力的漂流中，我渐渐放下了所有的询问。其实那些问题，原本就是没有答案的吧。

想来想去，只是觉得，有时，梦境就是现实；有时，现实却是梦境。人伫立在天地之间，应该送自己一个斑斓的世界，许自己一个可以让心脏饱满的未来。如此想着，我便得以释怀。夜尽天明，你知道，一切都还是好的。

远处的季节

by/ 不日远游

国贸老师在课上向我们推荐南门外的一家咖啡店“诗与远方”，我在下面脱口而出“那天逃你的课就是去那儿看电影了”。旁边一起去的小伙伴边笑边做贼心虚地捂我的嘴，幸亏老师没有听清。

那天逃课去这家咖啡店是想去看电影《两小无猜》，网上找不到资源，于是在微信上看到消息后，立即翘了课，兴冲冲地前去。电影没有看成，一帮人却在那儿聚餐唱歌，我们只好坐着看了会儿书。老板是个姑娘，知道我们是专门来看电影的，一直跟我们道歉，末了还给我们点的东西打折。我看着柜台上那只随意走动的猫，抬头撞见她的笑容，我想这笑容里没有忐忑。

我大概属于那批最早发现这家店的人，八月中旬路过学校，七路车经过南门，眼睛立即锁在了那四个字上，下面一行更小的字，是高晓松的原话。我看着这间蓝色的屋子，疑心自己出现了幻觉。那一天我刚从远方回来，两天一夜的火车到杭州东站，又马不停蹄地转公交，黑色背包里塞满了旅途上来不及洗的衣服和属于遥远城市的纪念品。

诗与远方，我拖着疲惫的身体，汽车经过它。

火车停在昆明的时候，穿上背包里唯一的一件长袖，还是觉得冷。家乡四十多摄氏度的天气仿佛已经隔世，我努力回想汗水与闷热的气味，却是徒劳，迎面细雨吹在脸上，冰凉的风灌进脖子里。我裹紧衣服，千里迢迢，遇到他乡的季节。

在大理停留了三天，大理的每一天都由一场雨开始，大概到九点的时候，就送上很好的空气与阳光了。租了自行车，骑行绕洱海，环湖公路清澈沉默，偶尔经过汽车，大多是和我们一样骑自行车的游人，一路骑行，遇到不少朋友，有时候骑在一块，边骑边聊，五湖四海，生活工作在几千公里以外，变得轻如鸿毛。有时候超了他们一段，停下在葵花地里拍几张照，就又被赶上了。

路两旁田地里交替着出现各种农作物，一路路过大片玉米、葵花、大蒜、水稻……当地农民穿着当地衣服，背着箩筐自顾自采摘玉米，对不断经过的自行车熟视无睹。我不能想象，要如何走完这司空见惯、像电影里缓慢移动的长镜头一样的公路。远处白族房子像火柴盒一样堆在山腰上，被云层淹没。“世界上所有的屋顶。”脑中写好这个句子，翠绿的稻田在展开。

十六拍的照片上，我站着在踩自行车，深蓝色的外套，遇见风，遇见稻田与路，云层与房屋。我知道她不是我，这一刻的自由是我给她的礼物，她在照片中留下背影。

夜晚在旅馆拼饭，东南亚回来的姑娘分给我一支南京，我记住她的脸她的眼睛。就此一面，就此一面，我喝光面前的大理啤酒。

情人节夜晚在古城街头，龙舌兰酒烧着我的身体，街边流浪歌手在唱一支我爱的歌，我去对面买一支玫瑰，放在他的琴盒里。人来人往，没有你好没有打扰。

路过的人，请给我一瓶大理。

丽江搭车去泸沽湖，四川的一对夫妻，男人温和，女人直接爽气，善良。旅途上遇到的第二对情侣。汽车开了五个多小时，山路十八弯，往下俯瞰，清晰可见，手机导航一路崎岖峭壁，十六不停地在吐。“走了那么远，你终于到了泸沽湖，走了那么远，你终于到了泸沽湖。”在心里对自己不停默念。

深蓝开阔，泸沽湖，和名字一样，和在心里住了好几年的这个高原湖泊一样，美得令人绝望。如何控制自己，控制坠落的愿望，不要跳下去，不要离得太近。停靠岸边的木船，夜色一层一层地降临，天与湖一样的深蓝色，坐在船头，今晚不会下雨。坐在这里，坐在这里，不会有人叫你离去。

路边开的花，不知道是不是格桑花，大朵大朵地开放。十六摘下来，别在头发上，我拍下她们。我把花插在自行车的龙头上，伴我骑一天的车。上坡累得像狗，下坡高速，风吹起衣服，深蓝的海，是我的海。

在里格乘船，去到湖泊上，水性杨花开在湖水里。另一条船上，师傅大声唱歌，用陌生的语言。听他唱歌，手滑过湖面。一天的骑行小伙伴是一对广东小情侣，五十多公里，又推又骑，在情人滩一起下水，在码头合影。我喜欢他们偶尔讲广东话。我在前面，拍他们三个人推车的身影，在后面，拍三个人骑车的背影。在玉米地拍无人的四辆自行车。没有留联系方式，没有再遇见。十六说他们必定会结婚。我知道他们相爱。旅途上的最后一对情侣。

一天骑行下来，手背的颜色立即和藏族人民的脸一模一样。我让十六拍下照片，内心欢喜。

搭一位纳西族师傅的车去中甸，一路上纳西族师傅兴高采烈地跟我们吹嘘他的三个老婆。乘到一半才知他是无证驾驶，并且车技冒险莽撞，说到兴奋处还不停地回头看我们一眼，进中甸这条路一侧就是山崖，路面并不宽阔，车辆也多，一路上提心吊胆，只好在心里默念平安到中甸就好。

结果，不一会儿，车就追尾了一辆宝马。我们眼睁睁地看着车撞了上去，我的膝盖撞在前面的座位上，肌肤真深切体会这一下撞的力量之重，我和十六面面相觑，几乎傻眼。下车才知道，我们的车几乎是辆塑料车，撞得水箱都变形了，人家宝马才蹭破一点油漆。交涉了快一个小时才把保险赔偿等事理清了，我们搭的那辆车自己撞得发动不起来，只能叫拖车。等搭别的车今天可能是到不了中甸了，于是最后，我和十六是乘那辆宝马到的中甸。

快接近中甸的时候，路面宽阔了起来，窗外火烧云低垂，国道两边都是茫茫田野，恍如身处西部片。路边开始出现经幡与藏式房屋，快八点了，而夕阳还在西边，还未散尽。

到达中甸九点多，黑灯瞎火地找到旅店，万分巧合地碰上在丽江一起玩的小伙伴，于是商量好第二天一起去普达措公园。在旅馆收拾好东西再出来填饱肚子，多数店铺都关门了，最后走进一家店，我对条状食物充满恐惧，很没出息地问有没有炒饭。那位藏族奶奶说给我们做牦牛青稞炒饭，我们怕两份吃不完，于是让做一份大的。结果，这位奶奶最后端出脸盆那么大的一个木桶，半木桶的饭！青稞！牦牛！好吃到哭，我们吃到再也吃不下，也没有吃完。第二天晚饭时间我们又去那儿，结果店里人满为患，老板讲前一天是晚了，才有工夫慢慢给我们做炒饭，此际这么多人，无法再做了。我们念念不忘，点了牦牛肉，炒青稞，自己拌炒饭吃。依然好吃到哭。此刻在深夜敲这些字，多想来份牦牛青稞炒饭来瓶大理啤酒。

第二天五点多起床，包车去普达措，天色漆黑，裹紧衣服，冷得发抖。到普达措下车，不停地跺脚，像是乘一辆车，开到了冬天。旅行团的人都租羽绒服，浩浩荡荡的长衣。熬到八点，依然冷，只好买了条样式丑陋的披肩。门票近两百元，一行人谁也不愿意买。按网上的说法逃票，要翻一座没有路的山。都年轻，带着旅途的兴奋，跃跃欲试。

那便真的是没有路，只有前辈踩下的小径，陡峭而狭窄，能抓住的只有枯萎的细长树枝，好像随时都会断裂。在心里懊悔，不知道为什么要把自己弄到这种地步，每一步都胆战心惊，脚下一滑，就可能掉进深深的山谷，像狗一样，连手带脚地爬，指甲里嵌满泥土。第一次体会到求生的本能，牢牢地抓紧自己的生命，不想任何人，要活下去。再往上爬，灌木丛生，并且长满了刺，再也没有路了，看来许多人也是从此折返。在心里几乎是庆幸无法再往上爬，然而下山的路，几乎一样艰难。

下山后往上看，原来我们已经爬到了三分之二的地方。一段无用功，生死之间，食指扎进两根刺，回想起彼时，一定是咬紧牙关抓住一切植被，并无心感受痛觉。

最终是都买了票。不知道是不是应了那句“泸沽归来不看湖”，当我站在旅途的最后一站，却觉得原来世上风景不过大同小异。耳机里循环播放张卫健的《信徒》，竟然落下眼泪。四千米以上，我问自己这儿是不是香格里拉，我又来此为何。

晚上一个人走到了转经筒面前，夜色里巨大的金色亮光，需要二三十人才能转动，人群热烈的表情在夜色里模糊不清。我看着他们喊着号子奋力推动，终于明白自己再也不信。不会再愿意把自己交付给一样东西。在世界面前，不相信有人能使我获得拯救。夜色很苦，夜色也凉。斯科特说“tender is the night”。他真温柔。我拍下一张照片，转身离开。

最后的回忆留给二一四国道，我见过的最美的公路，令我想起少年时写下的诗句：给我一个桃花源。因为坐在大巴车上，无法拍照，一路舍不得闭上眼睛。我相信它，忠实的记录者，漫长的公路，树荫如神话。再见，再见，不与谁告别。

火车停在东站，十六去坐地铁，我挤公交回学校。闷热的车厢，汗水浸透我的衣服，背包里装着在普达措买的羊毛披肩，装着高原的寒冷清晨。汽车路过蓝色的房子。诗与远方，两千多公里，我回到故乡。

七年之痒

by/ 张珂

会不会记得你十七岁的时候喜欢的那一个人？

——会，我一直等着有一天再遇到他，给他一个潇洒的背影，斗志昂扬地告诉他我过得有多好，让他可劲后悔。

——可是，万一人家根本不记得你怎么办？

——说不定，他还会在你斗志昂扬的时候说：“小姐让让，你挡路了。”

由此可见，有两位七年之交的损友是人生一件多么欢喜又糟糕的事。

-1-

如果你也有认识三年以上的女朋友或者是闺密，那你就一定能了解我被她们一眼猜出心思，或是随时都能挑出几年前的糗事时，痛苦又无法反驳的心情。但是这些都比不上你开学前一天刚在众人面前发誓要过好全新的生活，第二天看到喜欢的男生就又眼巴巴地凑过去不理会别人的鄙夷这样糟糕的事了。更糟糕的是，你身边能给你出主意的那两个人都不在。

我指的是徐清河和唐霁。初中的时候，我，徐清河还有唐霁，我们三个是班里最好的朋友。那时候的小团体还没有像高中大学那么普遍，虽然我们三个是绑在一条绳上的蚂蚱，但是犯事之后还能牵扯出更多的蚂蚱。关于认定彼此是最好的朋友的概念还是高二的时候某天晚自习下课，那时候流行高二遥望着高三灯火通明的教学楼大言不惭地说出以后的志向。其实高三的根本没有心情理会我们这边的哄闹，但是我们乐此不疲，好像这样说完我们高三就真的能够发愤图强一样。于是你能看到各种各样的人，怀揣梦想的，内心忧郁的，生性乐观的，每个人都伸着脖子，胳膊架在护栏上对着对面大喊。我当时喊的是什么我都不记得了，好像每个星期都不一样。但是我旁边的男生，我初中的同学突然用很羡慕的语气和我说：“我最希望以后还能像你和徐清河，唐霁那样，虽然三个人在三个学校，但是不管过了多少年都还有掏心掏肺的老朋友。”他说完就留一个潇洒的背影走了。

我很是摸不着头脑，我和这个男同学除了初中同学之外还有高中三年同校的关系，但我发誓我们说过的话不超过二十句，他大晚上对着我感慨过去的岁月和曾经的友谊，如今的沧桑和不舍，我实在招架不住。对此唐霁和我说：“他一定是羡慕你有我们这样的朋友啊，三个人三个学校还经常出来玩的友谊啊。”

我想了想问她：“你是说有一次我们俩走到路上对面来了两个帅哥，我转身想去文具店，然后你突然拉着我用方圆几里都能听到的声音吼了一句：‘不要看到好看的男的你就冲过去啊！’你是说这样的友谊吗？”

其实现在这样的情况，我宁愿她们出来，这样出丑的就不止我了。

现在的情况是我和方嘉面对面走过，我脸瞬间红了，声音迅速变成了蚊子，嘴角还有一抹似笑非笑，而他是面无表情……一直面无表情。我对方嘉的感情虽然没有明说，但是他的朋友我的朋友，甚至外班的人都知道七班的叶希喜欢九班的方嘉。一群男生走过来的时候总有几个好事者指着他对我挤眉弄眼，自己身边也总有看似关心实则怂恿的人。其实没那么喜欢，年少的时候单纯地欣赏，总觉得在十七岁必须有一个喜欢的人，不然就逊爆了。也偷偷地幻想过要成为恋人，但是想想后来遇到的阻碍也觉得还不如算了。抱着这样的心态，但是越描越黑，连当事人看到我的时候也从来没有过好脸色。

我很想问问徐清河我该怎么办。她像是一个小叮当一样能为我所有的问题找到一个合适的落脚点，你也可以称她为心灵鸡汤。

“曾经不出众的女生在高中的时候突然变成了很多人追捧的对象，像是在感情场游历了一番变成了情场老手，但明明和谁都没有谈过。”我给徐清河下的定义就是这样，不知道从什么时候开始她变成了很多人追捧的对象。

几个月才能有一次的聚会从慢热中开始，因不同的学校所以连话题都开始变少，但是聊着聊着女生的八卦精神就上来，总能从自己班里的某个怪胎扯到“我们班也有这样的啊”，然后三个人继续聒噪。

到最后也没有问，我喜欢的那个人不喜欢我，该怎么办。

-2-

其实有的问题是没有答案的，就像我想问徐清河的那个问题，哪有答案？要不然继续喜欢，等他哪一天喜欢上你，要不然放弃。至于感动他，对他好，倒追他这些都可以归类到“等他喜欢”这样模糊又遥远的未来。

夏季是最糟糕的，想穿的短裙没有勇气穿，连凉拖鞋都要防着班主任的眼色。身上黏糊糊的却还要想尽办法在人群中把自己打扮得更出众点。不论是身处哪一层都能听到蝉虫的聒叫，也总有刺眼的光透过窗户折射进来，洒在书本上，是一层明晃晃的金色。手上的笔随着阳光的跳跃也跟着瞎跑，像是儿时踩影子的游戏。讲台上老师的嘴一张一合，跟着草率地在笔记上记上几笔，漫无目的地瞎想。想到最后都能想到喜欢的人。男生赤膊上阵打篮球，看到最后也总会想，要是方嘉打一定比他们好。

“所以说不只是春天才是思春的时候，一个人待久了，每天你都可以思春。”唐霁的这句话我决定自行忽略，但是徐清河迅速地接了一句：“思春，嘿嘿。”我不知道有什么好嘿嘿的，我看着她：“恋爱了？”“不是，还没到那种地步。”

“那就是差不多了嘛，谁啊？”“一个是外地的，一个是大学的。”“两……两个？！”“嗯。”对面的女生喝了口水，漫不经心地点点头。我和唐霁对望一眼，开始了连环轰炸。

好像在高中的时候，学生只分为读书读得好和不好两类。读得好的绝不会浪费时间在逛街购物上，他们唯有的娱乐也是打球看新闻这些事情。读得不好的，只要是玩，都是他们的娱乐。我提着袋子在马路上闲逛，突然发现在灯火通明的市中心小情侣总是多过单身的人的，因为只有小情侣才会在路上慢慢晃悠，单身的总是一溜烟就跑了，好像多待一秒都会辜负这城市的花好月圆一样。我不知道从什么时候开始徐清河也融入了这抹夜色中，黑丝、高跟、浓妆，那些和高中生格格不入的东西，她玩得游刃有余，甚至是在男人中周旋。

我对方嘉的感情没有多一分也没有少一分，只是从“他不接受我”渐渐演变成了“他到底喜欢什么样的”，那个时候我没有想过，也许徐清河现在的样子，也是她喜欢的那个男生喜欢的。

我开始了折腾人的尝试，少女、傲娇、成熟、萝莉……我觉得美术系的调色板上出现的颜色都没我身上的多。

“明天放假，老地方。”

“我来找你吧，你几点放学啊？”

青春期的时候，希望得到的注目越多越好，放学的时候有一大帮朋友在门口等你也觉得很有面子，如果她们碰巧又记得你的生日，在那一天当着很多人的面送你礼物或是公开发表声明祝你生日快乐，都是很能满足虚荣心的事。

徐清河打扮得格格不入，应该是与我们这些高中生格格不入。进门前我和唐霁互看了一眼："她是学美术的嘛，打扮成这样很正常。""嗯，她们都这样打扮的，反正也不用经常来学校。"彼此给对方吃下一颗定心丸。

"我和他们谈了。"

"谁？"

"上次说的那两个，我和他们都谈了。反正……根本就不会见到，也不会拆穿。"

"你怎么能这样呢？"我一口气堵在嗓子里。

"这样是怎样啊，你那么大声干吗？反正两个人都不在同一个城市，也不会拆穿啊。"

"但是……"

"行了，行了，我有分寸。昨天的电影你们看了没？"

十七岁的时候觉得爱情很神奇，让很多人性情大变，看到父母也总会想他们到底经历了怎样的情爱才走到现在。十八岁的时候觉得爱情神圣不可侵犯，我宁愿你不喜欢我也不可以玩弄我，脚踏两条船更是不可以原谅。

在徐清河无所谓地结束整段对话的时候，我觉得有什么东西开始在我心里滋长了。

-3-

是年轻气盛的怒斥，是喜欢的人不喜欢我之后对她这样玩弄感情的鄙夷，还有更多的，是身为她的好友，我越来越不懂她到底是怎样的人，是被这种疑惑左右的气愤。

-4-

我想：我们都很认真地数过我们认识了几年，在和外人提到的时候都会带着骄傲的语气说"我有认识了×年的朋友"。

"明年就是第七年了，你说我们会不会有七年之痒？""说你没文化还不信，那是用在夫妻之间的。""哦，那我就放心了。"说完唐霁又故作惊讶地看着我，"你们不是我老婆嘛！""去死！"

其实我有想过七年之痒，但我不敢想如果真的有，最后的结局会怎样。记忆和恐慌就像是一团毛线，只要有一根露了出来就会有源源不断的丝线顺着它冒出来，等你想把那团绒线再理成原来那样的时候也就没有力气了，因为你全部的精力都花在了和那一根线做斗争上，试图把那根线塞进去，结果牵扯出更多这样的事情。

我发现周围的声音开始变了，我喜欢方嘉的时候班里有个男生也在喜欢我，凭着年少的血性和所谓的对爱情忠贞不渝，我迅速拒绝了他。准确地说，我是在交往了两天之后，迅速地拒绝了他，我对徐清河那些藏在心底里的爱情评价统统被人送还给了我，不同的是她们都是当我面说的，不留余地。

我想你也经历过，当你被一些人排斥时那种孤立无援的感觉。当你快要走近她们的时候，她们总能用你能听得到的语调假装偷偷摸摸地说："是啊，没想到是这样的人。"那个时候，我只能装作听不见，无所谓地告诉自己我还有两个更好的朋友。

我想两个很快就会变成一个了。徐清河去参加艺考之后，我们的联系也变得少了，相反我和唐霁永远是没心没肺的样子。多亏了唐霁，她就是一支强力胶，把我和徐清河紧紧地连在一起，不至于在我们见面的时候太过尴尬。我和徐清河也像牛郎织女那样，中间总有银河那么宽的误解，唐霁就是那窝喜鹊。

我们商量等徐清河回来再聚一次。寒假之后就是生不如死的"高考倒计时一百天"，只有寒假能够聚一次，每个人还要空出时间，等到三个人都有空的时候寒假已经快要结束了。我有心把这种单方面冷战的僵硬模式结束，唐霁也是不遗余力地配合我，就连徐清河也收起了学艺术时的浓妆艳抹，试图迎合我。只是我在听到她现在的感情时，还是表示出不认同和咄咄逼人。

"你还在和他们谈吗？"

"嗯。"对面的人随意地扣上袖子，"还在谈。不过现在打算分手了，有一个，我考试的时候遇到一个男的，他……"

"你够了吧。"

"好了，不说这个了。"唐霁赶紧接口，"艺考累不累啊？我听说特别辛苦。要不要喝点什么？"

“我来请。”徐清河转过头笑着看我，“你都瘦了，想喝点什么啊。”

“没心情，不想喝。”

“……叶希。”

你有没有很爱你的闺密，超越了朋友之间的那种喜欢，甚至有的人看到还以为你们是一对？你有没有过觉得她们只能是你最好的闺密，当她们提起你根本不认识的人是自己的好朋友时会很不痛快？

我对她们就是这样，她们被我摆在家人一样的位置。“我只是想表现出我对她的关心，一个女孩这样很不好，但是我一说出来就是训斥，你懂不懂？”我和唐霁抱怨。“我明白我明白，”唐霁迅速接口，“你就是标准的妈妈桑。”

妈妈……桑？

我觉得任何悲伤的戏码在唐霁这里都能被演砸，而且她还能给你营造出一场别开生面的喜剧，别开生面到让你终生难忘。

“你说我该怎么办，我怎么和清河解释？”

“还是不说了吧。”唐霁顿了顿，“高考结束后找到一个合适的机会再和她聊吧。现在不是没吵架吗？”

每一个夏天都注定是难忘的，不仅是因为中考高考这些对学生而言特别的日子都设立在这个时间段，还源于它两个月的暑假。在这样充满烦躁、无聊的日子，老天一定会让它发生点什么才能不辜负这漫长的时光。

我们没有出去旅行，原本大言不惭的梦想都没有实现。高考成绩出来之后我选择了复读，唐霁去了邻近的一所大学，徐清河考得很好。

我想连大神经的唐霁都察觉到这种微妙的变化了，身为艺术生的徐清河文化课的成绩比我们两个都要好。七宗罪里说嫉妒是最要不得的，《中国合伙人》里说千万不要和好朋友合伙开公司。我觉得应该再补上一条：你最好的朋友可以超过你，可是不能在你毫无预感的时候超过你。

我们谁都不知道徐清河是怎样做到文化课考那么高分的，当我们还在为喜欢的男生不喜欢我的时候难过，她已经游走在几个男生中了；当我们在做题的时候，她拿着油画板挥洒自如；当我们还在想考不上大学怎么办，她已经浓妆艳抹地出现在我们不熟悉的场合。年少的时候我们总是把自己的努力夸大，将别人的成功践踏，总觉得那些在你不知道的情况下偷偷努力的人很没品。我也从没想过，当我在课堂上睡觉的时候徐清河还在满手颜料地作画，当我听课的时候她只能找人恶补。她的那些努力，比我还要多。

喜宴没有那么好吃，尽管我百般推辞，但我还是不得已出席一些人的成功宴，其中就有徐清河的。

那并不是喜宴，只是她每年一次的生日，但在我看来这无比讽刺。徐清河一直试图说些什么来缓和尴尬的气氛，但我一点也不买她的账。“你男朋友什么时候到？”唐霁开始找话题。“马上就来了。”

钱是徐清河给的。“你应该让他付，你在他身上花的钱不少了。”我口气很强硬，几个月的拉扯争夺她终于确定了这个男朋友，我不相信她会挑个这样的。“他也有难处。”“他有什么难处在你生日的时候让你花钱。”唐霁在后面偷偷扯了我一把。我想说你选了那么久才选出来的，怎么可以这样？在我看来如果一个男的连钱都不肯为你花，那又算哪门子的喜欢。“我们一直都这样……”徐清河顿了顿，“有时候AA，有时候我请。”

“你也能受得了？！”

“我们一直都这样！”

嘴巴张了张我没有再开口，他们一直都这样，话里隐藏的意思就是我没立场参与他们的事。我想我的想法可能偏激了些，但我还是气不过，头扭了过去。我从来都没有像别人那样觉得你是美术生又同时交往几个男生很搔首弄姿，我也从来没有觉得你活该选中这样的人，我更不认为你考这样好是作弊得来的。我只是有点嫉妒，有点恐慌，更多的还是气愤。我的好朋友不知不觉与我渐渐疏远，她在我们都不知道的时候变成了如今闪闪发光的样子，她那么优秀的一个人最终选择了这样的人，可是她的这些，我从来不曾参与。

我也很久没有和她们说过方嘉的事。我想在她们的印象里方嘉只是一个“稍微有点喜欢的人”，我们都在对方不知道的时候变成了另一个样子。

-5-

复读的日子没有想象中那么难熬，我不再推心置腹地和人说话，偶尔碰到好笑的笑一下，算是发表了意见。没有不合群但也没有多熟络。我常做梦梦到我们三个坐在草地上或是火车上，说着很没有营养的话，笑得很开心，仿佛又回到了初中，那时候还没有恋爱，没有小性子，没有各自的秘密。那时候就像活在阳光下，彼此都是透明的。

这是第七年，我们认识的第七年。

谁都没有再提到那天生日的事，那天我和徐清河没有吵架，但是我冷冷地带着唐霁走开了。我想：我们走的时候徐清河比我还要难过，但是要我怎么说呢，我难道要把他们弄分手吗？

其实我和唐霁想过让他们分手，在我和唐霁看来那个男的无论哪一点都配不上我们的好朋友。“你们怎么样？”我开始没话找话。

“很好啊。”

“他看起来和他那个女性朋友也很好，会不会太熟了点。”

“他俩以前差点就在一起了啊，不过后来没有。”

“那你们三个还能在一起玩！像没事人一样！”

“这有什么好大惊小怪的啊！”

我和唐霁同时闭上了嘴。

对于年少的我们，什么叫爱呢。和喜欢的人在一起，得到好朋友的祝福，必须波折一番，坎坷一段，这才叫爱。但当我经过一年的沉淀，我才明白，爱是你喜欢的那个人恰好也在喜欢你，没有轰轰烈烈最好，平平淡淡最真实。我想我也终于明白，我讨厌的不是徐清河，而是她这样自甘堕落。我不能忍受我的好朋友这样自甘堕落。

“你以为你他妈是圣人！谁你都要管！你问过我吗？你知道我过去发生了什么吗？叶希，你他妈就是圣人，谁都要听你的话是不是！”

“我他妈圣人？你他妈的才是自甘堕落，你过去怎么样不能说吗？你有着怎样的过去不能告诉我们？”

“好了，好了，不要吵了。”

“自甘堕落？你觉得我是自甘堕落？是啊，谁有你清高，你喜欢人家怎么不说啊？我自甘堕落，但是我还有爱情，你有什么？”

我什么都没有，在我们的第七年里我什么都没有了。

我打着伞走在通往考场的路上，这是最后一场考试。细雨蒙蒙，我从有的人脸上看到了解脱，有的人脸上看到了隐忍的悲伤。当我放下笔完成了我生命中重要的审判，忽然想到我找不到可以和我一起庆祝的人了。

我爸曾经告诉过我很多道理，其中有一条就是：即使你和现在的朋友走得再近，以后也会分开。但是他之后也说，我没想到你们三个那么多年了还在一起。我们曾经面红耳赤地争吵过，但是下一次再见面彼此都心照不宣地不再提起。关于我们的事，不管再怎么糟糕，后面都有一个“但是”。我知道这次我们吵得很厉害，但是，我还是希望我们能在一起。

你有没有属于你和你闺密特定的小日子，那么多年总有一天是让你难忘的？如果说我们也有，那一定是跨年的那一天。三个人聚在某一个人的家里，看着各个台的节目相互吐槽，然后发誓说明年要怎样怎样，等到明年快过完才想到，啊？我曾经还许了个愿。

还好，我们的默契和多年的情分能让我们在跨年的前一天互发短信问今年在哪里。

啤酒、电视、沙发，跨年的三大法宝外加一个金嗓子，供你歇斯底里地号叫。其实任何我和徐清河的号叫一定都是唐霁惹出来的，我们两个在平常的时候相当能端住架子。

“喝酒，喝酒，傻看电视干吗。”

人们常说酒后吐真言，其实酒后不一定就是吐真言，而是酒精的介入会让你把平常没有勇气说的话都说出来，真正是“酒壮尿人胆”。

“我以前喜欢的人就和电视上这个差不多，一样高。”

“哪一个？”我看着徐清河。

“就是高二谈的那个，你不记得了？”

我记得，那个时候徐清河还和我们一样是个什么都不懂的小女生，偶尔做些花痴的梦，从来不穿超短裙吊带装。那个男生还是我们以前一个同学的哥哥。“嗯，不是谈了有一年吗？”什么时候分的我记不清了，他们分手以后我很少看到徐清河，再次见到她就变成了现在的样子。

“我什么都给他了，第一次，什么都给了。”

“什么？”我猛地抬头对上徐清河醉醺醺的面孔。

“是啊，第一次都给了，那时候才高二吧，我以为能好好的。后来……呵，也没有后来了，就分了。”徐清河喝口啤酒慢悠悠地说。

“你从来都没有和我说过。”

“你会训我啊！”对面的人很自然地接口，“都会训我吧。那时候我好怕，但因为是他所以忍住了。我都没敢告诉你们，只告诉过一个在本校的好朋友。后来我才知道，她根本就没把我当朋友，她告诉了好多人，她说我在外面乱搞。真晦气。”

啤酒咽下去有种刺骨的冰凉，连带着我的喉咙蠕动都没有发出任何声音。

“后来我就一直在画室待着了，虽然画室给人的感觉不好，但是那些人从来不会在外面捅人刀子，回学校以后我也想重新来过，可是风言风语太可怕。我做什么都不行。我找人狂补习，一刻也不想在那个学校待下去，我一定要比她们考得都好。后来，嘿嘿，我就考走了。”

“你应该告诉我们的。”我开口就像是复读机，只能干巴巴地重复一句话，“你告诉我们，说不定可以替你解决。”

“那怎么行啊，你们那时候多单纯啊，我怎么能把脏水再往你们身上泼？”

窗外有礼花绽放，站在十七楼看烟火不用费力地昂着头，隔着窗户礼花就在我们面前变幻出各种色彩。姹紫嫣红，我想起了我们的十七岁，那时候我们崇尚爱情，崇尚一切自由的东西，就好像在一楼看烟花一样费力地仰望。而现在我们终于长大了，看清了人和事，当烟火再在我们面前绽放，我们只会觉得：那么快就没有了，人生还是不要像这样的好。

我转过头看着面前被烟火照得红彤彤的两人。“你那时候，怎么过来的？”

“就那样啊。”对面的女生耸耸肩故意换成不在意的语气，“有段时间自己变得自甘堕落，想要报复。后来发现受伤的还是自己。现在不是变好了吗？”

“哎呀。”对面的女生故意装出无所谓的语气喝了口酒，“都过去了嘛，你看现在也很好啊，我开始正正经经地谈恋爱了，以前那些人我也不联系了。我还没和你们说。”

“你说。”眼睛有些酸涩，我别过头不再看面前装作无所谓的女生。我曾经嫉妒你，曾经担心你，但好像印证了那句话：你从来不知道你面前光彩照人的人，他们有着怎样不为人知的心酸。

“现在谈的这个，挺正经的。我想好好和他走下去。不管怎样……”她看看窗外的夜色，“不管怎样，都不会再像以前那样了吧。”

“哎，你们看这女的，腿好粗啊，哈哈，鼻子一看就是假的，都没我好看。”

我和徐清河默契地干了一杯，不理会唐霁。

“你们听没听到我说话？我好看还是她好看？”

“没化妆的话你比她好看。”

“你死了这条心吧，你的腿快赶上她的胳膊了。”我不客气地补上一句。

“哎哟，你这人怎么这样。”

我鄙夷地看了唐霁一眼：“好好说话啊。”

唐霁没有理我：“我要宣布一个重大消息。咳咳，我恋爱了，哈哈。”

“噗……”徐清河嘴里的啤酒喷出来。

“我家沙发啊！我靠，你这样的黑山老妖也有人要，那人也是你们喜鹊窝的吧？”

“你这是嫉妒，哈哈，我和清河都有了，就你孤单一个。”

“那好吧。”我眨眨眼，“我也有一个消息宣布，我和方嘉一个学校一个院系。”

“真的假的啊？那你不就有机会了？争取这次拿下，这就是你们的缘分！”

我点点头表示很赞同徐清河的回答，刚想装作指点江山地表示我已经快拿下了，就看到唐霁突然冒出来：“那你们以后洗澡不就能碰到了！”

“洗澡?!我靠！”我和徐清河同时被唐霁的奇思妙想震撼。

“想什么呢，你们学校又没有独立卫生间，就一个澡堂，分男女，大学四年你还能碰不到啊！你们两个……啧啧，不纯洁，还带坏我！”

哈哈。我眨眨眼：“我觉得以前那样挺不好的，谁又不欠谁的，干吗那么卑微？我一直等着有一天再遇到他给他一个潇洒的背影，斗志昂扬地告诉他我过得有多好，让他可劲后悔。”

“可是万一人家根本不记得你怎么办？”唐霁不放过任何打击我的机会。

“说不定他还会在你斗志昂扬的时候说：‘小姐让让，你挡路了。’”徐清河迅速接口。

“损友！损友啊！”

-6-

你曾经有很喜欢的人，几年过去如果你再碰到你会突然觉得“我怎么会喜欢过他啊”；你曾经有很要好的朋友，在一次声嘶力竭的争吵后你以为你们完蛋了，但是你们没有；你曾经很相信某一个人，但是她最后把你卖了，不过没关系，吃一堑长一智，你还会遇到更好的人。

你可以把你的记忆永远停留在十七岁，你身边也总会有像十七岁时一样疼爱你的人，你可以嫉妒可以愤恨，甚至可以口不择言。你被伤害被成长，你终于变成了别人眼中闪闪发光的样子。

可是，你在一些人眼里永远是十七岁，永远可以肆无忌惮。你依然可以在成长之后带着满腔的热血跑向你十七岁的朋友。

毕竟，青春不老，阳光正好。

The Selections of New Concept

Part 2

流离的童话，为你寄一张小卡片

高级魔术师

by/ 禾木

1

魔术师是很高级的魔术师，从不表演低级魔术。

至少曾经魔术师自己是这么期望的。

2

事实上，上面那种说法并不准确。

请允许我清清嗓子，换一种说法：魔术师梦想着从低级变得高级以后，就再也不表演低级魔术了。

什么是低级魔术呢？你可以理解为入门级魔术，比如突然从软塌塌的口袋里抽出一枝娇艳欲滴的红玫瑰；比如上一秒摘下头顶上的黑色礼帽，下一秒从礼帽中飞出一只白鸽；又比如掏出一副扑克牌，仙女散花似的把纸牌飞向四面八方——这三个大概是魔术师最憎恨的魔术了。

为什么呢？因为当魔术师尚为一个低级魔术师时，他一在餐馆表演这些把戏就会被观众无情地轰下台。观众认为观看这些老掉牙的表演根本就是对智商的一种侮辱。当然，魔术师自己也觉得很无辜，因为那会儿他压根不是一个真正意义上的表演者——他白天是餐馆服务生；晚上不过是被老板硬生生逼上台，在乐队一首曲毕回后台换衣服时或重头戏上场之前用以调节气氛、打发时间的串场人罢了。没人付给他额外的工钱，连掌声也没有，还得无故遭人白眼——任谁都会感到郁闷和无辜吧。

其实，如果他愿意搞笑，愿意在无聊的魔术表演中加入其他元素，情况会改善许多——曾经有过一次，也是唯一一次，他在飞纸牌时不小心踩空，从舞台上摔下来，惹得观众哄堂大笑。舞台不高，摔下去的结果只是他的手肘擦青了一块，但这件事却着实令他懊恼了好一阵子。

在他眼里，魔术是一门严肃而高尚的艺术，成为一名名副其实的魔术师是他在童年就扎根于心中的梦想——这也是为何他能忍受观众鄙夷如此之久的原因——他关注手指的动作、内心的激荡远远胜过关注观众的表情，可那天他却亲手把心中无限崇高的艺术糟蹋成了一场滑稽表演！

3

就像硬币有正反两面，这件事在另一方面也使他真正看清自己的理想。他毅然辞去了工作，带着轻便的行李与为数不多的几枚金币来到邻国拜师学艺。为什么要长途跋涉去邻国呢？这又是另外一个故事了。

原来，邻国国王非常疼爱自己的小公主。不幸的是小公主由于先天性失明，看不见任何东西，生活在黑暗中的她久而久之患上了抑郁症。国王为让心爱的小公主开心起来，便命令大臣拟出重金悬赏的告示，张贴在大街小巷。告示是这么写的：

凡助公主摆脱抑郁顽疾，令公主开心一笑者，将共享国王的全部财富。若此人为青年男性，且未婚嫁，将加官晋爵，由国王安排直接迎娶公主。

从这则告示中不难看出，国王不仅疼爱小公主，还非常聪明——若女儿能遇到一个令自己快乐的男子就让她嫁他，如此幸福才能延续一生。告示一出，不但举国轰动，还吸引了许多来自异邦的能人异士。

首先大展拳脚的当然是医生，各路名医轮番进宫帮小公主会诊。然而大半年过去，小公主照旧面无表情，而且每当要喝大碗浓黑苦涩的药汁时，都免不了一阵歇斯底里的尖叫。长此以往，国王对医生的耐心消失殆尽。某日，当公主再度把瓷碗摔在地上尖叫时，国王再也忍不住了，一下子把医生通通轰出皇宫，有失仪态地大骂："庸医！庸医！"医生们被赶走之后，号称能奏出天堂仙乐的音乐家进宫。音乐家将各种乐器全部演奏了一遍，结果公主没笑，但香甜地入梦了。国王对于这个差强人意的结果表示接受，用一袋金币将音乐家打发走了。然而，号称世界上最具浪漫情怀的诗人可就没音乐家这么幸运了。他口口声声说要用浪漫的诗歌与爱情唤起公主对欢乐的感受，可他从晴空万里的白日吟诵诗歌直到月朗星稀的深夜，公主始终毫无反应。其间，国王几度要沉沉睡去，但又被诗人陡然升高的音调惊醒，乃至最后根本不想再听见诗人的声音，便让他披星戴月地离开了皇宫。

4

在这段时间里，我们未来的高级魔术师在干什么呢？他可一点儿也没浪费时间！

身处这样一个高手云集的国度，置身如此浓厚的艺术氛围中，他感觉全身的每个毛孔都张开了。无论是大道还是街巷，随处可见奇人异士。他穿街过巷，不顾疲累，寻遍城邦的每个角落。终于，太阳落山之前，他在靠近国王城堡的一间旅店门外看到一个正向路人表演魔术的老者。

老者被路人重重围住，人群里时不时爆发出阵阵惊叹。他费了九牛二虎之力才挤进去，可惜刚挤到最前面，老者就向观众谢幕了。眼前这位魔术师真的上了年纪，一身考究的燕尾服与右手握住的木头拐杖似乎陪他走过了很长的路与岁月，但他精神矍铄，眉宇间透出一种只有真正的艺术家才有的威仪。尽管旅店门口人来人往，老者鞠躬致谢的姿态依旧从容不迫，令人肃然起敬。观众们赞叹连连，脱帽回礼。

人潮渐渐散开，老者收起刚刚大家随手给的小费，往旅店里面走。

他赶紧追上去，说："先生，我想跟您学习魔术。"

老者回头，莞尔，问道："你会什么？"

他挠挠后脑勺，突然伸手在老者眼前飞快晃过，下一秒一枝玫瑰即出现在手中。老者笑笑，接过玫瑰，轻轻朝上面吹一口气，玫瑰瞬间燃成一团火焰，火焰在半空中飞蹿几圈之后又变成片片花瓣落在地上。老者精妙娴熟的手法超越了他以往见过的任何魔术师，奇迹在老者那双苍老的手中随手可以发生。相较之下，他的那些小把戏连班门弄斧的程度都达不到。他有点儿明白当时自己在餐厅表演时观众为何那么不买账了，也有点儿担心自己是否能达到老者的境界，拜师学艺的心情不再像当初那般急切。

"您……可以……教我吗？"他说得支支吾吾，不敢直视老者的眼睛。

"你可以跟着我学，不过我不会在这里待太久。"他没想到老者答应得如此爽快。

5

高级魔术并不好学。

成为一个高级魔术师简直比成为一间餐馆的老板还困难。

怎么又说到餐馆了呢？因为他练习魔术练得心灰意冷，无论重复多少次都把握不到老者教授的要领。望着天边的弯月，他情不自禁地想到以前在家乡餐馆打工的经历。虽然那时工作很累，白日要应付百般挑剔的食客，晚上还要忍受观众的嘲笑；但记忆仍不全是灰暗，那个大腹便便的老板同样会在打烊之后打开两罐啤酒，递给他一罐，跟他说些交心的话。微醺之际，老板还会拍着他的肩膀说："好好干！等我退休，你就是这里的老板！"当时他纯粹把老板的这些话当成笑话听，一心想着有朝一日要辞掉工作成为一名真正意义上的魔术师。谁料现在真这么做了之后，再想起老板的话竟觉得怪亲切的。他思乡了，开始想念那个仅仅由几条道路连接起来的比这儿小得多的不适合称为"国家"却适合称为"家"的地方。

老者又是如何成为一名高级魔术师的呢？老者一直生活在路上，从年少到迟暮，从故乡到异乡，从告别父母到告别爱人，直到眼下要告别这个刚收下不久的所谓"徒弟"——是的，老者将再次起程，起程去到另外的地方再次成为受人尊敬的魔术师——就像你前面看到的那样，老者完全不愁生计，只消站在路边信手拈来一个早已烂熟于心的魔术就能得到足够支付旅费的金币，就能得到众人的在目与瞻仰。从这一点上说，老者比他幸运得多；可为了让被大多数人视为消遣娱乐的魔术成为一种崇高艺术，老者践行了快一辈子，这一点又怎么说呢？

至于他，他能做到多少？告别老者后，他摸摸瘪瘪的口袋，数着所剩无几的银币，问自己。

6

进宫的能人换了一茬又一茬，公主的忧郁症还是老样子，没有好转的迹象。

随着时光流逝，国王也被整日要求觐见的各路来人扰得心烦气躁，于是命令大臣拟出一份新告示，张贴在大街小巷。新告示是这么写的：

请城内能人于三日内悉数前往皇宫为公主治病。凡助公主摆脱抑郁顽疾，令公主开心一笑者，将共享国王的全部财富。若此人为青年男性且未婚嫁，将加官晋爵，由国王安排直接迎娶公主。

三日之后，若公主之顽疾仍无起色，国王将不再接待任何以医治公主为由求见的来客。

告示一出，全城像炸开了锅。无论是本来持观望态度的艺人，还是稍微有点儿才艺的普通人，都赶忙往皇宫跑，生怕错过国王的邀约。

他的钱差不多刚好够支付回家的路费，起初他还想像老者一样上街卖艺，挣钱去更远的地方看看走走，现在计划泡汤了。他不知道该去哪里，失神地跟随人群走，不知不觉也来到了皇宫门外。金碧辉煌的宫殿在前方不远处熠熠生辉，流动的金光照亮在场每个人的脸。国王让大家排队抽签，按顺序进入公主闺房。他犹豫着抽还是不抽——公主看不见，自己对魔术也算不上精通，只怕抽了也是白抽。可当士兵拿着木箱停在他面前时，他还是鬼使神差地伸手抽了一张——或许是后面排队的人不断催促的原因，又或许他想给自己的梦想一个交代。

当打开国王特别设计的邀请函——红底金字，金丝雀站在枝头高歌——他愣住了，自己居然是一号！

7

公主的闺房华丽非凡——雪白蕾丝缠绕在象牙色的圆形床柱上，垂坠的水晶灯上那一串串钻石流苏像从银河坠落下来的星星；大幅田园风油画挂在墙壁上，营造出一种典雅高贵的氛围。

公主坐在天鹅绒被里，只露出苗条的上半身。看到公主绝美的鹅蛋脸，他差点儿叫出声来。那么干净白皙的肌肤几乎与刚出生的婴儿无异，遗憾的是这漂亮的脸蛋上没有表情。他看得愈久愈觉得这是一种病态的苍白。加之公主长年待在室内，整个人散发一种阴郁的气质，她周身的空气似乎都要凝结成冰。

他真正会的魔术不多，打算从最简单的开始，依次表演完。第一个是纸牌魔术，虽然跟餐馆时期相比没什么创新，但他飞牌的技巧早已练得炉火纯青。纸牌从水晶灯旁飞过，钻石相互碰撞发出清脆的细响，死气沉沉的房间刹那灵动起来；纸牌从公主的两边脸颊飞过，在她耳旁带起一阵微风，扬起缕缕发丝，画面十分好看。比较令国王生气的是，最后床上、地上全是散乱的纸牌。幸好国王看到公主脸上微微泛起桃红，忍住没有发作。第二个魔术开始时，他边取礼帽边想，在盲人面前变魔术最大的好处就是无须害怕穿帮，也不会被嘲笑。第二个魔术是鸽子魔术，他大可不做准备，直接一扬手让鸽子飞出去就好，反正公主也看不见。当然作为一个自尊心极强的魔术师，他可没这么做。训练有素的白鸽从礼帽中振翅飞出，环绕公主的大床飞了两圈，重回他肩上之前还在公主手边落下了一片羽毛。第三个即压轴魔术，是他从老者那里学来并练得有模有样的唯一一个魔术——玫瑰魔术。当片片火红芳香的玫瑰花瓣从公主头顶打着旋儿坠落，其中一片还调皮地逗留在公主鼻尖，那美好得足以永恒的一幕让他觉得自己的魔术事业到此告终也毫不可惜。

三个魔术表演完，他煞有介事地脱帽致礼，仿佛正站在一束追光之下。

没有掌声，也没反应。除了身体微微倾斜了一下，公主再无其他反应。

他转身谢过国王，飞奔出皇宫，连掉在地上的礼帽也忘记捡起来带走。

8

他顾不得身后尚在排队的众人疑惑不解的目光与七嘴八舌的议论，一口气跑了很远。

他现在心情很复杂：一方面他学会了一个高级魔术（显然，那个魔术在众多高级魔术中只能算层级较低的一个），还在受万人尊敬的国王和公主面前完成了一次不受嘲笑的魔术表演，算是不虚此行；另一方面他意识到自己可能真的不适合成为一名伟大的魔术师，更为残酷的现实是，他身上的钱不够他继续闯荡。

此时，马车哒哒哒哒地从他面前飞快驶过，马蹄扬起的灰尘落满他全身。他呆呆看着那地上刚被踩出的一条轨迹沉默。当下一趟马车过来时，他上车了。

他将身上的最后一枚银币付给马车夫，踏上回家的路。

9

重返故乡的他无处可去，又回到了离开前在那里当服务生的餐馆。

老板看到他很是高兴，也没问他这段时间遭遇了什么，只寒暄几句后说餐馆人手不够，希望他回来帮忙。

他接受了老板的建议，干起从前的工作，依然常常得面对无理取闹的食客；不同的是成为魔术师的梦想已经不像从前那样灼烧他了，晚上他也无须再登台串场，因为大家都跑去剧院看话剧、听歌剧去了。每日小餐馆早早打烊，老板总邀他留下来，两人坐在空落落的餐馆里聊天。

老板说他儿时看到父亲总喝啤酒，有次趁大人不注意偷偷抿了一小口，发现那黄黄的起泡沫的液体竟是甜甜的味道，长大以后就开了这间餐馆。“曾经我将拥有喝不完的啤酒作为梦想呢！”老板直言不讳。

“梦想”，再次听到这个热血的词，他的心情却异常平静。他想通了，告诉自己年少轻狂的岁月里有过一次对梦想奋不顾身的追逐已足够，毕竟梦想不等于面包，魔术不等于魔法，柴米油盐的生活还要继续。

哦，有件事我忘了讲，得补充一下。就在他回来大概半个月后，人们议论纷纷，说邻国公主的抑郁症治好了。甚至有人从邻国将国王发布的公告撕下来，带回餐馆与食客们分享。他们临走时落下了那张在相互传阅中被扯得皱巴巴的公告，他走过去收拾餐桌时没正眼瞧，打算直接扔进垃圾桶。老板看到，走下柜台从他手上夺回公告，说这硬硬的纸可以留下来等冬天厨房窗子漏风时钉上去挡风。

于是，国王的公告连同更多其他暂时用不到的闲杂物品一起放在了箱子里。

10

如今，他成了餐馆的新一任老板。

因为他的老板喝够了啤酒，赚够了金币，有了全新的梦想：环游世界。

冬天来临，厨子跟他反映说厨房窗户漏风，得换新的挡风纸板，不然刚出锅的菜还没上桌就凉了。

他打开箱子，翻出上面写着国王告示的牛皮纸，无意中瞥见了告示的内容。原以为这是张喜报，却没料到是张寻人启事，他出于好奇往下读——多年过去，他已经可以心平气和地面对这张告示与那段时光——告示上很多字已模糊不清，勉强看得清字迹的地方组合起来大概是这样：

……公主病愈，请治愈公主者速返皇宫，国王将有重赏。

他觉得莫名其妙，没去深究，晃晃脑袋将纸板交给了厨子。

春暖花开的季节，他以前的老板从邻国寄来了一张油画，随附的信件中说这是邻国最受欢迎的油画，几乎每家商铺里都挂着一幅。老板嘱咐他一定要挂在餐馆里，还强调挂上后肯定会生意兴隆。夜晚，他拆开油画时惊呆了：油画中那姿容绝美、仪态端庄的妇人不正是邻国公主吗？画中除了公主，还有一位英俊威严的男士。他猜那大概就是公主的丈夫。他们中间站着一个双颊粉嘟嘟的可爱男孩，男孩头上戴着一顶他似曾相识的礼帽。背景的处理与一般宫廷油画不一样，不是庄严肃穆的礼堂，而是大片散落的玫瑰花瓣与无数只展翅的白鸽，圣洁而浪漫。画中公主眼眸微垂，眼睛应该仍然是闭着的。不过令他莫名感动的是，公主唇角有了一抹浅浅的笑。

他听了老板的话，把油画挂在餐馆墙上当作装饰，没想到客人真的多起来。

而另一件他没料到的事是，每日看着公主嘴角的浅笑与男孩头上的礼帽，心中想成为魔术师的渴望竟再次升起来。他不得不找一个折中的方式来平息或者毋宁说实现这种渴望，于是每当餐馆里客人带小孩过来吃饭而小孩哭闹不止时，他就会主动走过去变出一朵花、变出一块巧克力或变出一颗糖果。小孩得到礼物后，很快就停止哭闹，不怕生的小孩还会在他脸上狠狠地亲一口，大人们也心存感激地拍手叫好。每逢这种时刻，他一点儿都不怀疑自己就是货真价实的高级魔术师。

11

还有很多事情他不知道。

比如，公主的抑郁症得以痊愈他起到了很大作用——他那三个并不高明的魔术让足不出户的公主感受到久违的和风、鸟鸣、芬芳，至为关键的是感受到丰沛的生机与活力。公主因此而愿意下床走入花园，走入自然，继而在国王的玫瑰园里邂逅风度翩翩的骑士，最后走入幸福的殿堂。喜极而泣的国王命令画师将公主的美满生活绘成油画，带着公主衷心的祝福，传遍天下。

还有很多事情讲故事的我与听故事的你也不知道。

比如，我们的心田都种着一粒梦想的种子，我们知道应该用心耕耘，却不知道经历过人生风雨之后它会开出什么花，结出什么果。幸好人生正因为未知才有趣，而对于自己的生命，谁不是魔术师呢？只不过，若你想成为一个高级魔术师，就得全力以赴哦！

不梦辗转

by/ 赵丹盈

二〇〇七年，安词刚满十八岁。成人礼之后的安词像是一只勇敢的蚕蛹，拼了命地想要破茧成蝶，不顾代价和疼痛。染头发，打耳洞，把牛仔裤换成漂亮的裙子。不怕辛苦地穿起高跟鞋。安词站在镜子前，摸着肩膀处微微凸显的锁骨，觉得这样的模样才是自己真正想要的。

在明白爱情之前，冀珞对于安词来说，是一个无关轻重的甚至还带着些仇恨的人，在明白爱情之后，冀珞就成了安词生命中不可或缺的一部分。

安词一直都不是个多么安分的姑娘，很多时候她都是自己抱着吉他躲在酒吧的小舞台上唱一些自己很喜欢的歌。清澈的声线，带着自己独特的味道。有时候也自己写一些歌，安词的歌词里没有过分的押韵，却能让人在平静的沉默中感同身受。

酒吧的老板易景晟自小就是在家娇生惯养的少爷，可长大后却还是养成了他独立的性格。易景晟高中毕业之后没继续上大学，而是在大学对面的商业街上租下了一间不小的店面，改了里面的装修风格，硬生生是把一间书店改成了一间酒吧。他的酒吧里的顾客大部分都是大学里的学生，有的学生经常翘了课整天耗在酒吧里，他们很乐意和易景晟打得热乎。

偶尔会有人向易景晟打听在台上唱歌的安词，易景晟很少正面回答他们的问题，时间久了那些有点念头的人也就不再在意这个事情。安词所在的高中离酒吧不是很近，走路需要半个多小时的时间，易景晟就在不忙的时候去接她。每次易景晟都把车停在校门口正对着的位置，安词放了学背着吉他很快地走到易景晟的车里，安词从来不坐在副驾驶的位置，总是习惯性地坐在易景晟的斜后侧。

安词有时候会透过车窗看见冀珞的背影，她的视线定格在冀珞的身上，直到连冀珞上衣的颜色都看不清了，安词才会有些留恋地收回目光。冀珞的后背微微有些弯曲，习惯走路时左手放在兜里，皮肤很白，显得干净，头发柔软却短，他是那所高中里最年轻的老师，也是最好看的老师。

易景晟开车的时候总是会很大声地放一些摇滚，安词不喜欢类似于这样的曲风，她觉得柔软的音乐往往比围绕的嘈杂更加舒服。所以每次车里吵闹地放着摇滚的时候，安词就拿出自己的MP3，戴着耳机听里面那些她喜欢的调子。

在安词望着车窗外的时候，易景晟就用余光看安词的侧脸。或者是安词在台上唱歌的时候，易景晟就坐在舞台下面看。渐冷色调的追光灯打在安词身上，易景晟觉得她就像是一只未曾沾染过平凡烟火的蓝精灵。

安词的左臂上有无数交错的刀疤和齿痕，所以再热的天气安词都习惯穿长袖。腥甜的血迹干涸在皮肤上，安词冲洗那些血迹的时候，斑驳的伤口会随着水流的覆盖而疼痛。安词从来不觉得有多难过，她只是觉得生活让她疲惫，却无力改变。

伸出手抓不住她想抓住的丝毫。

作为住宿生，安词更多时候都是在外面过夜。宿管阿姨没有那么尽职尽责，所以只要安词不过于张扬，就任何时候都不会被发现。

即使在酒吧唱歌，安词也从来都不化妆，她总是习惯性地束起一个高高的马尾，除了她的眼神中夹杂了太多的阴郁之外，整个人看上去就像是一朵待放的白莲花一样，干净得无可比拟。

易景晟喜欢那种一尘不染的女生，像安词一样的。

易景晟比安词大不了多少，两个人中间只隔了三年多一些的光景，所以这样的话，易景晟喜欢安词也就没有什么不合适的地方。他不知道为什么安词的身上总有一股子冷色调的色彩，谁也看不出她的情绪是雀跃或是失落，他也不知道为什么安词的眼睛里经常结起成片的霜雪。

当易景晟无意中看见安词袖子下面触目惊心的疤痕的时候，他眼里浮现出一种带着怜悯又带着心疼的东西，但只是不动声色地替安词放下袖口。并没多问。

安词低着头，沉默地顺了顺袖口。

有一部分伤疤是见不得光的，就如同安词对冀珞的那种结了血痂的爱情，一旦剥落，就会鲜血淋漓。

偶尔在安词唱完了午夜场的时候，冀珞都会在酒吧门口等她，两个人并肩走一路却都不怎么说话。天气凉的时候，冀珞会牵过安词的手一起放进自己的裤子兜里，离得近了，安词就能嗅到冀珞身上那种舒肤佳香皂的味道，很香。

两个人之前生活在同一间房子里很多年，安词也从来没叫过冀珞一声“哥”。

几年前，冀珞的妈妈和冀珞闯进安词的世界的时候，安词总是把他们忽视，甚至安词是厌恶冀珞的。安词的爸爸觉得对安词有亏欠的地方，所以很少会训斥她。这样就使安词更加肆无忌惮。但是在安词拆冀珞的相机被爸爸看到的时候，他冲上去一把夺过了冀珞的相机。

“你还嫌折腾得不够吗？”

安词抬头的时候皱起了眉，眼里是满满的惊诧以及恨意，最后却只是低下了头，不轻不重地说了一句，“其实我才是你的孩子”。安禹看着自己对面的小女儿，忽然觉得原来自己一直都未曾真正地明白过她。心上明显地鼓起了一种尖锐的刺痛感。

对于小孩子来讲，自己引以为傲的只有父母。他们会和周围的玩伴说自己的父亲有多么多么厉害，也会说自己的母亲有多么多么漂亮。可安词从小就绝口不提自己的家事，不是不想说，而是她不知道如果自己和周围的朋友说出自己的母亲是诈骗犯这个事实的话，她还能不能在一片唏嘘声中继续深爱着那个没怎么在自己记忆里停留的母亲。

过度早熟的安词早就习惯了把心事全部都烂在自己的肚子里，伪装得完美无损。所以当她心里一直空白着的角色突然被一个素未谋面的陌生女人强行填补上的时候，她这几年来所有的苦和恨，还有委屈和恐惧，都暴露得淋漓尽致。但是她不知道，对于冀珞来讲，他们承受的疼痛应该是同等的。

安词曾经幼稚地以为，只要妈妈出狱了，一家人还会像以前一样，一切都不曾改变过。可突然之间，她美好的梦被现实打击得七零八落，她变得无所适从。

在面对自己的无所适从的时候，安词像一只愤怒的猫，躬起自己不够强硬的背，竖起还显柔软的毛发，用力地抵抗着那种她不想接受的生活。冀珞总是能够轻而易举地就看透安词的内心，不管她伪装得有多么坚固。

冀珞比安词整整大了七岁，性格沉默，看着安词带有敌意的眼神的时候，他也只是浅浅一笑，以作为回报。

从客观角度来讲，冀珞要比安词优秀得多。参加各种知识竞赛，每次大中型考试后都能领到奖状和奖学金。安词有时候也想像冀珞一样，优秀到熠熠闪光的程度。

冀珞考上师范大学那年，安词还在六年级，她看见冀珞背着旅行包，手里提着很多行李站在车站。他们身后是将要远去的列车。爸爸和阿姨在说一些关慰的话。安词抬头看着冀珞一声不吭。临上车时，冀珞拥抱了爸爸和阿姨，最后也拥抱了安词。这个拥抱让安词受宠若惊，可她没有推开冀珞，安词踮起脚尖凑在冀珞的耳边问他："你会想我吗？等到了远方你看不见我了，会不会想我？"冀珞没说话，只是用胳膊把安词往自己怀里紧了紧。

火车开走的时候，安词没有奔跑着向前追，只是站在原地微微地红了眼眶。那是这几年来冀珞和她唯一的一个拥抱，或许什么意义都没有，仅仅只是告别的一个仪式而已，但却在安词身上留下了很久的余温。

之后的日子里安词偶尔会给冀珞写信，用很漂亮的信纸，带着不浓的色彩。安词曾经给冀珞写，我们在彼此的生命里，并不是以牵强的血缘做绳结，我不知道这是不是我们对彼此在劫难逃的宿命，当然我也不知道我到底是不是你笔下无关轻重的笔墨，终究会随着时间的前进而渐渐地晕开痕迹，最后所有或轻或重的时光就全部成了一张苍白的宣纸，云淡风轻。

刚刚升到初中的安词已经成熟得如同大姑娘，偶尔也会有男生和她表白，送礼物，放学了送她回家。可安词总觉得他们都是幼稚的小男孩，她不喜欢和他们在一起的那种感觉。

安词在课上还是经常会给冀珞写信，却从来不给冀珞打一个电话。安词上初三的时候，冀珞刚刚大学毕业，分配到大学所在城市的一所高中任教。冀珞给安词寄了很多辅导资料，告诉她要考个好成绩，可以到自己任教的高中来读书。

初三那一整年，安词都因为有了目标而充满了活力和奋斗的动力。也就是从那个时候开始，安词的胳膊上开始零零散散地多出了交错不齐的刀痕，她把所有的想念和曾经的仇恨都转变成了有形的疼痛。

安词中考前几天的时候，冀珞给她打了个电话。安词接到冀珞电话的时候，心里竟然有些忐忑。冀珞说："等我放假了就回去看你。"安词手里握着电话听筒不说话，冀珞在另一端轻轻地笑，他说："安词，你说句话，你说句话好吗？"

放下电话的时候，安词手心已经沾上了满满的汗。

"冀珞，其实我是真的很想你，可是我怕我一开口就哭了出来。"安词低着头在笔记本的最后一页写下这行字。

安词不知道是从什么时候开始自己已经习惯了现在这个家的模样，冀珞对于她来讲，也已经成了那么一个举足轻重的人。没有恨，没有忽视，唯一有的只是想把他紧紧搁置在自己的心上而已。

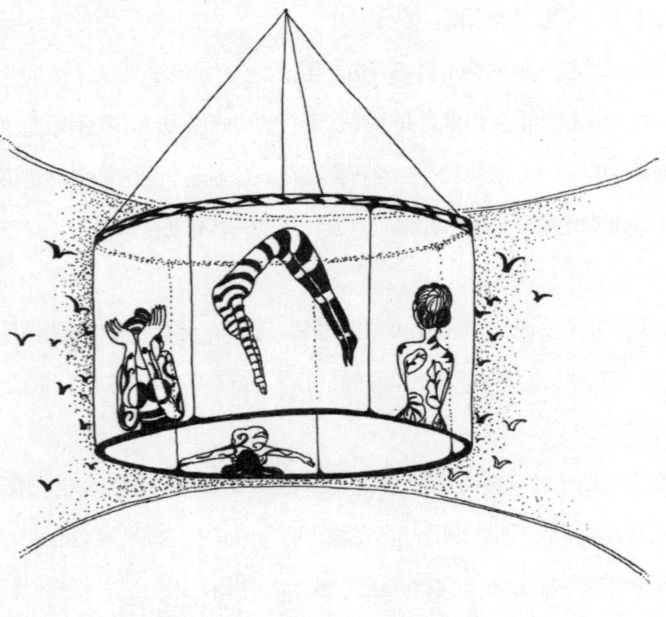

中考。

考场上有两个老师监考，安词坐在靠窗的第六个位置，偏过头还能看见外面马路上过往的行人，如果冀珞也在这么近的地方就好了。

安词中考完的那个暑假，冀珞经常会带着她到城市边缘的养老院里做一些义工。冀珞骑着他之前上学时候很拉风的山地车，没有后座，安词就坐在前面的梁上。这时候的安词，头发已经蓄了很长，发尾迎着风飞起来的时候，冀珞还能闻到洗发液淡淡的香。

除却上次的拥抱之外，这次就算是距离最近的时候了。安词觉得，其实这样没什么不好，至少，以亲人的名义，也能一直陪伴。

养老院里有些老人已经没有了自理能力，安词看着他们总觉得心疼。安词最看不得别人孤单，她对那种无所依靠的哀痛感同身受。陪他们的时候，安词会折很多纸鹤，再用彩色的细线串起来，挂在房间里，也倒是添了不少生气。

安词的中考分数不算低，爸爸和阿姨都觉得去冀珞所在的学校会比较方便，这样两个人还能相互照应。

车站。

安词随着冀珞的脚步踏上火车，几年前她在这里送冀珞离开，几年后，她随着他一起去远方。安词看着车窗上倒映出的模糊影像，然后浅浅地笑出酒窝，像是一对成功逃出的私奔情侣，义无反顾地要去远方。

冀珞不是安词的授课老师，安词在高一，冀珞教高二。安词很少和身边的人说起自己和冀珞的关系。其实安词倒不是想回避什么，她只是不想和冀珞以兄妹的关系在一起。安词在学校办理了住宿，但大多时候还是和冀珞住在租住的房子里。

住的房子和学校的距离不是很远，冀珞每天都是步行。安词就走在冀珞的身后，踩着冀珞的脚印，倒也觉得安心。安词在学校里见到冀珞的时候很少和他打招呼，或者有时候就直接喊一声冀珞的名字。冀珞也不多说，只是回应给她一个笑。

冀珞还是喜欢玩单反，他把本就不大的房子隔出了一间暗房，放假或者没课的时候就整天把自己埋在暗房里洗照片。安词看着他拍的照片，每一张都带着特别好看的光线，或明朗或昏暗，却都有着让人喜欢的味道。

就像冀珞的人一样，安词想。或沉默或微笑，都是自己想惜如黄金的宝贝。

高中之后的安词更瘦了，皮肤也开始变得很白。头发在染色之前是略带微黄的咖啡色，茸茸地扫过肩膀。倒是真的开始亭亭玉立了。

偶尔周末的时候，冀珞也会骑着他那辆二手自行车带着安词去有好风景的地方拍照片。他会告诉安词什么样的姿势好看，什么样的表情漂亮，安词喜欢面对冀珞的镜头，更喜欢看着镜头后面的冀珞。

每一场笑靥如花都该是在每一场好风景里，面对那个即使是一起承受所有苦难也甘之如饴的人。

易景晟从来都没问过安词她和冀珞是什么关系。在他的直觉里，冀珞的心里掩埋着很多阴影。然而让他无能为力的是，他根本就阻止不了安词的继续深陷。

从管理酒吧开始，易景晟多多少少地也接触了一些有些门路的人。渐渐地变得老成，和他的年龄极不相符。他接触的世俗和潜规则太多，所以也就更喜欢安词身上那股子清澈和没被烟雾沾染的味道。

安词不抽烟，所以嗓子清亮。不管是唱谁的歌，都带着很特殊的感觉，容易让人着迷。每次安词唱完午夜场易景晟都给她调杯没什么酒精的果汁。果汁带着水果的甜，安词很喜欢这种果汁。

客源大部分都是大学生，酒吧散场很早，学生都要赶在宿舍锁楼门之前回去，场子冷清了易景晟就锁了门，也早早地回家。有时候出门还能碰上冀珞，两个人碰面很多次也不说话，冀珞每次都是在酒吧门口等安词，等得再久他也不进去，也不走。直到安词出来，然后两个人再一起回家。

后来时间久了，学校里就有人传出安词和冀珞在一起同居之类的谣言。安词不解释，冀珞也从来不辩驳，事情传到学校领导耳朵里的时候，安词就问冀珞，你怕不怕。冀珞低头看看安词，反问她，怕什么。你是我妹妹。

安词不知道哪里来的勇气，突然就说了一句，可是我们没有血缘关系啊。冀珞顿了顿，坚定了口气，那你也是我妹妹啊。

易景晟和安词告白的那天，是易景晟生日。

酒吧里的人起哄要求易景晟许愿，易景晟顺水推舟，安词，不如，你做我女朋友。安词抬头看了一眼易景晟，然后低下头。没有答复。易景晟很快地识趣，用手拍了拍安词的头，随意地弯起嘴角，姑娘，我只是和你开玩笑，不用当真的。

不够明亮的路灯光覆盖在安词的侧脸上，冀珞的左手放在裤兜里，低着头。安词开口，今天……易景晟和我告白了。冀珞没抬头，浅浅淡淡地问一句："结果呢？"安词停住脚步，眼光换过一个角度，看着冀珞的侧脸，结果，结果就是我爱你。冀珞的情绪依旧没有什么过多的波动，甚至脸上还带着些意料之中的表情。

冀珞的脚步依旧是以原频率向前移动，安词站定。冀珞，我姓安，我叫安词。我不是你妹妹，你为什么不肯爱我。冀珞也停住脚步，不转过身。安词，走吧。

夏日的燥热像是缠绕已久的气氛，安词却下意识地用双手环住了自己的肩膀。

素色的窗帘暗暗地透出一种薄凉。安词坐在窗台上，看着外面的灯光和星星，天幕里透不出丝毫暖意。冀珞把自己扔在床上，按着左胸口，用力地把身子翻转了一百八十度，把脸埋在枕头里，逼着自己平静下来。

一直以来，冀珞都把对安词的感情压抑在内心最深层的地方，他没想过安词会撕破了他们之间本来就很单薄的伪装。

冀珞的梦仿佛沾染着很多色彩。在他脚下是开不尽的遍地繁花，安词是戴着花环的公主，在他刚要伸手触摸的时候，安词却微笑着转身走开，再回头就看见了安词泪流满面的模样。场景转换，冀珞站在一片黑暗里，没有出路。而安词伏在红色的血泊里，那一片刺眼的猩红惊醒了他的梦。

早上的时候冀珞在客厅的茶几上看见安词给他留的字条，哥，今天学校要开会，我先走了。冀珞笑笑，顺手拿起茶几上的玻璃杯喝了口水。然后回到自己的屋里打开了电脑里的加密文档。

冀珞渐渐不自觉地皱起了眉头，手指开始在键盘上用力地敲击。

"安词已经爱上我，我知道，我距离我最初的目的已经不远了。但是，我突然觉得，可能我最开始就是错的。我喜欢看着安词那双干净的眼睛，可是我每次看着她眼睛的时候，我就会凭空升起一种罪恶感。在我伤害她的同时，我也开始难过，可是我现在已经停不下来了。我不知道我会不会落进万丈深渊。莫名的仇恨是我一直都摒弃不了的一种东西，我就像是一个无理取闹的孩子，可是我却已经压制不了我内心强大的恨。安词，我们本就不该触碰到彼此的世界，我知道你不会原谅我的。对不起。”

叶迪以一种极其突兀的方式闯进冀珞的世界。

她每晚都化着很浓重的烟熏妆，涂上带着妖娆色彩的指甲油，看着冀珞在酒吧门口站着等安词。冀珞从来不曾注意到还有这样一个女人在远处看着他，直到叶迪走到冀珞身边递给他一支烟，冀珞看了看她，接过了烟。叶迪给冀珞点燃烟之后，又给自己点了一支。

叶迪用很细长的手指拿着烟，眼角上挑，随意地和冀珞搭讪。直到安词出来之后，叶迪看着安词走到冀珞的身边，有些刻意地挽起冀珞的胳膊，然后又用余光扫过自己。叶迪看得出来这是小姑娘的挑衅，于是随意地笑笑走开。看着叶迪走远，冀珞不动声色地抽出窝在安词胳臂里的胳膊。

之后的无数个晚上，叶迪和冀珞都在酒吧门口搭讪，叶迪依旧化着很浓重的烟熏妆，也涂着不同颜色的指甲油。

安词讨厌叶迪那个女人。因为她妖娆，因为她风骚，更因为她总是接近冀珞。

易景晟把所有的一切都看在眼里，但他很少和安词谈起冀珞。易景晟觉得，时间久了，安词自然就会明白究竟什么样的人才是对她最合适的。

当安词对着叶迪挥下巴掌的时候，叶迪毫不示弱地回了安词一个响亮的巴掌。安词没有出声，也没有再回手，而是偏过头看着冀珞，冀珞皱着眉，看了叶迪一眼，你走吧。安词，你跟我回家。易景晟推开酒吧的门，上前别开安词的肩膀，拉住叶迪，给了她左右两个嘴巴。叶迪眼里流露出一种惊讶和恐惧交杂的情绪。安词拽住了易景晟上衣的一角，易景晟看了一眼安词，又回过头对着叶迪，老子从来不打女人，但是前提是你不能碰我爱的女人。

冀珞在一旁看，不说话。易景晟眯起眼睛看了一下冀珞，安词低着头，四个人都不再说话。

哥，你知道吗？我一直都觉得，我不是你的妹妹，至少说，应该是那种没有血缘牵绊的关系。我也以为，不管如何，你都会站在我身边，哪怕是我无理取闹，你也会帮我。可是，你太理智，理智得让我很难过。

安词说出这些话的时候，冀珞站在客厅的中央背对着她，安词看着他的背影，看不到他的表情，更看不到他的内心。冀珞拿起沙发上的外套，依旧是背对着安词："我出去一趟，你早点休息，不用等我。"

不等安词说话，冀珞已经在外面带上了门。

安词坐在沙发上，她不知道自己应该做些什么才能消磨掉现在这个时间，黑透了的夜，空余下太多的失眠。冀珞房间的门一直开着，她走进冀珞的房间，用手指尖触摸着冀珞的床，不着力度地滑过，像是一场安稳的葬礼。

开了冀珞的电脑，桌面上一个名字为"沉沦"的文件夹吸引了安词，安词看着文档密码束手无策。但是每个人都会对未知的东西过于好奇，安词试了很多次，最后以冀珞妈妈的生日打开了文档。

打开后安词发现里面全是WORD文档，更让她觉得震惊的是，文件夹里全是冀珞的日记，满满一屏幕，排满了文档，安词不由自主地打开文档一一浏览。

她看见冀珞写，我知道安词的眼里带着对我和妈妈的仇恨，可是，她不知道，她同样也该是我所仇恨的人。我知道很多事情和她没关系，婚姻，是他爸爸和我妈妈的婚姻，使我们都不得安宁。可是我就是控制不住我内心的所有黑暗，我想报复，对安词是不公平，但是谁又对我公平了呢？

一段一段的话，像是冰碴一样全都落进安词的心里，她能感觉到，似乎全世界的最低温度和疼痛全都在她的心里交织，根本挥之不去。安词在今天才明白，什么是欲哭无泪的感觉。

因为很多时候，都是哀莫大于心死。

冀珞彻夜未归，安词早晨随意地收拾了一下就到了易景晟的酒吧。易景晟看见安词的时候，伸手摸了摸她的头，问她："今天怎么不去学校？"安词温温地回答："我病了，我肩膀疼，你能帮我买一瓶布洛芬缓释片给我止疼吗？"易景晟笑笑："当然，你在这里等等我。"

易景晟看着安词吃了药，他总觉得安词有些不对劲，可又说不出她到底是哪里不。不安地多问了几句，安词仰起脸展露出个笑容，你给我调杯酒吧，我要喝啤酒，不要果汁。易景晟冲她挑挑眉毛，递给她一杯酒。

空啤酒瓶子摆满了吧台。易景晟从卫生间回来之后，看见安词伏在吧台上，不出声也不动。易景晟试着叫了几声安词的名字，他看着依旧没有反应的安词，忽然有些心慌。锁上了酒吧的门，一路开车把安词送到了医院的急诊室。

医生很快给安词做了检查，然后转过头问易景晟，她吃了什么。易景晟擦了下额头的汗，啤酒和布洛芬。医生用手扶了扶眼镜，多少布洛芬，易景晟愣了一愣，手忙脚乱地开始翻安词的衣服兜。

一个空掉的布洛芬药瓶。

消毒水的味道充斥着易景晟的呼吸器官，他手足无措的时候，医生已经吩咐护士开始给安词洗胃。办完了手续之后，易景晟坐在走廊的塑料椅子上，手指埋在头发里，大脑已经混乱成糨糊。

冀珞知道消息的时候，电话毫无意识地落在水泥地板上，发出沉闷的声响。

安词清醒过来的时候，看见冀珞，不哭不笑，平静地问："哥，你就那么恨我吗？"冀珞无言以对，他控制不了自己的恨，却也控制不了自己的爱。

医生走进房间，做完例行检查之后安词别过头不再说话。易景晟推开房间门，把温度刚好的粥递给安词，易景晟收拾着床头边桌子上的东西，用很随意的口气说："安安，幸好你没事，不然我就成了杀人凶手了。万一我觉得愧疚决定为你偿命怎么办？"冀珞站在一旁，看了一会儿，然后沉默地走出了病房，带上了门。

安词用手臂撑了一下床，轻轻地笑出声音："我要是再傻，我就是猪。"易景晟看着安词略微苍白的脸，用手指稍微用力地点了一下她的额头。安词把对着易景晟的目光转过了一个角度："我们去旅游吧，我想去别的城市走走。可能我就不再回来了，你要陪我吗？"易景晟顺势坐到床边，手掌捋过安词额头的头发，想去哪儿，我订票。

上飞机之前，安词用手机给冀珞发了一条短信：哥，我不恨你，就算你讨厌我，就算你不爱我，可是我还是不能恨你。你陪伴我这么久，我都数不过来到底是有多少年时间，这么久的时间，我用一半排斥你，用一半爱你。我很快乐。帮我向爸爸和阿姨说一声，我生活得很好，让他们放心。勿念。

早晨七点钟的飞机，起飞的时候，有很刺眼的阳光透过窗子落在安词的身上。易景晟用出汗的手心握住了安词的左手，安词没抽出，脸冲着窗外的方向，右手按了按眼角，带下了星星点点的泪，然后迎着阳光闭上了眼睛。

江南经常下雨，空气潮湿。

安词的头发长了很多，她习惯了和易景晟像对情侣一样，牵着手一前一后地走在青石板路上，她觉得这种生活波澜不惊，或许在某种意义上来讲，更是她需要的。

易景晟托朋友转让了自己的酒吧，自己在江南这个地方做起了调酒师，倒也来得自在。易景晟说不出很矫情的告白，但他总是给安词发一些短消息。

“谢谢你可以让我陪着你，这份安稳来得太不容易，可幸好到现在是我在你身边，对于我们来讲，我希望这里是上帝给我们的归宿，也希望这里是我能给你的归宿。你没毕业，你不工作，都没关系。我不在乎别人会觉得我很冲动，抛开之前的生活随你走，我不觉得你任性，就算你任性也没关系，我就是想要陪着你做一切任性的决定。我这么说，你能明白吗？”

安词保存着很多这样的短消息，虽然是高中仍未毕业的学历，她却依然读得懂这样触手可及的温暖。她想，如果以后在这里和易景晟领了结婚证，也算是给自己归宿了。

直到冀珞打给安词一个电话。

“安词，我要结婚了，你回来吗？我觉得，你应该参加我的婚礼。”

“嗯，我会回去。哥，我祝福你，是真的祝福你。”

新娘不是很漂亮，单眼皮，有着很温顺的容貌和眉眼。笑起来的时候露着两颗虎牙，在安词的潜意识里，她会是贤妻良母。幸好新娘不是叶迪，安词想。对于那时候的安词来说，叶迪是一场劫难，也是一场拯救。

安词挽着新娘，托着她的白婚纱，用很甜的声音叫“嫂子”。冀珞牵着新娘的手，安词看见台下的爸爸和阿姨，忽然觉得，他们还真的是很登对的老伴儿。这些年，彼此身边也幸好有个合适的人陪伴着。转过头又看了一眼易景晟，剪成短头发穿着黑色西装的易景晟真的是很精神。安词想，等他们结婚的时候，易景晟会不会更精神？

举行完仪式的时候，冀珞伸出胳膊很自然地抱住了安词。安词像当初送冀珞上火车的时候一样，不推开，她安静地把手放在冀珞的腰上。隔了很久之后的第二次拥抱，感觉依然不陌生。冀珞附在安词的耳边，用吐出的气流零散地合成了一句话：

“我爱你，安词。”“我同样也爱了你那么多年，只是被黑暗覆盖了。”

安词笑笑，之前等了很久的话在如此一个欢快的背景下毫不掩饰地说出口，让她觉得更加悲凉。她顺势轻轻地推开了冀珞，抬起头看着他的眼睛，黑色的眸子里揭露了全部的真诚。

“哥，新婚快乐。”

大红的背景衬着新娘的白婚纱和新郎的黑礼服，完美得像一场醒不过来的梦境。安词眼角又滑过台下的易景晟，他在笑，安词也展开一个笑，漂亮地回应给他。

“安词，等你手臂上的伤疤全部都消掉了痕迹，我就给你穿上全世界最漂亮的婚纱。”安词听见易景晟温润的声音。

不管多久的辗转，最后终究都会成为安定。不用梦见，我知道你在。

喜欢一个人的理由

by/ 周苏婕

昨天晚上和你分开后，我在梧桐道和樱花道来来回回走了一个半小时，阿姨关门前一分钟回的寝室。我用这说长不长、说短不短的时间想清楚了一些事情。踩了很多枫叶，看着自己的影子从小变大，又变小。在这些曾经走了无数次的路上，我从一个教室游走到另一个教室，却从未注意过一个嫩芽的破土，一棵梧桐的衰老。土地和时间自顾自的模样，是不会等我的。当意识到自己匆忙慌乱的脚步时，我已经错过了太多。

六月中旬的那个日子，是我来西安最为崩溃的一次。我记不太清我是怎样在深夜辗转反侧，也想不起面对现实是有多么无力。第二天，我强迫自己走进考场，考完六级。之后，话剧《蒋公的面子》在索菲特大剧院上演。我后悔没有买票，于是只好去鼓楼疯狂购物。那天，我的目光扫过无数价格牌，一滴眼泪都没能流出来。我庆幸更嘲讽自己的冰冷和麻木。换作三年前，我是连考场也走不进去的。

我对自己的坚强有点意外，可终究又太高估。

有些悲伤是属于大江大河的，纵然冲击力强劲，但短时间内便会奔腾而过，消失得一干二净。而有一种悲伤是细长而深邃的，它钻到骨髓里，钻进日子里的点点滴滴。自从熟悉了一个人的气息，它便能在任何一个角落，任何一个时间找到他。无论是不经意的抬头，似曾相识的风景，还是完全沉浸的欢乐。

我企图用尽气力去对抗这种悲伤，但最终依然是逃避。人在无能为力时，如果无法面对，便只能逃避。我拼命做题，背书，准备考试。与此同时，你出现在我身边。

我记起大半年前话剧团聚餐第一次认识你的场景。说实话，印象并不深刻。而后便是话剧《电铃》。历史总是惊人的相似，命运又总是惊人的好笑。每一次自编自导自演，都会让我失去一些人，又得到一些人。有时我想这辈子再也不要搞话剧了，但这个想法就和“再也不要写作”一样有头没尾，纵然我曾许下再也不搞话剧的诺言，并准备坚定遵守。这些分分合合里，是有比具体行为更深刻更宿命的原因。

面对与生俱来的个性，我真是一点办法都没有。

下半个六月，西安下了雨。你跟我说你喜欢下大暴雨，喜欢有滴答雨声的夜晚。你没有用更多的描述便陷入沉默，我恰巧也讨厌叽叽呱呱的男生。我想：我懂你不愿撑伞而在雨里淋得稀里哗啦的心情。那种把胸膛剖开来，不计好歹拥抱自然的模样，是触动人心的。很少有男生，于我面前再提到这些想法。当你写出内心的安宁时，我多少有些惊讶，也抱着怀疑。

想起在旅途中偶然结识的一个混血儿。他比我大了三岁，身材高大，经历丰富，能说会道。我们是在各回各家后才开始网上聊天的。他要我形容他。我只说了一句话，你是个很有掌控力的男人。他显然对这个答案很意外，也很激动。我告诉他我有男友，而他再三强调自己依旧单身。当我只想把这种聊天定义为密友之间默契的分享，他却很快表白。又过了几天，我才发现他有女朋友。当我坦诚地提到这点时，他先是坚决否认，接着说是妹妹，然后又说这页早已翻过，最后觉得我应该理解他善意的谎言。

他之前所有说过的话，抒发过的情感，都让我产生了一种深深的受骗感和厌恶。原则性的谎言是不配用善意一词的。

我承认我内心多少是喜欢一点迂回转折，波澜起伏的。但若是过头的油腔滑调，我倒宁愿选择那些把心情都摆脸上的人。他们纯粹，简单，活得真实。

以前有个女生和我说离开男友的情景。他是认真的，她是不认真的。在一起前，她也说过自己只是玩玩。但他很坚持地回复，我认真，你随意。等到她离开这座城市，最后见面的那天，他说着说着就哭了，眼泪啪嗒啪嗒地往下流。一个敢于闯荡世界各地、冒尽风险潇洒不羁的硬汉子，会在这样的时刻，做出这样柔软的举动。而她当时看起来无动于衷，却在很久后再度回忆时，只记得见他的最后一面。有时，一个眼神，一个动作，便代表了一个人在另一个人心里，刻骨铭心的模样。

另一个女生，在和男友乘火车时，出于不同目的，却做了相同的举动。那时，他们没有买到回家的硬卧，好不容易抢到了硬座的车票，和站票的农民工挤在了一个车厢。他买好她想吃的东西，下载好她要看的电影，把她保护在自己的怀抱里。他们在轰隆的火车声和嘈杂的人声中，离家越来越近。不仅是具体的地址，更是所期盼的未来的某个画面。她在某个瞬间望着他时，泪水就不由自主地流了下来。她这二十几年流了太多眼泪，却是第一次因为过于幸福而落泪。

我昨天给你买饼干的时候，你说黄色的很好吃，蓝色的不好吃。我很不情愿地告诉你我特别喜欢吃蓝色的，并且心里默默咒骂你为什么不能说都好吃，哄一下女生。但转念一想，我宁可你这样直来直往。你嫌弃我的地方，话说得特别冰冷露骨，喜欢的地方又发自内心。那次你嫌我眼睛小，说自己喜欢大眼睛的女生。可过了一会儿，你又说我眯眼睛的时候特别媚。

你不会拐弯，也不愿隐瞒自己一丝一毫的想法。能说胖的时候，不会用丰满来代替。能说丑的时候，不会用气质来代替。无论怎样，我不需要再多费力气，去揣摩话语里的潜台词，掂量每个词的真真假假。

我们把事情摊在台面上，不费心机。尽管有时一针见血得让人无法承受，但总比给了你所有又拿走了所有，来得踏实，可靠。

有天我看无意中发现了你草稿上的涂鸦和签名。我只是指了指，你就像个被戳穿秘密的小孩一样，很不好意思地把头埋在我的臂弯里，咬着嘴唇腼腆地笑着，仿佛被看穿了内心的一点点自恋和幻想。你知不知道，你那样一副不由自主、毫无掩饰的神态，勾起了我过往多少熟悉的回忆。那些童年里自以为是的打扮，一次次幻想在大舞台上表演的虚荣心，还有做了坏事被发现的羞愧感。

来西交是不情愿的，但总还是能遇上两个我敬佩并且崇拜的老师。一个是教西方哲学史的邱根江，他的课大概是我在这儿最想听也认真听的。这样一个在讲台上富有思想和生命激情的男人，说起自己的家乡青海，说起童年挤牛奶的经历也是自然而然，毫不做作的。有次，他请我们三个去上他要参加比赛的逻辑课。课开始前，我们坐在教室最后，他就在我身边。我看到他不停地捋衬衣领子，两只手一直摆弄着。当一个很强大的男人，在你面前暴露他另一面的紧张慌乱时，你内心会产生异样的情感。一些亲切的触动，还有一些真实的可靠。另一个老师，是教社会学的杨江华。他第一堂课就表现了骨子里的桀骜不驯，对权威的不屑一顾，以及对生命本质的种种强调。我知道每个人都有自卑缺陷的一面，但人是眼见为实的动物，在没有看到真相前，总是想象不出来的。就在昨天，他和我闲聊时，提到一些关于宿命的话题。一向口若悬河的他，竟卡在了一个地方。他连连摇着头，说搞不清楚，难以解释。

又想起曾经一个思辨能力极强，狂妄得无法无天的男生。他很坦白地告诉我，他遇到漂亮女生时，内心会有很强烈的自卑。

以前我总把人与人的理解，定义为一种形而上的思想，却忽略了太多人性本质的东西。在更多时候，一种引发共鸣的契合，来源于情绪、经历、回忆。那些实打实的事情，血肉里的物质，往往比虚无的思想来得更加强有力。记得你第一次抱我的时候，心跳得很厉害。有些情绪，人是无法隐瞒的，身体会揭穿你。你的模样，让我想起我曾经在男生们面前狼狈不堪、不知所措的状态。当这些难以启齿、隐藏得很深很深的情绪被呼唤出来时，我想我是的的确确付出了真情的。

当你在我耳边说起童年里妈妈哼唱的歌谣，当谈起有些相似的家庭，学生时代伤痛的回忆，当彼此坦诚相见，认真严肃地看待同一个问题时，我很多很多的情绪都被你呼唤出来，深厚，浓郁。

在你身上，我总是能找到一些认同感。

似乎总有人说，谁陪伴在身边都是一样的，只要孤独感变成存在感。

但若真是这样，为何同样一个人，在一个异性面前有声有色，在另一个异性面前却如行尸走肉？

不是你送给她一件很贵重的东西，来一次公开表白，让她在众目睽睽之下活得像公主一样，就能让她对你满怀感激的。温暖，一定是要流淌到她思想里，心底里的。有一个女生的男友，在我们看来，没有出众的相貌才华，也没有对她特别好，但她却很依赖他。她说，有次他带她去他的同学聚会，她一个人都不认识。当他们对那些心知肚明的绯闻和共同经历的岁月，哈哈大笑满怀感慨时，她就像被隔离在群体之外的局外人，笑也不是，板着脸也不是。男友觉察到了她细微的情绪，感知到了她保持矜持的拘谨和不自然。他不再光顾着和旧友畅怀谈笑，而是开始给她夹菜，盛汤，把话题逐渐转移到他们俩的恋爱经历，她终于能说上话。朋友们一开始只觉得她是一个安静不多话的普通女孩，后来才发现她的幽默风趣，独特气质。当说到男友最后把一勺汤递到她嘴边，要喂她喝时，我看到她的眼泪都差点流出来。他钻到了她的心里。

前段时间的迎新晚会上，我给你的主持部写了一份朗诵稿，每一句都斟酌了很久。辗转几番后，我终于在思源看到了你编排的样子。你在原本单调的朗诵里，加入了更多话剧情境性的元素，让其更富感染力和震撼力。以前我很少看到自己喜欢的人站在舞台上的模样，也很少听到自己写的东西被另一些人读出来。一种异样而惊奇的感觉，在你和平常不一样的声音里，不紧不慢地流淌着。我想起你在东花园里跟我说大蛇和小蛇的故事，就禁不住笑了起来。我感受到了你生命里能够爆发的潜在力量，看到你为了一种激情忘乎所以的神态。你的不受拘束，向往自由和真性情的欲望，打动了我。

两个人在做同一件事情，朝同一个方向努力时，很容易变得情投意合，惺惺相惜。

你是个有情有义的人。在你跟我说一些经历，一些想法时，我就一清二楚了。

我不敢用爱这个字眼。它往往太空洞，太变化莫测，阴晴不定。人可以顶着爱的名义，干尽天下丑事。所有出轨的，挖墙脚的，只要有了爱这个借口，便可以不再追究。但其中的感情到底有多少水分，又有谁知道呢？

一个有多次恋爱经历的男生跟我说，虽然他谈过很多女友，但谈一个是一个，不拈花惹草，拖泥带水。一个认真对待生命和爱情的人，在轻浮、花心、多情这些词语里应当是有严肃思考，不同区分的。他可以看到一个人数段爱情里的前因后果，挖掘到其人性里本质的东西。

比起爱，我更喜欢情义这个词。里面多少带了点良心的约束，道德的衡量。这不意味着爱情的长短就决定了情义的深厚。机缘巧合的事情，谁也说不清。只是在这个真真假假、分分合合的世界里，人多少是要有一点真情实感的东西。

你我都是讲道理的，凭良心做事。

很久以前，你就跟我说我写的东西不够接地气，我强词夺理地说因为经历不够。直到昨天和杨江华交流时，我才强烈意识到自己是有多么安于现状。这个让我极其敬佩的老师说，既然你不喜欢这门课，为什么不翘我的课去做自己想做的事？我想起他在第一堂课就这样说，如果你有其他的人生追求，我的课你可以不来上，我不会点名。纵然我有万般解释的理由，但面对他，一时梗塞。那些高中时交白卷逃课的狂妄，为写作不顾一切的叛逆，都在大学里磨损得所剩无几。关于土地的野心，灵感的欲望，更为立体而血性的生活，让我有了新的冲动和人生姿态。你跟我说，我随时都可以翘课，陪你出去旅行。

暑假的时候，你就是一个人骑着车去爬山，看风景的。

说到底，我们血液里总是有一些共同的向往和追求。

记得六月底考试前，我们去咖啡店自习。我刷了一晚上的高数，到了凌晨五六点的时候，你劝我睡一会儿。于是我坐在沙发上闭了眼睛。朦胧中，我感觉你的手放在了我的手上。等到我睁开眼的时候，你的手很快拿开了。

对于一个当时无比寒冷的人来说，那是比更多拥抱和亲吻，都要来得真实、纯粹的动作。

十年，与君书

by/ 莫诺

THE

SELECTIONS

OF

NEW

CONCEPT

H:

给你发完短信，却毫无睡意，想着与你说说话也好。

是有很久不写字了。手指触上键盘时，竟有微微颤抖，不知是不是天凉的原因，抑或是想着要给你写字的缘故。不追究了。

我先点根烟。

你说，你戒烟了。真是好事。前一个月，重感冒，咳得八块腹肌都要出来，戒烟了一个星期，感觉肺都干净了不少。其后病好了，又开始抽起来。恶习难改。日后要学你，下决心戒烟了。

你看，我总是没有像你一样的魄力，说戒就戒。

唉，时下，不仔细算算，还真不觉，你我之间来来往往，十年了。

真的是快十年了。

你看，十年，不经意就过去了。岁月惊鸿一瞥，像一个抢劫犯，抢走了矫揉造作故作深沉郁郁寡欢悲伤易感，却留下了人情世故揣度算计觥筹交错，父母的皱纹和白发，以及生活最直接残忍本真的模样。

而时光的平原纹丝不动，日升月落草木枯荣潮来潮去，不曾改变分毫。

命运对人并不公平，花败有来年，人去无来世。而生之为人，是没有多少个十年可以用来挥霍和浪费的。

我却在你身上倾注了整整十年时光，用以见证你我的辗转纠缠——或许日后还会有下一个十年。兴许这么说，对你并不公平，我的十年，又何尝不是你的十年？你也是这么一路艰难过来的。我能理解。

只是如今，你看，除了堆积如山的记忆，我一无所获，连照片都寥寥无几——此前，我不得不承认我是想过有所获的，但是如今不想了。

真的不想了。

我是该知足的，有这么一个人值得我用十年来完成这一段算不上短，也算不上长的记忆，并对此耿耿于怀念念不忘，是一件多么幸运的事。

——更何况，是在一个人最好的年纪上的十年。

而这于多少人而言，这又是稀缺而求之不得的事情……只因，你也知道，喜欢一个人是一件辛苦且美好的事。

我该感激命运，我何其所幸，遇见你，一再遇见你，其后曲曲折折才知道爱上你。

但有时，我还是会质疑自己真的该感激命运吗。

十年路，走得有多艰辛，你不是不知——或许，你也如此。虽然在此时看来，那些不过是浅塘风暴，所有的非难都被青春敏锐的触觉夸大了好多倍，悲伤确实有些言过其实。

但于当时而言，那些感受确实是真实得不能再真实的啊，时至今日，我还是不能矢口否认它们那样切肤地疼痛过，几乎是痛不欲生，痛不欲生得好几次险些就把自己送给了上帝。

我想，往后，真的不会有这样一个让我如此眷恋不舍，要死要活的人了。

而今，十年过去，我们逐渐到了父辈们曾经到过的年纪，初入社会开始为生计奔波，开始为吃穿住行发愁，开始为逐渐老去的父母担忧，开始将自己磨得圆滑世故，想方设法多赚些钱，好让自己来日还乡时看上去冠冕堂皇一些……

我们都开始沦为生活的俘虏，过得不如意也要佯装如意，再不坚强也要告诉自己再撑一撑再撑一撑就好。给父母打电话，也是报喜不报忧，可以说的话越来越少，无非衣食是否暖饱，身体是否安康……接下去的话仿佛都是禁忌，没说两句就挂了。

碍于中国亲人之间表达的障碍，我们从来不对父母言恩言爱，他们却又都是我们最牵肠挂肚的人。他们也似乎从来没有这样需求过。以至于，当我们哪怕有一次动情不小心地说出了心中的爱，都会令他们感动得热泪盈眶，甚至不知所措。

你看，这真是中国人的悲哀。

所以，我总说，在这点上，我要比你做得好，我有足够的死皮不要脸对父母说爱，在二十岁之后还可以抱着母亲，像个孩子一样过分亲昵。因我知，和他们在一起的日子是过一天少一天……真的是怕有今朝无来日。所以一心想着把最好的温存和最善良的感恩留给最亲的人。

不管怎样，希望你也能做到，哪怕一次也好。

人生，总不要给自己留遗憾，特别是余生会追悔莫及的遗憾。虽然因着人心的不足，人生遗憾定然会有，但这种遗憾千万不要留。

因为我们就是这么在遗憾与遗忘中逐渐老去的，并将持续老去——就像我们业已老去的父母，以及祖祖辈辈一样。

青春是不可能重来的，人生亦是没有回头路的，我们只有边走边为自己写挽歌，边走边为自己刻墓志铭。

这十年，逐渐告别了少年时代，心逐渐定了，习惯也变了好些……开始抽烟酗酒，难过时会一言不发坐班车去看海，习惯在深夜里看电影发呆，和不同的人开恶俗的玩笑，喜欢待在父母身边了，唱歌也好听了些……

我依旧喜欢旅行，喜欢吃虾，喜欢游泳，喜欢帮父母下厨捶背，依旧最喜欢唱《十年》，乃至当前唱这首歌的意义已经远远超过了这首歌本身。

以及习惯了身边没有你的生活，更习惯了心里不能没有你的生活。

絮絮叨叨了这么些，我只是想和你说，我们都如此，生活到了这般田地，算不上好，同样也算不上差，就像我曾经在某篇文字里写过，也是方才给你发的短信里说的一样：当你艰苦卓绝地强撑着一段生活和感情时，请一定要相信，还有人比你更艰苦卓绝地强撑着另一段感情和生活。

所以，切勿妄自菲薄，失了生活的信心。你要知道，生活并不只是指：生下来，活下去。

我们是要生下来，好好地活下去。

这也是这两年，我一直告诫自己的一件事。唯其如此，我们才能对得起父母十几二十年的养育之恩。不然，他们太不值。

十年，我们彼此见证了对方最桃红柳绿的时光，时下，我只想和你说这些真心话，并期待重逢。

时下是真的很喜欢“重逢”这个词，特别是“久别重逢”。

人世间，最动人莫过于多年之后故友重逢，互道一声“好久不见”。也正是为着这样一句“好久不见”，我一直提醒自己，在这个越来越不值得用心用力去爱的世界里，还有这么一桩喜事，在目及之处，与我遥遥相望。

我是真的等着有朝一日，与你把酒话桑麻，闲谈四月和吉他。

这么一说，细细盘算一番，真的是很久了——我们没见面，真的很久了。

人世长河，一日三秋，照此算法，算下来便真的是好些好些年。

这么长时日，固然思念不够忠诚，但也总是在夜阑人静时出卖内心。你的一句，你也如此，便印证你也如此，我便很开心——且不论这一句话感情的出发点，是长久以来的习惯，还是出于友情，抑或爱情——但真的足够令我已经平淡的内心起了波澜。

你看，你在我心中就是如此有分量，不管时隔多久。

自少年时起，分分合合闹冷战，谁都不理谁开始，真的过去近十年了。打二〇一三年情人节开始，我们又闹起冷战，又是大半年没见了吧，如今春去秋来一年又快过了。我们彼此在不同的陌生城市，又遇了几多人几多事，彼此互不知晓。

你我之间，横了越来越多人事。而往事、思念从来都恬不知耻，像两个暴徒似的，总是会在一些情绪失控的深夜，提刀向我冲来，我身手不好，总是躲不过。

就这么又想着要联系你，便在网上兜兜转转找到你的联系方式，给你发了短信。

似乎每次都是我没出息地找你，说想你。而你的一句反问，你怎么就知道我不想见你？我就又心甘情愿陷了进来。

这些年的周周折折，我们像是两个小孩乐此不疲地玩着堆好积木，将它推倒，然后又将它堆起来，再推倒的游戏一般……三番五次下来，我竟还没觉得累，真觉得这境况挺可悲的。

爱一个人到把自尊一再踩在脚下践踏，想想其实挺贱的。说实话，有时候，我是真瞧不起这样的自己。

但，常常我真的觉得无能为力。

我想最深情也不过如此了。

那次一个人在家看电影，因喜欢梁朝伟，寻着他的片子一部部看下去，那天看的是《春光乍泄》，开头的第一句里，梁朝伟饰演的黎耀辉的独白里有这样一句话：何宝荣最常说的一句话是，黎耀辉，不如我们从头来过。

我瞬间就被击中。

仔细看下来，竟然是这样一个无奈又伤情的故事。片中还有一句为世人所传诵的台词，同样来自黎耀辉的独白，那是他最终一个人到达何宝荣买的那盏台灯上的瀑布下时，他说："我终于来到了瀑布，我突然间想起何宝荣，我觉得好难过，我始终认为，站在这里的，应该是我们两个人。"

他们最终没能从头来过，也没有两个人站在瀑布下。

我想，有朝一日，我们是不是也会没法从头来过。

这么一想，也真够伤感的。

当前回头看看，你我之间有太多的快乐不快乐，每一场愉快过后都是无尽的空虚。就像我们的每一场相见。无数场相见背后又有无数场道别，似乎哪一次都到了尽头，但每一次又似乎都出现了转机。

我是真的不知，哪一次我们说了再见，就真的会再也不见。

所以，我会珍惜日后的每一次相遇。

因为《一代宗师》里宫二对叶问说过：人世间所有的相遇，都是久别重逢。

久别重逢不容易，重逢久别却要简单得多。我只是希望，在将日子缝缝补补的过程中把属于你我的那块儿，缝得扎实耐看一些，便够我余生欣赏。

敲敲打打到现在，又一两个钟头过去了……暂且搁下，明日还有工作。

有话来日再说。

生活压力大了，随时跟我说说吧……毕竟我想你和我一样，生活中能说真心话的人真的是别无他人。

愿你工作顺利，健康、快乐且明亮。

诺

二〇一三年十一月二十五日 Am 2:04

七日

by/ 四岁就变坏

{第一日}

阳光在树梢停留。风给这份停留抖动一些想念。谁在耳边轻轻语，繁华落尽，谁还来得及悲伤。苏格扬起下巴，阳光下好看的轮廓。路过一家咖啡店，转角处就是小米的家。他时常会坐在靠窗的座位，端起咖啡的时候，转头会看到穿着白色连衣裙的小米缓缓走来。

苏格扬起嘴角笑，挂满幸福。小米总是觉得苏格笑时没哭好看。可，谁也没看到苏格哭过。苏格招招手示意小米过来。小米坐下点了杯蓝山，匆匆喝完后拉着苏格去柜台结账。苏格牵着小米的手。只要是牵着，去哪儿都好，即使去流浪。

明天就要离开学校，离开这待了四年的大学，离开牵手走过的桥，离开接过吻的河边，离开有老师唠叨的教室。苏格修改好自己和小米的简历。两人牵起手，一起看着在校园里的招聘会。太阳很大，汗水渗透苏格的衣衫，露出好看的肩胛骨。小米能感觉到苏格手心的汗。一到夏天就是这样，苏格会流很多很多的汗水。小米会拿着餐巾纸替他擦汗。苏格看着她，露出好看的牙齿。

运气还算不错，各自都找到较满意的实习单位。他和她都庆幸着。午后，苏格牵着小米的手在商场里逛，因为那儿吹空调不要钱，而且可以看看旗舰店有没有新的情侣装。小米被拥在苏格的怀里，看着好看的睫毛，苏格会浅浅地吻着她的额头。小米害羞起来，躲在怀里生怕被人看到了。苏格咧开嘴，笑得很好看。

夜里，路灯下有细小的虫在飞舞，发出嗡嗡的声音。已经有一些学生开始往外搬了。小米先回宿舍，苏格一个人在灯光下站了好久，影子也陪了他好久。他接了个电话，挂掉后很久没有说话。

{第二日}

雨落得很大，很多学生都来不及躲雨，有些就在雨中奔跑。溅起的水沾湿小米的裙摆，苏格撑着伞依旧向前走着。小米看着出神的他，一句话也不说，直到苏格发现小米不在身边了，才转过身走过去道歉。

小米不会责怪他什么，她知道，苏格很少这样，她也不会问他，因为她知道苏格会自己告诉她。苏格知道小米会安静地陪在他身边。可这次他希望小米会冲他发火。但每次，小米是这样温柔，温柔得让苏格不知所措。苏格替小米整理好行李，搬进了自己租的房子，两室一厅。小米说："结婚之前必须分开睡，你一间，我一间。"苏格呵呵地笑。这次，笑着笑着就哭出来了。小米第一次看到苏格哭，手足无措。

"我得去日本了。"苏格抹去眼泪，"去留学。"小米很坚定地说要陪苏格一起去。苏格怔怔地不出声，他以为找个借口就能离开，小米的坚决让他开始慌乱起来。苏格编织的谎言，小米依旧相信。

苏格终于开口说分手。小米愣在原地，手中的衣服掉落一地。像是碎了一地的心跳。小米安静地不出声。过了好久，说好。

夜里，积雨云早已退去，露出皎洁的月亮，月亮不圆，是不是意味着分别？苏格离开后，一个人走在街道上，路灯把影子一次次地拉得冗长。他想一个人结束这一场旅程。这场离别，与小米无关。也许，苏格只是想逃避，他想做个逃兵，即使那样，小米也要很好地掩护他离开。这也许是离开后她能为苏格做的最后一件事了。

离，未久。接踵而至。

{第三日}

窗台文竹的叶子渐渐枯萎。小米靠着窗，窗帘透进光，空调发出微弱的声音。这间屋没了苏格的味道。不，是从未有过。苏格从网吧里走出，刘海遮住眼，一夜就留得青色的胡楂儿。而后站在站台等公交。

火车站离得较远，公交颠簸得厉害，苏格对着窗外张望，株株植物，拔节过快，生长不已。车站，拥挤的人们操着外地口音，苏格卷起袖管。就算是开着空调的火车站，即使温度打得很低，苏格都会流很多汗，他掏了掏口袋，发现早已习惯小米拿着纸手帕给他擦汗。

火车上，有人卖一些当地的特产小吃，或者是报纸。苏格靠着窗，阳光透过，折射出的光线，光晕打在苏格的脸上。火车一路吟唱。

小米收拾好行李，房东还算好，退还了些许房租费。依旧搬到那咖啡店转角的屋子里，阳光在眼角盛开妖娆的花朵，站在窗台可以望到苏格以前坐过的位置，只是阳光有些刺眼，眼被灼伤，有泪流出，来不及去抹去。她愿意和苏格一起搬出来住，愿意和他一起成长，愿意和他一起生活。可生活这两个字如果简单，何来那么多的分分合合？小米躺在沙发上，空调开得很低，发出微弱的声音。

苏格把行李狠狠地摔在地上，苏建豪看自己的儿子如此气急败坏，重重地给了苏格一个巴掌，苏格好看的刘海被甩到一边，眼死死地盯着那张容颜，如同望着自己的脸。

“你妈在日本都病了，你还在发什么火？”苏建豪怔怔地说。

“你为什么不早说？电话里都没说清楚！”苏格缓过神来，“妈什么病？”

“胰腺炎。”苏建豪转过身，“我和你妈就你这么一个儿子，虽然那时我们离婚，她就跑去日本了……”

“爸爸已经没有资格去看你妈了，可你还是你妈的孩子。去看看她，好吗？”苏建豪第一次这么温柔地对苏格说话。

苏格低下头，没说话。灯光忽明忽暗，照在脸上。看不清苏格的眼。

{第四日}

小米把水龙头开得很大，在浴室小声地哭了起来。窗外，皎洁的月亮照亮一些人的归途。

凌晨两点四十分。小米赤脚站在地板上。她想起苏格眯着眼对着自己笑的样子，想起苏格大老远地朝自己挥手，想起苏格借笔记给自己抄。她想起很多，思绪泛滥成灾。

苏建豪又说：“明天的机票。”苏格接过机票，转身进入房间。他想起小米搂着他呵呵地笑，想起小米帮他整理衣物，想起小米会买好吃的早饭。想起自己说分手时，小米安静地说好。想着想着泪水铺天盖地地流下。

泪水弄脏乖戾的脸庞。烫得灼伤一段一段被划分的青春。路灯一个个地熄灭，那躲在瞳孔里一点点的光线渐渐消失。直至变成灰色，再也倒映不出以后。苏格掏出手机，拨了小米的电话。电话通了，只是电话两头的人谁也不说话，寂静得能听到花落的声音。是小米先哭出声了，而后挂掉电话。苏格耳边传来嘟嘟的声音。

小米把手机丢在床上，把头埋进膝盖。埋得很深。苏格，没有你，我一样会过得很好。小米暗自咬咬牙，用手背抹去脸上的泪水。脑海里的纸飞机一下子冲破罅隙，突然飞满整个天空。那些有着苏格的烙印，一个个地被抽离出。

光线四下逃窜，天光大亮。苏格整理好行李，坐在床沿，低着头不说话。手中紧攥着机票。纸飞机飞过窗台，缓缓坠落，是不是因为纸上承载着太多想念的字迹，负荷过重，才会飞不起来，轰然坠地呢？

{第五日}

城市背景渐渐退变成远处的细线，头顶是交错而过的各种光线，在蓝天下透亮起来。

透过窗，苏格放慢了呼吸，胸腔的起伏平缓下来。飞机窗外的云朵很厚，很厚。这么近距离地接触蓝天，看着看着便睡去，一个冗长的梦。苏格曾经梦到过小米，梦到过自己，却从未梦到过他和小米一起。这次他梦到了，梦中的小米对苏格说小米不见了。可你不就是小米吗？怎么会不见呢？站在面前好好的。

苏格一下子从梦里惊醒过来。窗外蓝得刺眼。那些伟大而遥远的事情，在遇到小米之前，苏格根本不敢触碰。

风把泪吹成长线，那样一路走过的脚印，就会看不清了。犹如四年前种下的种子，爱情生根发芽，直至变成一棵大树，茂盛的枝叶离根远了，离以前的那颗种子远了，离夏天远了，离书本远了，离那些温暖的故事远了，离你的世界远了。离死亡近了。

小米，你为什么要哭？

为什么要哭？为什么要哭？

苏格一直呆望着窗外，脑海里翻滚着的思绪犹如一根根刺，刺穿心脏。

飞机场像一个游乐场的迷宫，游乐场里的旋转木马，让苏格的世界开始颠倒，指东为西，以南为北。他开始错乱起来，一个人拖着行李绕了好几圈。他慌乱地走出，一个陌生男人将苏格接走。这男人说着一口流利的中文，他说是母亲的老公，苏格跟着他，低着头一句话也不说。

小米抬起头，天空有鸽子飞过，灰色的羽毛漫天地覆盖瞳孔。

灰色。深灰色。

左手伸出触摸阳光，右手拿着手机，放在耳边，嘴角在阳光下扬起。小米想，苏格，如果这次遇到你，请和我在一起。

{第六日}

又是飞机场，飞机的轰鸣声让小米捂着耳朵。穿行在人群中。小姑妈打来电话，让她暑假去那儿过，实习工作在当地的一家单位，已经安排好了。小米舍弃自己和苏格找到的工作，接受小姑妈的安排。

飞机穿梭在云朵间，远处大朵大朵的云，堆积得很厚很厚。小米靠着窗，她第一次这么近距离地接触蓝天，这郁郁的蓝天。

小姑妈来接机，她一眼就认出人群中的小米，笑呵呵地拉起小米的手嘘寒问暖。

苏格坐在病床边，静静地陪着母亲，看着墙上的时间慢慢地流淌。这个女人对他来说是这么陌生，陌生得记不得她临走时候的脸。

“苏格，答应妈妈一件事。”女人躺在病床上，白色的被褥开出绚烂的花朵。

“嗯，您说。”苏格敬重地称呼自己的母亲，他还不习惯把这女人当作自己的母亲。

“明天去和这家医院院长的一个侄女相亲。”母亲说，“我得到这院长的很多照顾，所以擅自答应你和他的侄女相亲。”

苏格靠着阳台，双手插口袋，不说话。“你不责怪妈妈？”女人诧异地询问。

“嗯。”苏格良久后才点了点头，刘海及眼。

小姑妈领着小米到处购置衣物。像个导游般地介绍当地的名胜古迹，还有一些著名的小吃。小米被牵着手穿过一条又一条热闹的街。

这个世界，只要能找到你就好。即便离得很近，找不到你，这剩下的时间里，我哭了，怎么办？小米望着天空，湛蓝的天空。

{第七日}

时间走走停停，并不如他们所说的如洪流般冲散那早已被破坏的伤怀。透明的八音盒旋转出动听的旋律。街边有人吆喝着卖早点，有人牵着手，有人遛狗，有人塞着耳机匆匆路过。

小米穿着新买的衣服，烫了微卷的头发，越发成熟。在这个城市里，被电线分割的天空稍显一分寂寞。被飞鸟划过的天空稍添一分温馨。翠绿的绿地前，一个男孩缓慢地抬起手，遮住了发红的眼眶。

这四处逃散的记忆，在广袤的空间里飘浮。从未有过的失落感，从未有过的安全感，在人们逃离后的世界里，强硬地镌刻在心里。那并不是仓皇而逃的悲怆。

像是苏格在英语课上睡觉，像是小米撑着伞等待，像是苏格在雨中练习着投篮，像是小米跳过雨后留下的水坑。这些都是被抛弃的，像是在和某种神秘的物体道别，像是和整个世界告别。

只要找到你。就可以。

苏格来到约定的咖啡馆，女孩早已背对着他坐着，苏格靠近她，鞠躬表示歉意。抬起头。灰尘落在长长的睫毛上，像是翅膀扑闪了一下。

“小米！？”

“苏格！？”

像自由一样美丽

by/ 杨璋

史记《滑稽列传》里面有这么一个关于喝酒的故事：

威王问淳于髡："先生能饮多少酒才醉？"淳于髡回答说："我喝一斗也醉，喝一石也醉。"威王说："先生喝一斗酒就醉了，怎么能喝一石酒呢？这里面的道理能说给我听听吗？"

以下是淳于髡的回答：

"我当着大王的面喝您赏赐的酒，执法的官员站在旁边，御史站立身后，我诚惶诚恐头也不抬地喝，不过一斗我就会醉的。

如果我的父亲有尊贵的客人，我收好衣袖，躬身下跪，在席前侍奉他们喝酒，他们不时地赐给我一些剩余的酒，我举杯为他们祝寿，这样反复几次，我喝不过二斗就会醉的。

如果是朋友交游，很久不见，乍然相遇，欢快地谈起往事，互相诉说着心里话，这时候喝酒，喝五六斗就醉了。

如果是乡间集会，男女混杂坐在一起，喝喝停停，玩着六博、投壶游戏，互相招引，结为伙伴。握住了妇女的手不受处罚，也不禁止我瞪着眼细瞧她们，身前有妇女失落的耳环，身后有她们丢下的发簪。我私心喜爱这种场合，可喝下八斗酒而只有二三分醉意。

到了太阳西沉，酒席快散的时候，大家端着酒杯凑在一起，男女同桌，鞋子踩着鞋子，杯盘纵横散乱，堂屋里蜡烛熄灭了，主人留下我而送走了别的客人。这时，有女子罗衫解开，我微微闻到了一阵香气。这时候，我心中最为欢喜，能畅饮一石。”

能理解其中喝八斗酒而醉、一石酒而醉中区别的人，是妙人儿。

接下来是唱歌的故事。

有次和一位好朋友唱K。他是北大十佳歌手，声线惊艳，是我听过的人中（包括专业歌手）嗓子最好的之一。他唱起陈奕迅、王菲、卫兰、阿信、青峰、林宥嘉的歌来，明亮魅惑，让我心底有震颤，并且不敢接着唱了。他开玩笑说：“怕什么呢？放开唱，咱们又不是比赛。”于是我战战兢兢拿起话筒，点了一首朴素的四平八稳的庙歌。他又给我点了一首歌，我小心翼翼念台词一般唱着，高潮的部分完全没有放开唱，他一直好心地在旁边为我伴音。

这是我最为吃力的一次唱歌，唱的歌曲不多，嗓子特别疼，衣衫也湿透了。

再说说我另外一位唱歌特别动听的好朋友。她的声音像是水晶掉进蜂蜜，发出温暖的光芒。而且灵活性超强，什么调子、什么风格的歌，她都能调到自己的音阶，轻而易举地唱出来。我特别喜欢和她唱歌，靠在她的肩膀上，听她清哼，是一种无忧无虑特别美好的享受。她常常会自顾自地给我点某某歌唱，不顾我的抗议，然后再帮我把记不住、跨不过的部分天衣无缝地唱出来。

每次和她唱歌都非常愉快。

还有很多朋友，在一起唱歌快活非常。嬉闹不正经，用手鼓、梆子、木鱼、碰铃、响板、口哨制造各种可能的噪音，表示着对演唱者的力挺。能正正经经把歌唱得有几分原唱的味道，也能故意跑调满拍破嗓，笑得大家在沙发上面滚做一团，泪水横流，气喘吁吁说不上话来。

这样子的乱唱也非常尽兴。

但是所有的歌唱里面，我最为念念不忘的一次还是——

天下着雨，KTV散场。和朋友在夜色里面告别，叮嘱归途中要注意安全。然后我一个人套着丑陋的大红色雨披，在大雨之下慢慢骑车回家。

瓢泼大雨中，路上的自行车和行人几乎绝迹。车辆也很少，在水流中发出安静的声音。

金黄色的灯光从黑色的树影里面流下来，浪漫安逸得像是小时候夏天乘凉的梦，亦真亦幻。

空荡荡的街上，回荡着清越的、无拘无束的歌声。

自己的声音。

如同盘古开天辟地的寂寞和宁静，不羁和自由。

The Selections of New Concept

Part 3 猫，带我回家

窗台上的猫

by/ 靳新

一

小城的梅雨季节，漫长又无聊。我站在窗户前，盯着楼下大树在风中被冲刷得摇摆不定的树梢，发起呆来。

算起来自己搬来小城生活也有大半年的时间了，工作的单位换了几家，也终于开始步入正轨。房子搬了两次，也终于在前几天搬到了现在这个小区。虽然我的人生也没什么大的起色，可我依旧开心得不得了。爸妈总说我是个胸无大志的家伙，事实也确实如此，我安于现状，而且，非常容易满足。

不知道是什么时候起，我开始注意到了楼上的邻居。因为往常楼上都静静的，仿佛没人在住一般。直到有次我问起房东，房东大婶才一脸八卦地告诉我，这楼上是有人住的，是个有点神经质的男孩，让我没事别去招惹。

有时候就是一时兴起再加上机缘巧合，我看见了那个男孩子。却是在清晨遛猫。他手上牵着的应该是遛狗绳，另一头却切切实实地系在一只大猫身上。

男孩子穿着宽大的连帽衫，刚牵着猫从楼上下来就"阿嚏阿嚏"打着喷嚏，让我想不注意到他都很难。他终于注意到愣在门口的我的时候，还吸了吸红着的鼻子像是受到了惊吓一般，不好意思地冲我尴尬地点了点头，算是打了招呼。

我看他一直咬着嘴唇没有什么先走的觉悟，我就只好自己先下了楼梯。

果然，这样的小孩子还是不值得我去害怕的。

后来在一街之隔的三层超市里我也碰见过这个奇怪的邻居。只是这次他并没看到我，也不是他没有礼貌，只是那时他专心地在火腿的货架边上挑挑拣拣。我不远不近刚巧就站在他背后，看着地上他拖着的篮子里，零零散散丢了许多速冻的方便食品。

那天是我每周末日常采购的日子，晚上还有一份工作报告要赶完，明早交给经理。所以我只是瞟了一眼，就随手丢了一包猪肉水饺进推车里，走了。

直到结完账走出超市，我不禁自嘲，我尚且自顾不暇，竟还有这个闲心关注一个不相干的人。难道女人真的是柳柳说的那样，越大越会显露出八卦的本性吗？

梅雨之后的天开始缓缓转暖，最后一丝残留的凉气也随着那些让人想抛却的、不好的记忆慢慢远离。我虽然是北方人，却怕冷怕得紧。常常是春夏之交，还裹紧大衣扣好帽子。那时江楚每次约我出来吃饭还会嘲笑我，像个包子似的。一直到我们开始恋爱那会儿，他还是不肯改口，一直豆包豆包地喊我。

不过我本名本来也就不怎么好听，被起了这么个尴尬的绰号我也不是太在意。大约也是没什么差异，江楚爱叫就让他叫好了。

但是，我们的关系即将到最后关头了，江楚却突然特别认真地叫我："席豆豆。"我自觉最近真没有做什么好事，那天也不是什么节日纪念日。我正盘算着虽然我们年纪不大但是他要求婚我也不是不能答应，婚纱其实很早之前我就憧憬过了，也拖了闺密去试穿过。

然后我听到江楚低沉的声音，即使再清冷这会儿也让我听出了手心薄薄的一层汗，我热切地不敢抬眼与他对视，可我听到的是："我们不合适。"

江楚在人前包括在我面前，从来就是一副谦谦君子的模样。开始时，纵容我疯我闹，他只是一旁负手而立。我逗他开心，他微笑，我出糗，他也微微一笑。告白的时候他说："豆包你很可爱，跟我一起走吧。"从来没有热烈过，说什么都淡淡的。直到结束了，也只有我像个疯子，轰轰烈烈的。

以为我只是大喊大叫"你怎么可以这样，我多么多么爱你"，还是觉得我会给他一巴掌说"你给我滚"？我没有那么没心没肺，也没那么潇洒，我给了他一拳。然后他就因为鼻梁骨骨折了，在医院住了一小段时间。人基本是丢完了。

我没觉得自己吃亏。打从一开始，我就自卑地觉得，跟我在一起，真委屈的那个，才是江楚。

在和江楚开始之前，我觉得自己是个特别正儿八经的好姑娘。有时候虽然懒散又犯蠢，但我觉得这是人生在世在所难免的。

我从没为明天、未来、不知所谓的事情烦恼过。高中时被篮球队帅哥和舞社舞技精湛的队员困扰得不行的柳柳就特别羡慕我，说我这叫没心没肺活着不累。其实那会儿我也是会心累的。最大的困扰就是打瞌睡打醒了一看表，马上要下课，不过今天去吃什么好呢？类似都是这样的忧虑。

当然，热衷减肥斤斤计较计算着一片菜叶子的热量值的柳柳，是不能理解吃对于我这样一个还在成长中的孩子意味着什么的。

女孩子们都不爱跟柳柳一起吃饭。因为这孩子吃饭特别装，从头到尾你两碗饭下肚，她至多能啃两片叶子。太影响食欲了。

但我无所谓，而且我喜欢新奇的事情。柳柳的世界和我不一样，所以我好奇她，愿意和她待着。

柳柳应该也是好奇我的世界的，她总是用一种我说不出来是怎样慈爱的眼神看着我，像个姐姐似的问我："吃对你的吸引力真的抵得过恋爱吗？"正埋头扒拉米饭的我只抬了一下眼，把梗在嗓子眼的豆泡咽了下去，一口气也不带喘地："抵得过全世界。"

当然，后来我自己打脸了。因为照时间线看，也没几年，我就遇着江楚了。

二

来小城之后，一切似乎都重归于平静。即使去逛超市采购食物我常常买不够一周的量，热水洗到一半就突然换了冷水，策划写到最后关头竟然和衣趴在台灯下睡了过去。

但我同样也学会了去超市多买几盒泡面放着以备不时之需，热水澡洗到一半被冰着也会自我安慰冷热交替才是长寿之道，晚上赶工时不用父母提醒，也会自己多披一件衣服防止再半夜冻感冒了。

我像是一个懵懵懂懂却终于要开始自己面对新奇世界的人。平生在家娇惯久了，猛然出来也委屈过。可想着一些事情，心里念着，觉得心一揪一揪地开始痛了，眼前的这些个小事竟都不算什么了。咬着牙，我也坚持了下来。

万事总是开头难，在我闲适的生活慢慢步入正轨之后，我也能欣然习惯这崭新的一切了。

没有亲友陪伴，却也没有伤痛的，新的人生。

如果说是全新的人生，倒也不恰当。爸妈亲友，该是什么的还是什么。说到底，不对劲的变了的那个，是我。

柳柳在我搬来了小城之后，关切却更甚了，有时候比我亲爸妈都要上心。开始是一天一通电话，后来被我耐不住性子地劝了几次，动之以情晓之以理，告诉她我在这边也不是休假，也要挣钱养家照顾自己，也忙得不得了，电话关心什么的心领了，下回还是不要这么勤了。才终于劝住了柳柳，频率变缓，改成了一周三次。

柳柳在我去小城没几周的时候，去医院检查出怀了孩子。柳柳老公高兴坏了，柳柳自己倒是有点犹豫。我都比她表现得兴奋。

柳柳老公还因此误会了柳柳，以为柳柳对他心不真呢。我在电话一边劝柳柳，劝得我感觉自己都要词穷的时候，柳柳开口了："可是我变胖了怎么办？"得，嫁了人也还是减肥狂人的本质。

不过好在柳柳这人的人生就是纠结时间比工作学习时间还多。一个问题，纠结两天没什么结果也就顺应民意了。而这回，就是在婆婆送了她对漂亮的宝石耳钉之后，柳柳就开开心心什么事都没有了。消停倒不会，但起码是暂时不用我多去担心了。

夏天的傍晚下起了雷阵雨，这次的雷雨来得挺急。风哗哗打着卷，抖着一树的叶子，声响混杂在一阵一阵的雷声中，渐渐由近及远。

到了天渐渐开始擦黑的时候，门外噔噔地传来一阵脚步声。虽然声音不大，但我正倒在床上闭目养神呢，门外的响动也能听得一清二楚。

然后我听见人跑了上去，似乎不是跟我一层的住户。不一会儿又听见声音急匆匆下去了。我留了个心眼，心里盘算会不会是踩点的贼呢？却又觉得不大可能，这个时间这种天气，在外踩点的话，贼也太傻了。况且刚刚也并没听见拧门撬锁的动静啊。

时间大约又过了半个小时，噌噌蹿上楼的声音又来了。只是这次较前两次，脚步声更为慌乱。我闭上眼睛确认了一下，这声响，八成和刚才是一个人。

于是我就偷偷摸摸地跑到自家门边，从猫眼向外看着。果然一个行色匆匆的身影又从楼上跑了下来，穿着连帽衫扣着帽子，却只能瞥到一点侧脸，长相什么的完全看不清楚。不过这人却是自己先急了起来，来回地在楼梯和我这层之间踱着步。我也一直在门边盯着他的身形看。左右看了一会儿，这看着怎么这么眼熟。终于在他一个抬眼转身之间，我认出来了，这就是楼上那个古怪的少年。

不久之后，听见没动静了，但也不见有开关门的声音。我大着胆子开门探出身子，发现少年是真的不再徘徊了。我本想转身回去穿个外套，却还是停住，抓了玄关挂着的钥匙，开门出去了。

我手脚轻巧地摸索着上楼。在楼上昏暗的廊灯下，男孩子蜷着身体，双手抱着腿缩在门边。我盯着他看了一会儿，肩膀起起伏伏还发着抖。我大着胆子上前：“你，没事吧？”我语气放得特别轻，却还是吓着小孩了。他因为惊吓抬起的眼睛亮亮地圆睁着，灯光下显得特别无辜。

我有点头疼，跟有点古怪自闭的小孩到底要怎么沟通好呢？

他却没浪费我太多时间，嗫嚅着回答：“钥匙，忘了。”我盯着他看了一会儿：“监护人呢？打个电话吧。”男孩子又紧紧咬着自己下嘴唇了，多委屈似的，不肯说话。

我盯着他又对峙了一会儿，不得不先自己找台阶：“你知道我是你邻居吧？”男孩子点点头。“那相信我吗？”他和我对视着，然后，在我的注视下，摇了摇头。

我挑挑眉毛，然后抿嘴平息了一下怒火，我起码不能在这种时候和一个小孩子计较这些细节。“咳，雨天这么冷，我一个女的，真的不会把你怎么样。”男孩子还是坐在地上愣愣地看着我。我皱眉不爽地吼道：“我都不怕你了，你怕个毛线啊？”男孩子一副咬着下唇的表情盯紧我，居然笑了。

他点点头，我伸手去拉他起来。这次他终于乖乖地扯着我站了起来，跟在我身后被我暂时领了回去。

三

那天之后我才算真的和这个古怪的邻居热络了起来。当然这也有可能是我单方面的热情，说不准在他心里，我就是个他终于不再害怕的邻居而已。

总之这下我知道了他的名字，齐然。年纪和我猜测的差不多，高中生的年纪。我问他为什么不去上学，爸妈亲戚什么的在哪儿呢。可他统统都不回答，只对我笑。把我惹恼了又会凑上来道歉，扯我衣角。

我还知道了，齐然家的那只猫叫肉包……

刚听到这个名字时我非常不开心。齐然挠挠脑袋，不明白我为什么闹脾气。凑上来安抚我我也不搭理他，终于他被闹得没辙了，叹了口气，垂头丧气地蹲我面前：“你到底在气什么啊？”我摇头，干脆地：“没有。”

他盯着我：“肯定有。”我不满地瞥他：“问什么啊！不是我问什么你都不说嘛！”齐然盯着我愣住了，然后不好意思地低下头，眼光撇向一边：“也……也不是……也是可以说一些的。”

我若有所思地看着他后脑勺，突然冒出来一句：“你为什么养猫啊？”

齐然倒是没怎么告诉我肉包的事情，反而是突然变得滔滔不绝地说起了他的小时候。离现在并不算遥远的时候。

齐然跟我说，他还记得他家第一次养猫的时候，那会儿他还不到五岁。猫是妈妈从同事家抱回来的，毛茸茸的小茉莉刚足月，才是手心里的一捧软乎乎的毛球。

刚见到小茉莉的时候，齐然有点好奇，也带着点惊恐。小茉莉的叫声虽然还很虚弱，露出来的尖牙利齿还是让齐然产生些许畏惧。

对视久了，齐然忍不住伸出手指揉揉小茉莉的爪子，眯着眼睛的小猫奶声奶气地喵喵回应着。齐然见小猫没什么攻击性，便大着胆子问妈妈：“我可以抱抱它吗？”妈妈笑着应允。第一次抱着柔软的小家伙，齐然觉得自己是切实地感受到了一条生命。即使这个小生灵的气息还这么微不足道。

小茉莉虽然发育不太好，前几个月走路还左右打晃不太稳当，但却十分有规矩。吃饭也不太挑剔，几乎是给什么吃什么。前几个月常常喝面汤，后来就家里吃什么给点什么，但多数时候还是喂给它一些小鱼小虾。

齐然很爱抱着小茉莉，就像抱着一个永远不会厌弃的玩具。齐然常常带着小茉莉出门，去院子里晒太阳。妈妈总教育他要小心点，猫怕生不认路，走丢了就很难找回，所以齐然抱着小茉莉出门时总是特别小心。

齐然上小学那一年生日，找了段红丝带，穿上一个大大的铃铛系在了小茉莉的脖子上。小猫的眼珠浑圆，滴溜溜在眼眶里转悠。齐然用力抱了抱小茉莉，一脸满足地拿脸颊蹭着小猫柔软的毛发。

有了小茉莉的陪伴，齐然孤零零的童年也变得不那么难熬了。而真正让齐然意识到孤独这件事情的，却也是怀中这只乖巧的小茉莉。

我人虽然看似乐观之极，但唯独对孤独这种带着点负面色彩的情绪，还是很敏感的。

在我不得不学会面对孤独的日日夜夜里，我总不自知地在内心深处怨恨着江楚。不是他，我也不会知道原来恋爱是这么让人着迷的事情。

更不会明白，原来没有他在身边的日子，我是那么地恐惧着孤独。

那些曾经鲜活的记忆、柔软的微笑都离我那么遥远。我就是为了忘却孤独、寂寞和伤痛，才选择一路匆忙逃跑到了小城。这里对我来说虽然陌生，虽然举目无亲，却也从中让我体味出了一番安心感。

但是齐然跟我不一样，小孩子终归是小孩子。齐然说起的事情和爸妈还是脱不了干系。

不过既然人都领了回来，我也不再纠结这种家庭故事的营养含量了。我就斜斜靠着桌子坐在一边，尽量安静地倾听这个小小少年内心的烦恼。

你曾以为的巨大伤痛，总有一天会长合了伤疤；你曾以为不算什么的痛楚，兴许有一天就让你遍体鳞伤。

这个世界上没有不值得无所谓的苦难，当然也没有永久暗无天日的孤独。挣扎不过，沉沦至底你也终有一天会习惯寂寞的包围。而习惯，会一点一滴地剥离你曾经对孤独怀有的所有敬畏之情。

四

那天齐然早早就放学了，也没在路上多跟小朋友玩。他急匆匆买了豆腐干想要回家看小茉莉。

一进家门，开门的爸爸神色匆忙，嘱咐了齐然几句，“待在家里乖乖的”，打了几个电话就跑了出去。

直到爸爸关门走了，齐然还是愣愣的。一旁的小茉莉看见齐然，不安地慢慢走了过来，像被吓住似的，缓慢地用小脑袋顶了顶齐然的裤管。

齐然也愣了，家里虽然说不上一片狼藉，可也差不太远了。客厅的花瓶就碎在离玄关不远的地板上。爸爸以前总跟他说起，这是他们搬新家时长辈送来的，上好的钧瓷。现下，屋子里空落落的，青青红红的瓷片碎了一地，像血块，也像是不知名的碎裂的生灵。

齐然俯身抱起小茉莉，然后小心翼翼地踏过一地碎片。回到自己房间，看了一眼，自己房间还是原来那般整洁。把小茉莉放在了床上，齐然转身就想去屋里别处查看一下。床上的小茉莉却极度缺乏安全感似的，“喵喵”地小声叫着发出抗议。

齐然转身看见猫咪的毛也有点竖起来了，还是折回轻轻抚了抚小猫的皮毛。见小茉莉慢慢冷静下来，这才掩了自己屋的门，出去了。

客厅除了碎的花瓶，倒了的架子，别的倒也还算好。齐然轻手轻脚推开主卧的一道门缝，果然妈妈也不在家了。主卧里衣服什么的散了一地。齐然转身又跑去了厨房，厨房地上碎了只水杯和几个瓷盘子。连小茉莉平时吃饭用的不锈钢小碗也可怜地躺倒在地上。

查看完了家里，齐然又走去门边，耳朵贴在门板上，对着外面听了好久。也没听到特别的响动，就转身回了屋。

一人一猫，就那么依偎着坐着。

那就是齐然最初见到的孤独的样子。

天色渐渐暗了，作业都写完了的齐然打开了床头的小台灯。怀里的小茉莉睡醒了一觉，不安地扭动着身体。齐然低下头，夜里小猫的眼睛亮晶晶的，齐然问它：“你会害怕吗？”小茉莉不回答也不乱动了，模糊的灯光下跟他对视着。

得不到回应，齐然突然觉得心里像被什么梗住了，突然变得特别慌张。从床上下来在屋子里又检查了一遍门窗，确认楼道外也没有什么人经过的脚步声。才有点放下心地又回到小屋里，抱起床上的小茉莉，躲进了被窝。

齐然说自己也是北方人。小时候入秋的夜里凉得很，但是怀里抱着小猫，就暖和多了。连带着心里，心跳也被平抚得不那么快了。

齐然说他已经记不得这具体是多少年前的回忆了。虽然说得清年月，可脑海里却恍如隔世一样，感觉那样的生活离自己非常遥远。

他说起自己刚来小城时，拿着存折，身上只有钱，没有归宿。后来去中介租了房子，说是有双气，结果被骗来这儿了。但齐然没有多加挑剔，还是一直住了下来。齐然说他特别害怕折腾。

他来小城的时间比我要早几个月。我问他为什么我刚来这里时楼上天天都那么安静，齐然不好意思了，低头抿着嘴，过了好一会儿才说："前段时间，我到处找地方，想把肉包送走……"我疑惑："为什么要送走？好好的说不养就不养了，那不是不负责任吗？"齐然被我说得更显得窘迫了，不安地揉着自己的衣角。在我怀疑自己对一个小孩子，是不是语气太重的时候，齐然又开口了："我，可能该走了。"我一时没能理解他的话，小孩子偷偷看看我。"可能要回家，但是，"他指指一边的肉包，"它我带不回去。"

我有点明白过来："那怎么没送走？"

齐然叹了口气："它跑回来了。"

"就在半个月前，那时我心情不好，送走肉包我也挺难过的。那天去买零食回来晚了，走过街角，因为还未修缮的那盏路灯，我绊了一下摔在地上了。手里拎着的袋子也掉一边了。我眯着眼睛，借着稀稀落落的月光找地上散落的东西时，才看清刚刚绊了我一脚的，正是几天前，刚被我送走的肉包。"说着话的齐然，这一刻眼神里的落寞确实是真实的。

我犹豫了一下，考虑好了措辞才开口："也许，我可以帮你。"

五

我就这样接下了帮忙照顾肉包的重任。在这之前，我从没有过照顾任何一种动物的经验。以前的我，甚至连自己都照顾不好。江楚也不知道当时是怎么做到的，竟能容忍下那么迷糊的我活在他的周围。

柳柳还是老样子，一周好几通电话地跟我煲着。总抱怨最近家里的菜色太过丰盛，恨得我牙根痒痒。她说现在是全家老小的眼珠子都盯在她的肚子上，让她这种心宽的人压力都大到不行。告诉我最近老公连抱着电话多聊会儿天都不让了，说是怕辐射。

我照例是规劝为主，辅以安慰。我其实心底里还是挺羡慕柳柳这样的生活的。

据柳柳自己说，最近她可是被养胖了不少："豆豆，我们还都上学那会儿，其实大家都以为你会是最先结婚的那个。江楚那会儿对你多好啊。"我突然愣了一下，我们的谈话内容也有好久没出现过江楚的名字了。

"都过去了，算啦。"我也不知道自己是真大度，还是装作很大度地安慰柳柳，也顺带安慰着自己。兴许我是真的觉得累了，希望我是真心实意觉得这些陈年旧事都已经过去了。

当时分手时我没有跟别人说实话，不管是对爸妈还是对柳柳。我心里有时候也会很恶劣地想象，如果他们知晓就是那个在他们眼中温文儒雅得不得了的江楚狠心丢下我的话，会不会惊讶得合不拢自己的下巴？

当然，自从来了肉包这么个麻烦的小东西，我就没那么多时间进行这种愉快又自虐的脑补活动了。

周末我在家照看肉包的时候，接到了齐然的电话，却是工作人员打过来让我接走昏倒在超市的齐然。

我并不大惊慌，因为平日里齐然看起来就不是什么身体强壮的人。以为最多就是普通的贫血，但还是不大放心，过去的时候顺手拨了120。

这些事我做起来理所应当，因为在这偌大的小城，齐然的亲友都不在。即使我们也只是点头之交的邻居，但我也算是个认识的人呀。

送去医院仔细查验之后，齐然也确实是贫血。但是除了贫血，齐然别的好几项指标也不太对。医生问起我齐然的病史，我不好意思，只能回答："我只是他的邻居。"于是我这才想起来，要赶紧想办法联系上齐然的父母才行。

急匆匆地，我先安顿好了齐然，办妥了住院手续，这才拿了齐然手机翻找起来，却发现齐然的手机空空荡荡的，联系人也只存了我一个。我不甘心地又前后翻找了几遍，最后不得不放弃。

天色从下午的碧空万里一直到慢慢变暗，我好好的一个周末就没了。病床上平躺着的齐然依旧没有苏醒过来的迹象。我不放心跑去询问医生，医生回答说齐然只是身体太累暂时昏睡过去，并无大碍，如果真有什么急事，强制性叫醒也不是不可以。

听了医生的答复，我有点放下心来，摇了摇头，还是想等齐然自己醒来了跟我解释这些事情。

医院晚上是不允许陪床的，而且我离开家里已经一下午了，肉包也没人照顾。我不得不先准备回去一趟。

病床上还在昏睡的齐然看起来也没什么大事，我盯着小孩看了一会儿，帮他塞好被角，这才步伐轻松地走出了医院。

等我回到家时，肉包已经被饿得有点着急了。在我给它准备晚饭的时候一个劲儿绕着我的腿打转。喂完肉包我也简单给自己下了碗面。白天到底还是被吓了一下，从前这样突发的事情，哪轮得到我自己去操心啊。

于是吃饱了我就不管不顾把碗撂洗碗池里，简单洗洗漱漱就钻进了毯子里。

半夜被热醒，我起来推开了屋里的窗户。迷迷糊糊躺回床上时，还听见床头柜上的手机“嘟嘟嘟”地响个不停。抓起来一看，是齐然的电话。我瞬间清醒多了，使劲晃晃脑袋。

“喂。”那边空了一会儿，“我是齐然。”

我打了个哈欠：“哦，齐然，好点没？”

“嗯，肉包还好吗？”听见他问起猫咪，我忍不住笑了：“这会儿还挂念着肉包呢，好着呢，我帮你好好照顾着它呢。”

“你会……一直对肉包好的吧？”我顿了一下，仿佛觉得哪里不太对：“嗯？”然后电话就突然被切断了。

我坐直了身体，小城夏夜的风也突然寒透了骨缝。

六

我想起齐然跟我讲过的小茉莉的死。

幼年时，串门的寻常长辈就常夸赞齐然清秀疏淡的长相招人疼。却不知，这疼宠也是得到手的反复无常。初中时齐然就跟着父亲搬走了，小茉莉由于身体不好，齐然掉泪不舍，终究也没有一同带走，留下给母亲养着。

有时候齐然实在是忍耐不住，想要怨恨些什么。思绪反复挣扎中，却总想起才小不点大时小茉莉奶声奶气的叫声，他觉得这样的人生真的不知道该去怪谁。

几年后小茉莉死了。在知晓这个消息之前，先得知的是妈妈大病昏迷。齐然那段时间正在期末考试，直到考试结束几天后才跟爸爸一起回到了故乡。医院里妈妈终于醒了过来，娘家亲戚这才想起来拿了钥匙回去看看大人不在的这不到半个月，家里成了什么样子。然后，就发现了渴死在水池下面的小茉莉。

齐然在说到这里时，才显得情绪有点激动。嘴唇还有点发抖，细瘦的胳膊扯着我，一个劲儿地对我说："我的小茉莉就这么没了。我没能保护得了它。"

这世上本来就没有谁必须护着谁的说法。

那之后齐然就这么留下了肉包，突然消失了。但也并非凭空消失，从医生那里，我得知是齐然父母来接走了他，并且还在护士站留给我了一封信。

我匆匆拆开信封，里面还夹着几张人民币。应该是还给我垫付的那些医药费。

信上的口气十分正式，应该是齐然的爸妈，口气一派非常感谢你照顾我们的儿子云云。最后翻过来我却发现别样的笔迹。开头胆大包天地叫我豆豆，说是隐瞒了我很多事情，真的很抱歉，对我的照顾觉得以后是没有机会再报答了。

他终于肯告诉我，他原本是离家出走，这次被抓回去，一定会好好配合治疗，不会再不懂事乱跑了，等等，其间还夹杂着不少废话。

我从头到尾快速扫过一遍，原地握着钱和信，不禁哑然失笑。

我的生活重新步入了两点一线毫无新意的状态，我却也乐得如此。

肉包被我慢慢养得有越来越肥的趋势了，偶尔我也会跟齐然发发短信，只是他最近又不见了踪影。

柳柳还是常常来电话跟我唠家常，催促着我她的预产期将近，生孩子不去陪她，干妈怎么说满月酒也要到场。我电话那头笑着打趣她是不是惦念着我的大红包呢，却反被吐槽。

意料之外也是情理之中，我从柳柳那里得知了江楚即将订婚的消息。却也不是太难过。电话一旁的我即使没人看见脸上也是微笑着的。柳柳倒是从这期间嗅到一丝不寻常的意味："你跟江楚之间是不是有什么我不知道的事儿啊？"我避重就轻地回答道："都是过去的事儿啦，我都不计较了，你费那个脑子干吗？还是多看着点你老公吧。"

又多听了会儿柳柳的笑骂，我才得以抽身挂了电话。

一个人在小城里无拘无束地生活也挺让人眷恋的。我全想好了，下个月差不多就可以跟公司请个假回去看柳柳，肉包可以交到同事那儿先寄养两天。肉包最近吃得胖胖的，正是乖乖听话不会上蹿下跳给人添麻烦的时候。

我并不打算完全再回去生活了，那边的前尘旧事，那边的曾经的爱人，都已经与我无关。

我只觉得，小城里一个人这样生活也并不难过。孤独并不可耻，所有的挣扎痛苦也是必然。一旦有一天你愿意看开，会发现这一切，也能够安然接受的。

而我已然接受现状。

曾真切发生过的一切都仿佛是场年少的梦境。我忘不了的，就只放在回忆里好了。我终于可以说服自己，曾经对我俯下身微笑得和风细雨的江楚是真的，那个冷漠地说我们不合适的江楚也是真实的。这些并不矛盾，后来突如其来的冷漠，就权当是抵消了最初少年眉目间对我难免流露出的一抹天真神色吧。只当是一场无可预料的暴风雨，瞬间清算了之前所有的感情牵挂。

心思纤巧绕过了柔肠百结。

吃胖了的肉包再也不会到处乱跑害得我为它操碎了心，每日吃饱了就跑去我的屋子，顺着椅子桌子一路蹦跶着跳到了窗台上。没事的时候，肉包就常这样看着窗外，一坐就是一下午。

我常以为，肉包这是一种在参悟的过程。虽然我并不确定一只猫是不是也能从生活中体味到孤独这种高级又奢侈的感觉。但我相信，肉包一定是心里挂念着什么，所以才常常盯着窗外瞧。

岁月兜转间，毫不以人的意念为转移，我的小日子就这么继续在小城里过着。之后的日子里，我回去看了柳柳，看了干女儿，看了爸妈。在小城里又安然自在地度过一番春夏之后，却是再也没了齐然的消息。

仿佛夏日里濯净天空的雨水，天晴了，就蒸发一般消失不见。

小王子，你好吗

by/ 赟意

THE

SELECTIONS

OF

NEW

CONCEPT

星子是这个星球守护星星的仙子，虽然她是一个女孩子。星子住在云朵之上，每天的任务就是去天尽头看她的星星有没有被线挂好，有没有被安放到它应该在的位置。星子很喜欢这份工作，虽然每天都波澜不惊。

她有一只猫，还有一只鱼，它们都有着小小的白色翅膀。当然，星子也有。她每天都趴在云端看着猫咪和鱼鱼大眼瞪小眼，每次她都笑得肚子疼。有时候，她会捧着一本书，坐到天尽头，一边看一边等待天亮。她是守护星星的仙子，每晚都要守护着她的星星。

我呢？我又是谁，又怎么会知道这些的呢？

我本来可以好好的，在地面上生活，娶一个妻子，生一窝孩子，但我驾驶着飞机，飞到了这里，再也没有回去。娶妻生子成了我毕生的遗憾。在遇见星子之前，我遇到过一个孩子，金黄色的头发，飘着淡黄色围巾，从沙漠中向我走来。这个孩子很特殊，和地球上的每一个都不一样。他的双手，他的脑袋，他的全部，都是这个世界上的唯一。他还送给我天空中的一万颗铃铛，当然这是他独有的说法，将星星说成铃铛。他来自另一个星球，他问我要一只绵羊，他为了他的玫瑰花与我争吵，他很特殊，这我早就说过。

“他一定很喜欢和你在一起。”星子撑着下巴对我说。

“他在沙漠中只认识我。”我解释道，看到她头发上粘着一颗小星星，一亮一亮的，很好看。

“那然后呢？”

“然后……”我笑了笑，充满着苦涩味道，“他走了，他的玫瑰花需要他，所以他离开了地球。”

“他在哪儿？”

我伸了伸脖子，手指在天空中摇晃了很久很久才找到他所在的那颗星球，这不能怪我，因为它实在太暗太暗了：“在那儿。”

“那一定是一颗很小的星球。”

“是啊。”我没有说话，星子也不说话了，她拿出那本书，仔细地读起来。好几天，我看到她看的一直都是这本书，我很好奇，这里面写了什么？值得她阅读那么久。

“你想知道？”

“你说说看。”我不喜欢承认，承认代表自己的懦弱，这种想法不知道是什么时候形成的。

“我在看一个很悲伤的故事，我一个好朋友的故事。”

她是这个世界管理云朵的仙子，她每天恪尽职守，早早地织云、施云，从没有过一次失误。有时候，她晚上也会来施云，我就和她一起看一会儿星星，听她说施云的时候发生的故事。那几日，我听到她嘴里频繁出现一个男孩的名字，他，叫得那么甜，那么沉醉。我摇摇她的肩膀，我喊她，云朵云朵，你不能这样，不能这样！从那以后，她再也没有来过，我四处打探，才知道，她已经被贬到了凡间，一个无人的小岛，和那个男孩被关到了不同的玻璃瓶里，看得到，却只能隔着玻璃抚摸彼此，品尝着触摸不到的辛酸与苦楚。

是一个很悲伤的故事。

星子低下头，哭泣起来，她的眼泪和他的那么相似。我的那个特殊的男孩，他也曾经这样哭泣过，懊恼与烦闷，充斥在泪水里。我知道，星子是多么想为她做些什么，但星子什么都做不了。

仙子爱上凡间的男孩，会受到惩罚，这是很久之前就存在的规定。

“或许，你可以为她多点亮几颗星星。”我这么说，看向天尽头那些闪烁的星，迷离美好。

“啊。”她惊呼起来，跳跃着跑向云端，举起小橘灯，试着点亮几颗暗淡的行星。

“为什么不点那一颗呢？”我指了指天边那颗渺小暗淡的星，请原谅我的私心，星子，我想让小王子的星球亮起来，让他的世界能够充满惊喜，因为他一直在为他的玫瑰花费时间，所以玫瑰才会变得无比重要。我也想为他花费时间，那样对他来说，我就会变得无比重要。虽然，他也许不会知道这是我给他的礼物。

我想到那一万颗铃铛，它们是不是在微笑呢？

星子看着我，露出笑容。

“你郁郁寡欢了。”

“嗯。”我承认了，那是我的懦弱，“我没有办法去找他。”

“为什么呢？”

“我不能够飞翔。”

“你很想他吗？你那个特殊的孩子？”

“嗯，我忘记给他的绵羊画上嘴套了。”

星子不再说话了，她坐下来，云朵很软，她也很喜欢。小橘灯温柔的光芒照在她脸上，能够看到上面细小的茸毛。她的猫咪又和鱼鱼大眼瞪小眼了，星子没有笑，我想我是对她提出过分的要求了，星子不能离开她守护的星带我飞去那颗小王子的星球，星子会受到惩罚的。

“天快亮了，回去吧。”我说。

“嗯。”她回答。

白天的星星隐藏到了云后面，云朵走后，又来了一位织云施云的仙子，不过，她很傲慢，一点都不像云朵。她趾高气扬地指挥着手下的精灵，“你！去做这个。”“你！快去做那个。”“你！磨蹭什么？！”星子不喜欢她，但没有表露出来，她是善良的孩子，对每个人都是。我在她身边，感受到那股单纯，但有的时候，这样是会伤害到自己的。比如，那个仙子对星子呵斥的时候，她双手叉腰，声音高调：“你！就凭你也来管我！我知道自己该做什么，该把云放到哪里，你这个管了星星不知道多少年的老妖精，别想来插手我的工作！”

我看到星子双手捂住了脸颊，无法相信。这是第一次有人对她大声说话，她生活的世界都充满了和谐与美好，她的猫，她的鱼，还有云朵，说话都是那么轻柔，生怕会伤害到什么一样。这是她第一次听到有人大声说话，说的还是那么伤人的话。为什么呢，怎么会这样？她不过是按照云朵的经验告诉她那片云应该放得更左边一些。她只是顺口说了这么一句。

我觉得她很无辜，我安慰她：“你应该去认识更多的人。”也许算不上安慰。

她眨眨泛着泪光的眼睛，问我：“为什么？”

“很多人都不一样，你看，我和云朵一样吗？”

“不，你们不一样。”

“所以你才要认识更多的人，知道他们是什么样的，以后再遇见同样的人的时候就不会那么惊讶和伤心了。”我摸摸她的头。

“嗯，你说得对。”她摆摆手，钻进了云朵中，云是她的棉被，她很喜欢云朵织的这片云，她一直保留着，当作温暖自己的棉被。

如果是你的话，会怎么办呢？小王子。

遇到这样一个很不讲道理的同类，仙子，真好听，但却是一个傲慢的仙子。她对你指手画脚，指着你的鼻子大声呵斥，她不满你所有的动作，看到你碰了她的一样东西，就会觉得好恶心而把手快速地抽出来用纸巾擦个不停。这样的一个仙子，小王子，你怎么办呢？

你一定会像见到那个不可理喻的国王一样，你离开他的星球，所以你才遇到了我。

可是我忘记给你的绵羊画上嘴套了，这导致了一个很大的问题。你的绵羊会不会逃出来，玫瑰花的四根刺没办法保护她，绵羊会吃掉玫瑰花吗？嗯，这些都让我担心与挂念。我驾驶着飞机，就想要一直往上飞，飞到你的星球去。但我办不到。于是我心神不宁，整日郁郁寡欢，我又乘上了飞机，这一次我看到了星子，我不想回去了。

星子一定有办法让我去找你。这个动机不纯，我知道。

也许，人类的私心让他有勇气办成任何一件事，哪怕是出卖别人。我只想去看看你的玫瑰花，我只想去看看我画的那只绵羊，这件事很微不足道，也算不上是出卖别人。至少我是这么想的，我这么想着，就跳上了星子乘坐的云朵。

星子的翅膀微微颤动，她的猫还有她的鱼紧紧跟着她。她提着小橘灯，点亮天空中沉睡的星星，让你送我的这一万颗铃铛微笑，小王子，是星子在帮你守护着你的礼物，你知道吗？

“你在看什么？”星子来到我身边。

“他送给我的礼物。”

“哦？”

“这一万颗星星。”

星子不说话了，抚摸着她的猫。每个人，都有一段悲伤，想隐藏，却欲盖弥彰。“我想云朵了。”她说，眼睛里泛着泪光。

“你能去看她吗？”

她哽咽两下：“我不能。”

仙子不能下凡，不能偷偷地去看云朵。星子觉得，她的好朋友真的好可怜。看得到最深爱的人，却触摸不到，这种感觉，光是想想就会心痛得不知道怎么办。可是，云朵是真的真的承受着这样的折磨的，这对于星子来说，是多么让人心疼怜惜。她每晚在云朵织的那片云里，做梦梦见她一直一直哭泣着，眼泪是蓝色的，然后突然出现一片海，海水咸涩，好像云朵的泪。

星子，我能偷出你的痛苦，然后将它扔得远远的吗？

我抱着这个女孩，我那丑陋的动机，在她单纯的心灵面前无处遁形。

“星子，我很快就回来。”

我头也不回地，驾驶上我的飞机，飞到云朵下面，飞到那个无人的小岛，找到那一对玻璃瓶，解开牢牢系着的绳子。我看到云朵和她深爱的男孩紧紧地抱在一起。我将他们送到我的城市，一个浪漫又迷离的城市。我送给他们我的房间钥匙，告诉他们不要向任何人透露关于我的事。我像是交代后事一样跟他们说这些话。然后，我戴着鸭舌帽和墨镜，离开了我的城。我回到星子身边，我说，他们安全了。

星子捂住脸，不敢相信。我很奇怪，她怎么了，她不该感到高兴吗？为着云朵的自由。

可她却说："不不，天帝会发现这一切的。你不能再留在这里了，我把云朵的云送给你，我让猫带你去你想要去的地方。你必须离开，留在这里只会让你遭遇危难。"

她拉下自己睡觉时候用的云朵，系上几根牢固的绳子，唤来她的猫，将绳子绑在它的身上。

"快坐上去。"

我坐了上去。

星子抱住我："我会想你的，谢谢你，我的朋友，你为云朵做的一切都会让我毕生难忘。"她亲吻了我，一系列的动作迅速得让我难以预料。我没想到事情会演变成这样，仅仅是一会儿的工夫，我就解放了一对情侣，接着又被星子送往我要去的星球，仅仅是那么一小会儿工夫。

我坐在云朵之上，猫带着我飞，我回过头看星子，她瘦小的身影越来越远，渐渐成为一个点，直到我再也看不见。

星子，你这样包庇我，天帝就不会惩罚你吗？

我不知道她现在怎么样了。

我坐在小王子的星球上，看着天空中的星星，一颗一颗亮起。小王子就在我的身边，就在他的绵羊将要吃掉玫瑰花的一刹那，我出现了。就像天使，他是这么形容我的。我们救下了玫瑰花，我那特殊的男孩送给星子的猫一些食物，我将随身携带的这一个小本子用绳子穿好挂在猫的脖子上。

如果，你们还能看到我记录下来的这些东西，那就说明，星子还活着，活得很快乐很充实。她将我的文字送给每个她认识的朋友看，然后她的这些朋友又送给他们的朋友看，她遵循着我的话，“你要去认识更多的人”，她遵循着。如果你还能看到我写的这些东西。

人这一生能记住的有几个，而我在这里，已经记住了一个。她叫作星子，她是一个很单纯的女孩，她为了云朵哭泣，她偷偷送我去了小王子的星球。

她是我的天使，虽然每次我这么说，小王子都会赌气。

你好，我是安东尼•德•圣埃克絮佩里。别再相信书上写的那样，我一坐上飞机就再也没有回来了，其实我去了小王子的星球。在那之前，我还认识了一个叫作星子的女孩。她是我的天使，也是你的朋友的朋友的朋友，或许还要朋友。反正，你们总有联系，就像我和小王子一样，世界上的每两个人总有联系，甚至不同星球的两个人也会有联系。

再见，我的朋友，我在小王子的星球上快乐地生活着。当你仰望天空，你看到的星星就是我送你的礼物。

七月不远

by/ 韩倩雯

六月的猫群都已跑开去

只有一只猫早已死去

剩下这安静的河流

这黑宝石的尸体

暮色苍茫的水面

七月不远……

“二〇〇六年七月·黑猫”

这个夏天的某一夜晚，我坐在电脑前查看收信箱。右手的鼠标发出的点击声让我想到黑暗中猫闪闪发亮的眼睛。我删去一封封邮件，诸如那种“如果你在三天之内将该邮件转发给××,你就会幸运，如果不发将有噩运降临”的邮件，我直接删掉。就在我不断删去一封封邮件屏幕上跳出不同的窗口时，我听见大门的锁咯嗒响了一下。

在我脑里浮上一双渐渐移动的手，弯曲的手指，突出的指节，一双巨大的残忍的手。

我站起来走到阳台上，远处飘来嘈杂的人声。我看到大铁门打开又合上，一个人走进茫茫黑夜之中，远处的嘈杂和光点像是背景在身后不断交替，她就像一个不断移动的铜雕。

七月的雨在窗外飘着。我就像站在海中的小岛上，眺望一条偷偷溜走的船。

我手里抱着的黑色的猫，它的眼睛闪闪发亮。我打开阳台的窗户，把它放在窗框底部，它抖动一下毛，倏地窜到一楼楼顶，又从上面跳下去，穿过被路灯烘托得闪闪发亮的小路，跑出了大铁门。

我转身走进客厅，留在茶几上的离婚协议书上签着各自的名字。我看到妈妈的笔迹——“岑艾婷”三个字，清晰而又陌生。我把薄薄的打印纸放在桌上，我看向窗外——我的猫被我放走了，不知什么时候才能回来。

猫的眼睛在黑暗中闪闪发亮，就像来自地狱的看守者。我经常抱着一只猫，抚摸它黑色的毛，黑色的茸毛一段一段倒下去，随着我手指的抚摸，又一层一层挺起来。我看着它的眼睛，它的眼睛炯炯发亮地望向别处。

他们说喜欢猫的都是坏人，我听着教室里传来的声音，那声音里响着几个人的名字——魏忠贤、慈禧……我坐在教室里，手臂不由自主地弯曲，手搭在膝上，想象着抱着的我的那只黑猫。我看着它亮晶晶的眼睛，它的眼睛望向别处。

我是多么喜欢我的那只黑猫。

然而在那个漆黑的初夏的雨夜，梅雨季绵延的那个雨夜，我丢失了我的猫。

有些人走了，就永远不会再回头。但我知道，我的猫会回来的。

我折断一根树枝，在沙土上刻着妈妈名字的首字母。岑艾婷——C•A•T。我站起来，用脚将沙土上的字蹭干净，直到沙土恢复原样。那上面平平整整的，像是什么都没有发生过。我看了一会儿粗糙的沙土，然后转身离开。

就在我的脚踏上第一个台阶的时候，我的脑里亮起一道强光。

岑艾婷——C·A·T。

C·A·T——猫。

“二〇〇七年七月·主人”

我是一只黑猫。我是流浪猫。在我短暂的猫生里，我有过一个主人。那是梅雨季节，大概是夏天，具体是几月，我就不知道了，数着时间过日子的只有人类。而我只是一只猫。对我来说，梅雨季节之所以那么清晰，是因为潮湿闷热让我难受。我仅仅是一只流浪猫，人类对我这样的黑猫不抱好感。人是很奇怪的动物，他们经常莫名其妙地跑过来，狠狠地踢我，让我的腹部发出一阵沉闷而持久的疼痛。

我飞快地逃跑，隐藏在皮毛里的雨水在奔跑里迅速蒸发，当我逃到一个不被人类发现的地方，我发现自己轻了许多，原来那些水珠不过是附着物，它们附着在我的皮肤上，想吸尽我的体温，但是它们很轻易地就被我甩在后面。

我的主人也是人类，她是我唯一喜欢的人。就在某一年的梅雨季，我同样置身上述的情景当中。我以为我摆脱了人类，但是我一仰头，就看到了她，她慢慢走过来，抱起我，用纸巾擦着我身上的水。我不知道为什么渐渐放松了警惕，把头搭在她柔软的手臂上。

她的眼睛非常明亮，像一面镜子，我看到自己在她的眼睛里蜷曲着，仿佛被她温柔的目光包裹着。我彻底放下心来，我知道，她即将是我的主人。

我的主人有一个大房子，绝大多数时间，她都是一个人在家。她左手抱着我，右手在电脑键盘上起起伏伏。我不知道她在干什么，但是我喜欢和我的主人在一起。

偶尔，我看见主人的妈妈回来，冰冷的脸让我想起梅雨季节的大街上追着我抬脚乱踢的人。我想起小时候，我还和其他小猫拥挤在母猫身边，我的母猫妈妈就不喜欢我，它用脚支开我，让其他的猫吸足奶水。母猫的主人似乎也不喜欢我，她有一个儿子，他经常用塑料袋把我套进去，把风油精透过袋口滴进来，滴在我的鼻孔和眼睛里，然后像掷沙包一般把我狠狠地投出去。我想大概我的身体在空中画出一道不错的线条吧，他乐得哈哈大笑，然后他跑过来打开塑料袋，我伸出爪子狠狠地抓他的手，在上面留下的抓痕渗出血来，他尖叫起来，同时将我扔过了他们家的平房，我从令人窒息的塑料袋里爬出来，终于开始了我的流浪生涯……

这就是我曾经的主人。

那个梅雨季节，我被我亲爱的主人抱在手里度过了猫生里最温暖的时光。

主人应该相当宽裕吧，她抱着我去超市买大袋的猫食，那样的食物，要知道是我们猫群里的贵族才有的待遇啊，就是我曾经的主人喂他最喜欢的猫，也不过是一些吃剩的鱼刺。我感激地看着她，我每次看她的时候，眼睛都是亮晶晶的，这大概是泪水漫溢的缘故。

主人的妈妈大概永远离开了。那天晚上，主人在阳台上目送她离开，我看到我亲爱的小主人，她脸上的泪水像两行闪闪发亮的鱼脊骨。然后她把我放在窗框底部，我留恋地看了看她，然后跳到一楼屋顶，离开了。

就这样，我又在外面度过了一个孤独潮湿窒息的梅雨天。灰色的雨将整个小城罩得灰蒙蒙的，小城在狂暴的风和永不断绝的小雨里就像一个放猫食的有着缺口的破碗，在风雨里倾斜着快被打翻了似的。

“二〇〇八年七月 · 黑猫”

淅淅沥沥的雨打在荒芜的庭院里。

庭院里的树木已经连续疯长了整整两年，妈妈走后，爸爸成年累月地在外做生意，整个院子因为没人打理倒显得生机勃勃。整个家仿佛是它们的，而我这个生活在里面的活生生的人，倒像是一个寄居者。

天灰蒙蒙地压着整座小城，小城变成一个接水的水缸，河水飞快上涨，电视里播放着水平面和警戒线的距离。

我打开台灯，手里是我最喜欢的作家的书，有位作家亲切地叫他——坡。他在坡死后留下的屋子里住了一晚，感到周围有无数黑猫，亮着绿色的眼睛。

就让我也叫他——坡。在这灰蒙蒙的世界里。在这灰色暗流般流逝的时间里。

爱伦坡在《黑猫》中写到一只让我恐惧的黑猫。那只猫的爪子仿佛抓在我柔软的心脏上，一步一步退向坡的生命。

“这只猫个头特大，非常好看，浑身乌黑，而且伶俐绝顶。”

“我从背心口袋里掏出一把小刀，打开刀子，攥住那可怜畜生的喉咙，居心不良地把它眼珠剜了出来！”

“有一天早晨，我心狠手辣，用根套索勒住猫脖子，把它吊在树枝上。”

“我出此下策，就是因为我知道这猫爱过我，就因为我觉得这猫没冒犯过我。”

“另外几堵墙倒下来，正巧把受我残害而送命的猫压在新刷的泥灰壁上，壁间的石灰加上烈火和尸骸发出的氨气，三者起了某种作用，墙上才会出现我刚看到的浮雕像。”

“妻子头部上就坐着那只可怕的畜生，张开血盆大口，独眼里冒着火。它捣了鬼，诱使我杀了妻子，如今又用唤声报了警，把我送到刽子手的手里。原来我把这怪物砌进墓墙里去了！”

我坐在台灯前，心上涌上一阵潮湿的恐惧。耳边浮起黑猫婴孩般哭泣的叫声，成群的黑猫的叫声，仿佛堕入地狱的受罪冤魂痛苦的惨叫。我害怕地跑向阳台，打开窗户，深夜的雨依旧漆黑地落着，雨季的天空呈现出暗红色。在沉沉雨夜里，我真的听见了猫的叫声，婴孩一般哭泣的声音。

在现实世界里，我明白，不要害怕，窗外只是有一对猫在交配罢了。

我又想起坡的话——每只黑猫都是巫婆变的。我想起我的黑猫，它的眼睛永远闪闪发亮，就像一个预知未来的巫婆。它蜷缩在我膝头的时候，就在暗自盘点我命运的轨道。

在空空的屋里，我感到寂寞难耐。我推开门，看见了一只黑猫。远处好像隐隐传来了雷鸣，我抬起头看，依旧是暗红的天空，其余什么也没有。我向那只黑猫走去，接着我又听见了一声雷鸣，空洞地传进了荒芜的庭院。

黑猫似乎怀孕了，躺在庭院里的枇杷树旁，舔着自己的肚子。我向它靠近，雨渐渐小了，但仍断断续续地落着。它抬起头看了看我，眼睛闪闪发光，在黑暗中像两只水银球。然后它又低下头去舔着自己的肚子。

我的内心干燥地颤动着，我没打伞便打开铁门冲出去，找到附近一个通宵营业的便利店，买了好多袋猫食，然后来到枇杷树下，对着怀孕的母猫，我将牙齿抵在下唇内部，发出呼唤猫的特殊的声音。我在地上撒着猫食，然后一步步后退，一直退到铁门边上。

那只猫仿佛意识到什么，它猛地抬起头，舌头伸出来将粘在嘴旁的猫食舔干净。它就那样站着，一动不动。我停了一会儿，然后继续在地上撒着猫食。当我确信自己已经用食物将猫诱惑到一个很远的地方的时候，我将最后一大袋猫食撕开，全部倒在地上。

我看到那只猫停下来，眼睛炯炯地看着我。最后我离开了，我一边走一边往回看，我看到那只猫像没有看到那堆猫食似的，径直走开了。

我和它背对着，消失在雨夜的两个端点。

“二〇〇八年七月·主人”

好像不应该再这么叫了，她似乎不愿再做我的主人。

在那个糟糕透顶的梅雨夜，她似乎忘了我是谁，她早已记不清我了。

她走出来的时候手上拿着一本书，书的封面上印着一只黑猫，黑猫的眼睛凝视着外面。我和它同样是一只黑猫，但它的目光太凶狠，像是刚吞下了一个人。

她拿着猫食一路小跑回来的瞬间，我无比兴奋。我以为她还会像上次一样，左手抱着我，右手再从口袋里拿出纸巾为我擦干身上的水。

就在她拿着食物一点点后退的时候，我还高兴地摇着尾巴以为她在逗我玩。我讨好似的摇着尾巴看着她，她的脸上却满是忧郁。

等到她退到门前，我一下子明白了。我停止了摇尾巴，坐在地上看着她，我多希望她能拐一个弯，然后把我引向她温暖的屋子。但是她没有停下，依旧向外倒着猫食。

我装作什么都不知道，跟着她舔着地上的猫食。我的泪水从因失望而沉下去的心里涌上来，我几乎是混着泪水大嚼那些曾经美味的猫食。

然后，她充满歉意地在终点处倒下一大堆猫食，我看着小山丘一般的猫食想：这么多猫食，我恐怕一辈子都吃不完了。

我绕过那堆猫食，拖着疲惫而沉重的身体往回走，我的泪终于冲破喉咙涌出眼睛，流在我的皮毛上，黏稠稠地沾着皮毛，在这黏稠稠的令人窒息的雨夜里。

迎面走来一个醉汉，他突然紧紧地盯着我的眼睛，然后举着酒瓶大声尖叫起来：黑猫哭了！黑猫哭了！黑猫一哭就要死人啦！然后他对着我的肚子猛踢了好几脚，一边踢一边闭着眼睛嚷道“驱邪驱邪驱邪……”

除了久违的沉闷而窒息的疼痛，我的脑里还剩下一句话，那就是——人，是种奇怪的动物。

我的肚子疼得厉害，站在夜雨笼罩的河边，我猛喝了一肚子冷水。我的肚子肿胀得难受，在这个下雨的夜晚。我猛地感到一阵剧痛。

在夜色中，我凄惨地叫着不是为了引起谁的同情，是因为太痛了，我忍不住靠呼喊来减轻疼痛。我感到有什么硬物从身体里接连出来，下腹如同开裂般发出剧烈的刺痛。雨依旧下着，将一切涂抹得潮湿而冰凉。强烈的疼痛让我不能忍受，尖利的声音在雨幕里回荡，在沉闷的雨夜里，眼前突然亮起来，我从来没有看到那么灿烂的阳光。那么灿烂的阳光，将我的身体托起，我的体重变得轻了。

我开始向着阳光飞翔，我是一只会飞的黑猫。

我飞走了，留下了一只黑猫和几只刚出生光着身子的死猫，还有河边的一大摊血迹。

我俯视着这一切，我终于能够离开一年一度的梅雨季节，去一个永远泼洒着阳光的地方。亲爱的小主人，再见。

……

“二〇一〇年七月·南半球”

我跟着爸爸来到了南半球，这个满是跳蹦的袋鼠和肥大白羊的国度，将是我住的地方。我依旧住靠阳台的房间，但是不同的是，我的阳台向着北方。

突然间黄昏变得明亮，窗外飘起了小雨。在庭院外的世界里，阳光正从某一片云层里缓缓露出脸，雨滴在逐渐明亮的天光里逐渐变成一具具无形的尸体。

我坐在书桌前，没有开台灯，拉开的窗纱在风里卷来卷去，像是要将我的身体卷出这个狭小的庭院。黄昏在雨里渐渐转过身去，在它背后，一条条街道流向悄悄溜走的往昔。

我坐在书桌前，依旧不开台灯。我只是在等待一个七月。我坐在充满寒意的七月里，等待一个温暖的北半球的七月。

我想，我曾经照顾过的那只猫，也应该生下可爱的小猫了吧。在潮湿的北半球的七月里。

那个七月，不会离我太远，它永远都只降临在我曾经的庭院里，带着温暖和潮湿落下来，庭院里的植物在七月里疯狂生长，一年一年，让庭院愈发荒芜。

我走出屋子，黄昏的雨已经停了，站在庭院里，我闻到雨水缠绕植物的腥香。我折断一根带着枯树叶的细树枝，在泥土里刻着一个名字。我静静地看着那个名字很久很久，然后我站起来。用脚把它蹭掉，沙土上蹭得一个笔画都不剩，就好像那上面什么也没发生过一样。

我仰望黄昏水汽里映出的光点，微弱的光点，仿佛舞台上的放映灯光，笔直地投在我脸上。而我还在看着北方，北半球的七月，面向南半球的我。

六月的猫群都已跑开去

只有一只猫早已死去

剩下这安静的河流

这黑宝石的尸体

暮色苍茫的水面

七月不远……

看不见的答题要求

by/ 陆晓彤

世界上最美妙的事情就是考试了，不管是月考还是期末考，或者说，高考。反正在露露看来世界上最美妙的事情就是考试。

露露抬起头，稍稍一瞥，看到附近同学做题做得满头大汗或者咬着笔杆眉头紧皱时，心里便会长呼一口气，像是渴久的人一下子喝了一大瓶水——爽快！因为露露知道，考场上出现这样表情的同学最后的成绩肯定也不尽如人意，这个时候，露露就会默默地在心底享受这种美妙的感觉，并且发自内心地觉得，世界上最美妙的事情就是考试啦。

因为，这些题目露露基本都会做呢，最后的成绩也往往是遥遥领先，同学愁眉苦脸地感叹学习困难简直是在给露露的喜悦感“锦上添花”，露露会更加觉得这种取得好成绩的感觉简直太棒了，考试实在太美妙啦！

没错，露露就属于极少数的那种靠成绩几乎全年级出名的“红人”，每次老土大红色的光荣榜上都会出现她的名字，每次都会出现。如果露露漂亮再加好脾气，照常理，她会大红大紫的，可惜露露没有。

如果你是监考老师，你也会发现这个狡黠的小姑娘时不时晃晃脑袋看看别人，偶尔还笑笑，你以为她作弊成功，但走近一看，试卷上的字洋洋洒洒，刚劲有力，好像在叫嚣着这就是正确答案。这时，回想起她那笑，你才会恍然大悟，她那自以为不动声色的笑里堆满了骄傲，甚至还有炫耀。对这样的女孩子，谈不上有多喜欢或是多讨厌，成绩好自然招老师喜欢，但这时不时流露出来的让人觉得不舒服的骄傲，不让人反感就已经很好了。她的班主任往往在其他同学口里，也会得知露露的这些小心思。露露的室友去找过一次班主任，因为露露影响全寝室同学休息，露露座位附近的同学也去找过一次班主任，因为露露有些自私，凡问她问题，她就只知道说“不知道”，像是守口如瓶的革命英雄。

该爱她，还是讨厌她？

同学也学她，“不知道”。

不过，同学羡慕露露的成绩，那成绩漂亮得让人浑身不舒服，要是谁有露露的成绩，在父母面前的地位肯定猛然提高，并且想要什么就能有什么。在老师面前，呵，更是如鱼得水，不必觉得成绩差而“低人一等”了。有了这成绩，就好像有了很多底气一样，甚至都会觉得谈恋爱也不会被批评了，反正成绩好！

不过，同学们也只是羡慕露露的成绩而已，因为露露，她好像，好像没有什么朋友。露露常常一个人上厕所，一个人去图书馆，一个人去食堂，甚至一个人来回寝室。在校园里，露露总是一个人，没人会羡慕孤独的人，人们只会可怜她，可怜她一个人吃这些饭，没有八卦做调料；可怜她一个人排队打水洗澡，身边没人说话；可怜她清空教室做考场时，只有一个人搬着自己的书，其他都是两个人互帮互助拎着的呢；甚至还有人可怜她。可怜她要是上厕所忘带手纸，蹲久了也不会有人发现她消失这么久，不会去找她，不会去给她送手纸。同学大都想有露露的成绩，但不想有露露的“失败”。

露露她不管，她可不管这些看不见的可怜，她只管她的成绩，成绩好就好。她只享受这考试的过程和考试的结果，太美妙，太让人觉得骄傲，太让人有存在感了！

露露也许除了成绩好，也没什么其他值得赞扬的地方，露露因此也几乎没有朋友。怪她的“坏脾气”，喜欢独来独往，也不喜欢分享，喜欢一个人钻研题目，喜欢一个人品味快乐和难过。

夏日的早上，闷热难耐，空气里有考试前焦躁的味道，当然还有露露按捺不住的喜悦。露露上完厕所走进教室，围在一起不知道在干什么的一堆堆同学默契地散开，回到座位拿出了语文书开始复习。露露走到座位旁，靠着小小椅背休息了下，准备以饱满的精神状态迎接最美妙的考试。

开考，铃声响起，摊开试卷，先是古诗句默写。

露露一下蒙了，这次古诗文考的范围太偏了，只能填出一个句子。剩下四个句子，八分无处下手。第一次，感受到了最美好的事情中也有不美好的地方，露露头上都冒汗了。不过，转念一想，反正其他同学也答不出来，释然，继续作答，就当是小插曲，给美好这样的词增加些小情趣。

铃声响起，交卷，收拾了下文具，起身上厕所。

厕所隔间里，听到女生在聊。

“你默写都写出了吗？”

露露竖着耳朵认真听着。

“都写出了，稳拿！”

露露提裤子的手一抖，怎么可能？八分！语文就这么平白无故差了八分？怎么会有人能默写出超范围的背诵？

洗完手，愁苦着脸冲进考场，翻出语文书找那几篇古诗文，老师还没教过啊？教室里总有七嘴八舌在聊上一门考试情况的同学。露露侧着头听着，他们怎么不讨论默写情况？默写那题你们都做出来了吗？你们怎么知道那几首要背的？

露露转过身，盯着那堆讨论语文题目的同学，也不说话，那堆同学散开了，大概是以为露露嫌他们烦人吧。

“你们默写都写出来了吗？”露露忙问。

散得慢的同学愣了下，盯着露露看了会儿，“默写出了啊。”看着露露的表情不对，他忍不住调侃，“不会吧，别说你没默写出来啊？”露露脸都涨红了，转过身不说话。

“和别的学校联考，那个学校出的考卷，他们课上得快，他们出的考卷，后面几首诗也考进去了，老师没让你们先背吗？”别的班男生的声音飘进露露的耳朵里。

露露握紧拳头，手心冒着汗，考前一两天因为身体不舒服请假在家复习的，这两天语文老师肯定告诉大家考试范围了，可是没有人告诉她，全班没有人告诉她。

下一场物理考试开考，露露花了七八分钟才让自己忘记那丢掉的八分，进入答题状态，仍旧游刃有余，还好，没有新状况出现。不过露露心里难过，一直难过着。八分，简单的八分，自己背一个多小时就能拿到的八分，没人愿意给她的八分。

午饭，露露仍旧独来独往，端盘子排队盛菜饭，坐下吃饭，吃完走人，一个人吃还比别人快个几分钟。

回寝室，看着镜子里的自己，不漂亮，也没有以往考试结束后的笑脸。露露难过。她想起自己几乎天天晚睡一个小时在被窝里看书，她想起班级活动常常没有自己的知情权，她想起以往独来独往自得其乐的学习。她想了很多，也想，为什么连室友也不告诉她语文考试范围，想很多很多，想，这没答出的八分，是不是还有自己看不见的答题要求。

镜子里的露露已经满脸的泪，泪滑下来，滑过左脸那块大大的暗红色胎记，流进脖子里。

露露没什么好骄傲的，只有光鲜的分数。从上学起，露露给人的印象最深的都是脸上那块暗红色胎记，“那个长胎记的女的”常常是她的另一个名字。只有成绩才是最让人骄傲的，最让人能抬起头来让自己正视别人的底气，只有。高中，新的环境，新的变化，绰号变成“胎记女魔王”了，因为露露成绩走火入魔实在太棒了，这个绰号露露内心还是略微认同的，起码，关注的点有所转移了，侧重在“女魔王”的成绩上。

擦干泪，认真想一想，或许有什么是自己没发现的。

现在的露露还是觉得世界上最美妙的事情是考试，不过，不是无可救药，而是，现在的她已在慢慢探索那看不见的八分的答题要求。

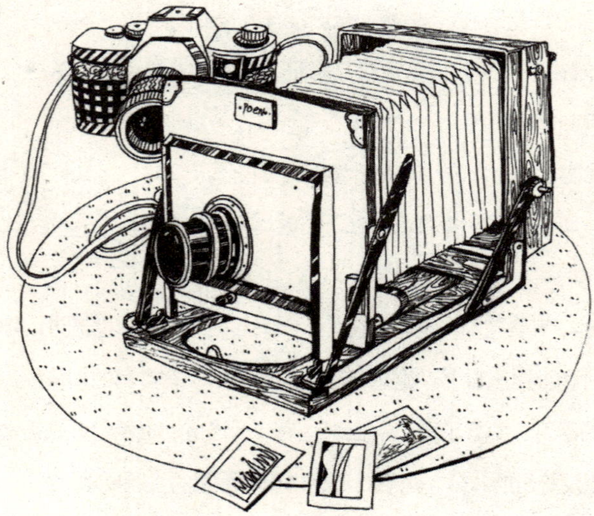

春天照相馆

by/ 莫诺

林穆勒

真糟糕，又下起了雪。只要天一阴冷，林穆勒的关节炎就复发，骨头里仿佛有阴风一阵一阵地刮，把骨头剔得生疼。真虐心。

坐在轮椅上的林穆勒一面忍受着膝盖里的钻心疼痛，一面百无聊赖地对着电脑修片。墙上的挂钟又跳过了五点。橱窗外暮色深重。地上却白茫茫一片，分外刺眼。

因为是下班时间，行人多起来了。一个个面无表情，羽绒服帽子上落有零星雪花，下巴缩在围巾大衣中，只露出无神的双眼和冻红的鼻头。有几个放学的小学生，一面嘻嘻哈哈打着雪仗，一面往家的方向走去。道路两旁的梧桐树萧条得只剩下光秃秃的枝干。又一阵寒风杀过来，下班的行人又将大衣合了合。

一切看上去都是再平常不过的冬天景象，但他早已无心搭理这些物象，他的心早已倦了。

林穆勒望着窗外出神。他突然察觉，他生命中的那么多个冬天，都没有这两年的冬天难熬。眼前又浮现出去年大雪茫茫一片空无的景象。

他只觉这世界太静了，静得仿佛没有温暖存在过。他觉得冷，前所未有的冷。他又把搭在膝上的毛绒毯裹了裹。

该死的冬天！作为一个摄影师，他从前所热爱的冬天，再也不在了。自从去年发生在冬天的一场车祸瓦解了他幸福的家庭之后，他就开始厌恶冬天，深深地厌恶冬天。

时下已是十二月，天是越黑越早了。窗外雪下得并不大，但似乎也没有要停的意思。

林穆勒又抬头看了看钟，已经五点过五分。他又转头看了看橱窗外，夜色又深了几分。

“她是不是又该来了。”当他将心底的这句话付之于口上，喃喃地发出声音来时，他自己都觉得不可思议。

那个每天下午五点就会准时出现在林穆勒家照相馆前，凝视橱窗上那张结婚照的那个神情忧郁、一言不发的女人，是不是又该来了。

“谁？你说谁？谁该来了？”小妹林可拖着疲惫的步伐，端着三瓶白色的药，以及温水向他走来，听见林穆勒喃喃自语，便搭腔应声。林可眼中有些迟滞茫然的样子。

林穆勒从窗外晃过神来，回答她：“哦，没……没谁。”

林穆勒看着林可的脸，不知为何，他的头开始轻微疼痛起来。他手撑着额头，微微晃了晃。

小妹连忙将手中的三罐白色药瓶放下，将水递给林穆勒，关切地问：“怎么了？头又疼起来了？”

他点点头。林可就催促他赶紧吃药，说着就动作娴熟地扭开瓶盖，给他倒药，边倒还边说：“乖，吃药啦！哥哥最乖了。”那样子温柔得让人心疼。

也不知道从什么时候开始，林穆勒就被小妹按在轮椅上督促着每天定时定点吃这些药片，他真的记不起到底是从什么时候开始的。林可说这些药片都是缓解精神压力的药片，必须每天定点吃，才能有效改善病情，减轻疼痛。

刚吃完药，林穆勒就打趣林可：“我说小妹啊，你都二十六了，人长得也不差，脾气好，又会照顾人，怎么就还没交男朋友呢？”

林可强忍内心的辛酸，尽量温柔地笑着回答他：“哥，你还不是一样，二十八了都，是不是也该找个女朋友了？”说到这里，林可脑中就又想起了那天在医院，医生嘱咐说：现阶段只能让他自己慢慢康复，不能受太大刺激，千万不要过分刻意地提起他所回避的事情。

林穆勒一个激灵，严肃道：“开什么玩笑，你哥我都是有家室的人了，还找什么女朋友。你嫂子还等着我回家吃饭呢。”

林可疲惫的身子一紧绷，突然瞪大眼睛，小心翼翼地问林穆勒：“嫂子？哥，你……你想起来了？！”

林穆勒不得其解：“什么想起来了？你说什么呢？”说着就伸手去摸小妹的额头，“也没发烧啊。”

林可变得忧心忡忡：“哥，刚才你是说，是说嫂子还等着你回家吃饭吗？”

林穆勒笑了：“是啊，不然呢，还会是其他女人等着我回家吃饭啊？你是不是电视剧看多了，脑子没烧坏吧？要不要哥带你去看医生？”

林可心中一时万念俱灰，以至无话可说，只是不知所措地盯着林穆勒出神。她在想，她的人生是不是就注定得背负着这个残疾的哥哥了。她真的有些累了。一想到这儿，她又不知该怎样面对眼前的林穆勒了。

说着林穆勒又侧头看向橱窗外，眉头一下子就又拧在一块儿了。他忽然话锋一转，刚才的对话戛然而止。他问林可：“哎，小妹，你说每天到咱家照相馆外出神的那个女人叫什么来着？你上次提到过，我一下突然忘了。”林穆勒还在努力回忆。

林可心中无限疲累，一时恍惚出神，想起二十天前，哥哥问过她同样的问题。

林可

就在二十天前，林穆勒突然问起林可那个每天下午五点站在窗外穿着大红色风衣外套的女人是谁，林可当时正在冲咖啡，一时没反应过来，以至于开水烫到了手。林可回过头来，吃惊地看着林穆勒，然后又转头看了看橱窗外，过了好一会儿才吭吭哧哧地回答林穆勒：哦，那个女人啊，那个女人是……是三街坊老杨家的女儿杨雪……她，她……

“她怎么了？”林穆勒又问。

林可绞尽脑汁，随后小心翼翼地说：“她，她……一年前，她丈夫发生意外坠楼死了。”说到这里林可把心一横，心想说就说了吧，指不定对哥哥的病情会有些帮助。她继续道：“她丈夫死了之后，她就变得不正常，疯疯闹闹，之后经过她家人和医院的精心照料，她终于好些了，再也不疯疯闹闹了，但也不和人说话了，之后就变成这个样子了……”说完就仔细地观察林穆勒的表情。

没想到林穆勒没有任何反应，叹了一句“噢，原来是这样”之后，又问：“那她为什么每天都在咱家照相馆前看啊？”

林可有些犹豫，但还是照实说了：“因为之前，咱们照相馆橱窗上挂着她和她丈夫的结婚照。”

林穆勒追问："那结婚照呢？怎么取下来了？"

林可尽量让自己平静地说："因为她家里人，怕她受刺激，所以就请求爸爸将照片撤了下来，以免她睹物思人，又旧病复发了，所以我们就取下来了。没想到她竟然还记得这里曾经挂着他们的结婚照。"

此前，这家照相馆是由他们兄妹二人的父亲林友生打点经营的。车祸之后，林友生就将林可接了过来。

林穆勒沉思了片刻，又问："那现在那张结婚照在哪儿？我想看看。"

这下可把林可难住了。最终她还是一不做二不休，去到冲印室，将用黄油纸包装完好的结婚照拿到林穆勒面前。林穆勒郑重地接过相框，小心翼翼地撕开黄油纸。看到哥哥撕开黄油纸的瞬间，林可的心一下提到了嗓子眼儿。她不知道接下来会发生什么。

林穆勒拆开包装之后，端详了好一会儿，才说："真漂亮！"

彼时，林可不知道心里到底是什么感受，陡然松下一口气，却又夹杂着巨大的失望。

之后，林穆勒又再三要求林可将这幅相片挂到原来的位置上，林可拗不过他，便又无可奈何地将这幅画挂到原位。

于是，之后的每天下午五点，都会看到林穆勒心满意足地望着橱窗外出神。

只要林穆勒一看着窗外出神，林可便知道，是杨雪来了。

但是这天，从哥哥口中得知杨雪似乎没来，这多少让林可有些喜出望外。

自从去年冬天一个下雪的下午五点，林穆勒从公司叫上林可，一起回家去接即将临盘的妻子杨雪，在将她送往医院的途中发生车祸之后，林穆勒就变成了这样：双腿残疾，记忆时好时坏。幸运的是林可自己只是皮外伤，醒来后不久就出院了。而不幸的却是她的嫂子杨雪和她腹中九个月大的孩子。

所以，林穆勒每天下午在橱窗外所看到的杨雪，不是别人，只是他回避自己记忆的幻觉而已。

这一年来，为了照顾哥哥，林可辞了职，连在公司谈了两年多的男朋友都因为这事选择了跟林可分手。父亲也卖了他多年打拼开起来的影楼，和林可两人全心全意轮班照顾起林穆勒。

林父卖了影楼之后，一些摄影摄像器材、照片都无处堆放，便盘下了在街角的这家照相馆。此前因为林穆勒病情一直闲置，在林穆勒逐渐好起来后，他便重新开始打点起这家街角的小照相馆。林父还给这个照相馆起了一个很有生机的名字，叫“春天照相馆”。

林可看到，在这一年光景里，父亲以一天等同于一年的速度迅速老去。自己一时也身心俱疲，有时累得只想睡觉，不去理会林穆勒这个负累。

但是时下，林穆勒又话锋一转问起那个女人的名字。林可只觉这一波三折的变故折磨得她再也忍无可忍，这一年积压下来的情绪全都爆发出来，一齐涌向还坐在轮椅上的林穆勒。

她受够了，真的受够了。林可直接冲进冲印室，取出一沓照片，甩在林穆勒身前，声泪俱下地朝他歇斯底里地大叫：“看！林穆勒，看！这就是你每天在窗外看见的那个女人，穿大红色风衣的那个女人，你不是记不起来她叫什么吗？我告诉你，她叫杨雪，你记好了！她叫杨雪！她就是一年前，死在你车里的那个怀孕九个月的女人——你的妻子！不是别人，她是你妻子——你一直回避记起来的妻子，已经死了的那个名叫杨雪的妻子！你每天看到的不是别人，就是她来找你索命的魂魄！你怎么不去死啊？”说着，林可又将那张挂在橱窗上的他和杨雪的结婚照取下来，扔在他面前，继续对他咆哮：“看啊，这是你们的结婚照，照片上的那个男人，不是别人，是你自己！你竟然连你自己都忘了，你活着干吗，你说你活着干吗啊，害人吗？恭喜你，你成功了！”

林穆勒彻底怔住，看着铺在自己面前的照片，眼眶一下子就红了。

林可一气痛骂仍旧不够，她又取出放在档案袋里的另外一沓照片，用力地扔在林穆勒身上：“林穆勒，你看啊！你倒是看啊！这是你爸，你爸林友生在你住院期间，生怕下一刻你就撒手人寰，时时刻刻记录你的所有照片！你知不知道，他为了你卖了他一生打拼来的影楼，你知不知道，他现在住在医院里，没人照顾！你知不知道，这一年来，你妹妹我——林可，为了你，辞了工作，丢了男朋友，还成天为你跑东跑西、端屎端尿，寸步不离你半分，就是怕你一时想起什么，要死要活！那你到底是想起半分来给我看看啊！你这王八蛋！你知不知道，这一年来，我和爸爸是怎么过来的，你到底在逃避什么啊，你到底是想怎样啊，你非得把我们逼死你才满意是吧？林穆勒！王八蛋！你醒醒行吗？”

骂完，林可瞬间就像一只泄气的皮球，一下跌坐在地上，泣不成声，如一个疯子。

林穆勒一脸不可置信又心疼地看着她，随后又低头看了看铺在他面前杂乱无章的照片。记忆一阵阵袭来。他跌坐在地上，捏紧拳头用力地捶着地，喊叫道：“我这是造的什么孽啊，我这是造的什么孽啊……”

林可惊得立刻起身，想到从小到大哥哥都无微不至地爱护自己，她又开始责怪自己不该这样对待哥哥。连眼泪都来不及抹，又心疼地搂着哥哥的头，尽力安抚他，嘴中还不住地念：“对不起，对不起，哥，对不起，哥……”

林穆勒倒在林可的怀中，这一声声“哥”叫得他心痛如绞。他一时气血上涌，扬手扇了林可一巴掌，然后顺势两只手抓着林可的肩膀使劲摇晃：“小可，你醒醒好不好，你醒醒好不好，你哥他死了！一年前就死了！他不在了！……”

闻声过来的街坊，连忙闯进来，拉起跌坐在地泣不成声的林友生，说：“老林啊，别这样！孩子也不好过……”

林友生

林友生常常在黑夜里抱着全家福抹泪，有时也会喃喃出声，责怪妻子为什么走得那么早，又为什么不把自己也带走。这一年来，林友生的眼泪早已哭干了。有时在床上哭累了，睡着后，第二天醒来，他又开始鼓励自己，要好好地活着，要好好照顾自己仅剩的唯一的可怜的孩子。

每每路过小区或是菜市场，听到街坊邻居向陌生人介绍他时，都是用可怜兮兮的语气给他冠上“死了儿子媳妇，女儿又神经了”的标签，他心中都会钻来一阵锥心的锐痛和愤怒。他痛他的子女，他怒命运的不善，为什么这样的事会落在自己身上。

但他在命运安排的一切面前，显得那么渺小而又无能为力。每天只要一起床，看到喃喃自语，和她自己的幻觉对话的女儿林可，他的心就会温柔地碎掉。

从小她就喜欢黏着哥哥林穆勒，像一个跟屁虫。林穆勒也特别喜欢她，把她当天使一样爱护着，小学上学时学校里发了牛奶，他就留着带回来给林可喝；到了中学，林可上初一，林穆勒上初三，班上有喜欢欺负林可的男孩子，林穆勒就会在放学路上把那个男孩子抓着打一顿，警告他再也不准欺负林可；到了高中，他们又上了同一所高中，有女孩子追林穆勒，给他买围巾，他就把围巾送给妹妹戴；后来大学毕业工作了，林穆勒也趁机将林可拉到自己公司来实习；一年后，林穆勒结婚，林可哭得稀里哗啦，在婚礼上要求嫂子杨雪要好好照顾林穆勒……直到那场车祸发生，所有的幸福都终结了。

儿子林穆勒和儿媳杨雪当场死亡，林可脑部受到严重冲击。在医院里治疗了三个月，此后，就变成了这个样子。

林可的病情时好时坏，有时看着橱窗外父亲给哥哥和嫂子拍的结婚照，就会落下眼泪，然后奔进屋子里一言不发。林父实在看不过去，就把那张结婚照用黄油纸包起来，放进了储物室。后来，实在拗不过林可，又将它挂出来。

林可时常会把林友生当作哥哥，把他按在轮椅上，喂他吃药。林友生就将药瓶里的药全都换成了维生素和钙片，以及治疗关节炎的药物，尽量陪林可演好每一出。有时演着演着，林友生就忍不住哭出声来，林可就会过来替他抹眼泪：“哥，你怎么哭了？”

这段时间，冬天来了。自从那天林友生目睹林可对着空无一人的轮椅，说什么丈夫坠楼身亡，之后又疯疯癫癫之类的话后，林友生就知道林可一直幻想哥哥还活着，并幻想出了这样一个完整的情景：车祸夺去了林穆勒的双腿，但他想不起发生车祸的事情，连自己有没有妻子时常都不能确定，每天下午五点橱窗外会出现杨雪的影子，但林穆勒就是记不起这个女人是谁。而林可自己一面要小心翼翼地让他想起车祸的记忆，希望他早日康复，又一面要小心谨慎地不让他在破灭的幻觉中受到伤害。每日每夜，照顾他的生活起居吃喝拉撒……终于，她累了，她爆发了……

幻觉与现实何其相似：林可一直精心照料着她的幻觉，而林友生又如林可幻觉中的自己一样，无微不至地照料着她。林友生时常看到女儿把他当作林穆勒，像一个正常人一样照顾着他，他就不忍心去破坏她那温暖的幻觉，于是只能陪着她尽心尽力地出演每一出戏。但是时常，他也想让女儿尽快好起来，于是就尝试性地小心翼翼地问她一些具体问题。

这天，又是下午五点，林友生坐在轮椅上，想着自己所扮演的儿子，是不是又该想起窗外出现的杨雪，一时竟说出声来。因此，他甚至怀疑，自己是不是也精神失常了。其后，他又顺着对话，问窗外女人的名字，试图再次勾起林可的完整记忆，但是他失败了，以致后来林可无来由地爆发，他一时心如刀绞，再也支撑不下去……

在他也爆发，扇了女儿一个耳光之后，林可目光又恢复成呆滞茫然的模样，呆愣愣地坐在椅子上，不知道在想些什么。

后来街坊逐渐散去，夜也早已经黑透了。林友生又收拾心情和散落满地的照片，在看到那些病床上林可满头裹着纱布的照片时，他的心又老了几分。收拾完后，他又迈着更加无力的步子，走向厨房，开始煮饭烧菜给林可吃。

就在林友生在厨房烧菜的间隙，林可幽幽地进来，从后面搂着林友生温柔地说："哥，我们吃完饭，去医院看爸爸好不好？"

林友生一时泪又上来了，他转过身来，抚摸着她的头回答她："好，小可乖！吃完饭，我们就去医院看爸爸。"

吃晚饭时，窗外又下起了雪，茫茫一片。晚饭后，林友生给林可穿上了在她过生日时，林穆勒送给她的风衣，带着她往湖边走去。

林友生在出门将照相馆门锁上的时候，他又抬头看了看房檐牌匾上的五个字。他不知，这名字是不是一开始就取错了。

他亦不知，来年的春天，是不是真的会来。

一

带我回家

by/ 孙倩兰

我是一只龙猫，或者说得再清楚点，是一只龙猫造型的工艺品，就是那种用陶瓷做出来，因为精致可爱而常常被当作摆设，放在卧室床头或者电视柜上的小玩意。

把我从商店里带回来的是一对夫妻，那是早些年的事情了，我几乎记不得那天的场景了，但还记得他们把我攥在手里拿去结账时我那种微妙的心情，有些忐忑，有些好奇，又有些惊喜。当他们把钥匙插进锁眼里轻车熟路地转了几圈后拉开门的瞬间，我拼命地睁大眼睛想要一睹我的新家，然后我就看到了一个很简陋但是干净明亮的客厅，电视背后的墙上，以及起居室的门上都贴着大红的喜字，大概是刚结婚不久。这个新家其实很简陋，一室一厅，连卫生间都是几家人合用的，而且用“新”来形容也很勉为其难，那是他们单位分配的二手房。但我的确很喜欢，因为他们布置得很用心，每一个东西都摆得整整齐齐，茶几上还有一个小鱼缸，不但放了两尾红金鱼，还放了石子和水草。

他们把我放在一个小柜子上，旁边还有盏小台灯，晚上台灯亮起的时候，橘色的灯光洒在我的身上，没有温度却像夕阳一样温暖。我会偷偷看自己的影子，胖胖的，头上还有两个被拉长了的耳朵，给人一种很安心的感觉，就像这个房间一样，后来过了很久我才隐隐约约明白，这就是“家”的感觉。白天两口子都要上班，所以我比较无聊，整个房间静悄悄的，除了睡觉实在是找不到更好的事可以做。我就这样昏睡一整天，直到夕阳西沉的时候，钥匙转动锁眼发出那种熟悉的“哗啦哗啦”的声音，换鞋的声音……这些声音即使很小，也能将我从梦中唤醒。这时我会变得非常兴奋，因为主人回来了，热闹的傍晚来了。通常是丈夫先回来，虽然我不知道是因为他骑车比较快还是因为他们单位离家比较近。也有两个人一起回来的时候，那在走廊里就能听见他们说话的声音了。他们都操着一口很重的方言，虽然我听不懂，但我感受得到语调里那种色彩，就和夕阳，和洒在我身上的灯光是一样的，一种明亮积极的色彩。我猜他们在谈论工作、菜价或者明星什么的，因为偶尔能够听懂一两个词，譬如“白菜”“楼上的”“刘德华”这类的。

然后就是“噼噼啪啪”炒菜的声音，“吱呀吱呀”拉凳子摆桌子的声音，别纳闷为什么会是“吱呀吱呀”的声音，那是因为他们那张吃饭用的桌子是折叠式的，一打开就会发出这种像抱怨一样的古怪声音，我想那张桌子的脾气一定很糟。然后是吃饭时间，那是最热闹的了，他们习惯把电视声音开得很大，然后用比电视声音还要大的声音说话，此外每晚还会有一个短暂的背景音乐，那就是七点整新闻联播开始时的那段配乐。夏天热得厉害，他们喜欢熬粥喝，那种吸溜吸溜的声音，好多年过去了，却也一直忘不了，吸溜吸溜，就好像可以慢慢地捡回每一个不知道丢到哪去了的夏天。

二

夫妻俩都是厂里的工人，平时也没什么爱好，晚上就喜欢打麻将或者看电视。但不知道是手气不好还是技术不好，他们总是输。我在那个家里待的日子不算长，所记得的他们吵过的架也不多，反正，好几次吵架都是发生在打牌输了钱的深夜，后来就渐渐打得少了，顶多周末才去搓两把，颇有一种“贫贱夫妻百事哀”的味道。

他们挺喜欢看电影的，但是家里没有VCD或者DVD，电视上放什么他们就凑合着看什么，那是港片风靡的年代，王家卫镜头下的灯红酒绿，主角们说一串串匪夷所思的台词，徐克镜头下刀光剑影，侠客们把酒言欢唱一曲江湖。还有一个喜剧演员，很逗，两口子都特别喜欢，按到哪个台在放他的电影就不会转台了，久而久之我也很喜欢这个演员了。他有时是吟桃花诗的才子，有时是饱经风霜的乞丐，有时是穿越时空的孙悟空，他身份百变，但无论演什么都会发出那种夸张的、肆无忌惮的笑声——“哈哈哈哈哈哈”，在这之前我从来没有听过谁是这样笑，之后也没有。在每个漫长的夜晚，短暂的两小时里，那个小小的简陋的家会变得和往常不一样，有点别的什么气氛，有时是萧飒，有时是凄凉，有时是喜悦，有时是感动，这让我觉得电影是很神奇的东西，就像有什么魔法一样。明明是被锁在一个小黑盒里的东西，明明是远隔万里的声音和画面，却可以让你相信里面的月光和爱情都是真实存在的，轻而易举地揉碎你的心。

我以为生活一直都是一个样子，我以为我一直都会在白天沉睡，在傍晚醒来，在深夜听很多很多抑扬顿挫的台词，但生活没有那么干净利落，一望到底。我来这个家的第二年冬天，他们终于要搬家了，我不知道新家是怎么样的，但是我相信一定又温馨又亮堂。他们那段时间一直在忙装修，而我就猜测新家的墙壁被刷成什么颜色，阳台有多大，地板是什么材质，有几个房间，我会被安置在哪里……是的，那个时候我理所当然地以为那是我们的新家，以为我是他们生活的一部分，以为我会被带走。

三

但其实什么也没有，我是说期待的事一件也没发生。他们在离开的时候把我送给了隔壁那家的那个瘦高个女孩，我不知道是因为懒得带上我还是因为女孩很喜欢龙猫，但我一直觉得是后者。那时候是女孩高二的寒假，开学以后她把我带走了，放在寝室的课桌上。因为她就读的是寄宿制学校，所以要等到放月假才回一趟家，待在寝室的时间远远超过在家的时间。

我对那个女孩虽然谈不上感情很深，但是我还是有一点喜欢她的，至少在我看来，她是一个满招人待见的小姑娘。眉清目秀的，总扎一个马尾辫，打扮得干干净净。我想她们寝室的人也应该和我是一样的看法，因为她们关系都特别融洽，好像无话不谈的样子。说不定哪个晚上就会开一场卧谈会，叽叽喳喳地聊老师的糗事或者隔壁班的男生，聊无穷无尽的考试和即将开始的篮球联赛，我在下面偷偷地听着，有时觉得很好玩，甚至恨不得也插两句嘴。而每次月假回来她们都会相互散自个儿从家里带来的好吃的，牛肉干、香酥鸭、瓜子、花生……她们一边吃着零食一边唠嗑，把整个寝室变得香气四溢、喜气洋洋，就像过年过节似的。

而我那时尚未意识到女生是一种多么可怕的、难以描述却又神奇的生物。有一天瘦高个女孩不在，而寝室其他三个女孩竟然开始议论起她来了。说是议论有些过于善意，其实她们是肆无忌惮地说她的坏话，说她家境不好，穿着打扮土气。我实在感到震惊，她们之前是那么亲密无间，而现在却这样来说她——她家境的确差了点，但是着装打扮并没有什么问题，明明是朴素简单，怎么就成了土气呢？而且她们说的这些就算是真的，但毕竟她的家境或者打扮没有伤害到任何一个人呀！无论如何，她们不是要好的朋友吗？怎么能这样说她呢！我不能理解这一切，就像当初不能理解我为什么会在这里而不是在那个我想象过很多次的新家里。

但是这个世界，很多事情是不需要你理解的，你只要顺从、接受就可以了。就像我最终接受了我在这里而不是在我想象过很多次的新家这件事一样，我慢慢接受了女孩们彼此的亲密与间隙，时间会让你从容起来。偶尔她们会在背地里互相指责，用不好的字眼来形容对方，但是这并不妨碍她们的友情，她们仍然可以分享美食和秘密，真诚地赞美彼此，一起说这个寝室以外其他人的坏话，并从中得到快乐。

一开始我认为这是一种虚伪的、廉价的、非常脆弱的友谊，就像我的陶瓷身体一样脆弱，经不起摔打磕碰，一不小心就会粉身碎骨。我不再对她们的卧谈会感兴趣，长期以来总说些肤浅的流言蜚语，对我而言那变成一种喋喋不休的折磨。

直到毕业，直到她们考完最后一科的那天晚上，我才重新拾起了对她们的卧谈会的兴趣，但遗憾的是那是她们最后一次卧谈会了，从此以后，天南海北，各奔东西。那天她们不知道从哪里偷偷买来了啤酒，咕咚咕咚灌了好多，就好像不会醉一样，就好像可以越喝越清醒一样。一个接一个的瓶子空了，倒了，然后她们说了很多醉话、废话和真心话。那个被她们暗地里骂过很多次的班主任，她们说其实很舍不得。她们说大学还要考到同一个城市，最好是同一个学校，但谁都知道世事无常，这很难做到，她们只能抱在一起痛哭流涕，就好像即将天人相隔一样伤心。

其实我并不能完全懂得这种伤心，但是我听着那种宛如撕心裂肺的哭声，突然就原谅了她们曾经的种种。因为那种哭声我在电影里听到过很多次，生离死别的时候，肝肠寸断的时候……我知道，那是一个人最真诚最直接的感情流露，掺不了假。我也想起了许多个平常的晚上，这个小小的天地里却欢快热闹得像过年过节一样，那些夜晚变得和宇宙星辰一样永恒，一样遥远。

“此情可待成追忆，只是当时已惘然”，我不知道从哪里听来的这句诗，只依稀记得是形容爱情的。而每一次当我忆起那晚的月光，忆起一地的空瓶子，忆起那些年轻姑娘脸上的惆怅和流不尽的泪，总想起这句诗。

四

女孩后来考上了一所北方的学校，要去离家很远的一个工业城市读书。理所当然，我被留下来了，我早就知道她不会像当初带我去寝室一样带走我了。因为我这样的陶瓷身体经不起长途跋涉一路颠簸，更因为她那只又大又重的行李箱已经被塞得满满当当了，哪里还腾得出我的容身之处来。

因为此前我一直都是待在女孩寝室的，所以对这个家很陌生。女孩走了以后，我变得很害怕。倒不是害怕孤独，孤独早就贯穿了我的一生，就像是我身体的一部分。而是因为害怕女孩那对暴戾的父母，这种害怕滋长得很快，没多久我就害怕起傍晚的来临，害怕钥匙转动门锁的声音，害怕他们相继下班回家，害怕他们永无休止的争吵和打斗。整个房子就像一个牢笼，而他们就像是相互厮杀的困兽。一开始我真的以为他们会离婚，因为任何一点鸡毛蒜皮的事儿都能成为一场歇斯底里的战争的导火线。但实际上他们永远高喊着日子没法过了，却永远都臣服于柴米油盐的生活脚下，永远都不会做出实质性的反抗或者改变。日子就像是夏天里的麻辣火锅，而他们就像是饿死鬼——即使吃得满头大汗，涕泗横流，也不肯放下碗筷，照样拼命往嘴里塞沾满辣椒油的食物。

炒菜要吵架——仅仅因为这道菜要不要放醋。吃饭要吵架——仅仅因为一个要看新闻联播一个要看综艺节目。吃完饭还要吵架——仅仅因为谁洗碗。我甚至怀疑这是他们所追求的一种特别的快乐，就是彼此攻击，骂红了眼还不够，有时候还得锅碗瓢盆齐上阵，噼里啪啦夹杂着三教九流的脏话,没有什么比生活更戏剧了。

而我死去的那天，是七月的某一天，白昼被拉得很长，即使是傍晚也有一股热浪在空气中涌动。不知道是不是世间万物在消逝之前都会有某种感应，或者说叫作预感，总之，我是有的。当然，并不是说我知晓了我会在哪个时间怎么死去，我如果有那个本事，也不至于死得那么轻而易举又狼狈。忘了一切是怎么开头的，那一天我想起了多年前我常常可以听到他声音的那个喜剧演员，我想起了那种“哈哈哈哈哈哈”的放肆的笑声，不知道现在他是否还在演戏，是否还那样笑，这户人家男的爱看球赛女的爱看八点档连续剧，没人再看电影了。我很想念那些电影陪伴的夜晚，有时很浪漫，有时很哀伤，有时很惊悚……总之每一个夜晚都不平淡。我也很想念那对爱看电影的夫妻，他们很少吵架，就算吵架和好得也很快。常常是妻子还在赌气，丈夫拿着遥控板假装自言自语地说哎呀这部电影是XX主演的呀，妻子就将信将疑地偷偷瞥一眼，然后板着个脸坐过来，再然后两人就像什么也没发生似的边看边唠起嗑了。末了谁先起身，顿一顿想起什么似的说，呀，冰箱里还有西瓜，要不要切了吃？还坐在沙发上那个便一拍大腿应和道：好呀好呀，赶紧的，就这样，那一天又是喜剧收尾。

我想到这些觉得很难过，为什么后来生活就会变得面目全非，如此艰难，我是说我自己的生活，暗无天日，并且仿佛是要永远这样暗无天日下去，待在这个以争吵度日的家里。

五

我已经忘了那天晚上他们是因为什么起的争执了，反正这也不重要。丈夫，那个瘦瘦高高的、总是满面愁容的男人，他就像是一个杀红眼的将士，带着一种大无畏的精神，一边骂着“这个家我是待不下去了”，一边怒气冲冲地夺门而出。

“砰”的一声砸门声，之后是片刻的沉寂。妻子披头散发地叉腰站在原地，怒目圆睁，却气得一句话都说不出来，只是浑身哆哆嗦嗦。隔了半晌，妻子捋了一把头发，仿佛报复似的举起我往门上砸去。我就这样一动不动地看着她扫了一圈，然后涨红的一张脸凑过来；一动不动地看着她带着同归于尽的恨意狠狠地举起我，然后再狠狠地抛出去。

在那仿佛飞起来的一瞬间，我突然觉得身体被抽空了，变得很轻盈。我也突然激动起来，就好像一个人热泪盈眶时的那种激动。然后我就撞到了不锈钢的门上，“啪”的一声，粉身碎骨了。

我的灵魂飘浮起来，俯瞰着地板上散了一地，已经支离破碎的身体，俯瞰着地板上瘫坐着的蓬头垢面的女人，一切都结束了，我要回家了。我要回到那个小小的却干净整洁的老房子，回到那个夕阳西沉的夏日傍晚。

The Selections of New Concept

Part 4 幽暗的一道目光，你我他

成长之夏

by/ 李雪

THE

SELECTIONS

OF

NEW

CONCEPT

一、他和谁都不太熟

周晗。

他听见有人在叫他的名字。他扭过头去，看见身后的陶薇。

陶薇把手中的同学录递给他："这个帮我写一下，谢谢哦。"

他和陶薇，其实不熟。只是同学而已。

高考越来越近了。教室前方的墙壁上挂着醒目的红字：离高考还有65天。这种感觉有些像生命的倒计时。等地铁的时候，周晗看到了这样一则新闻，有个人发明手表，是死亡倒计时的。目的是让人们珍惜生命。可是周晗觉得，如果自己真的有了这样的一块手表，内心会害怕的。他不是怕死，他是怕那种临近的感觉。分分秒秒都在敲响着丧钟。

他坐下来，仔细看着陶薇递给他的同学录。白色的封面，上面有着唯美的花朵。倒是很符合陶薇一向的审美。他见过这个花，陶薇的QQ头像就是这个花。他记得陶薇说，花的名字叫曼珠沙华，也叫彼岸花。既代表死亡，亦代表新生。这种花连接着天堂与地狱。

其实，在这个班级里，他和谁都并不太熟。他是插班生，是复读生。复读的原因很简单，英语太差，其余的科目属于中等偏上的，尤其是数学，文科生的数学普遍分数不高，可他偏不，他的数学是一枝独秀，满分一百五十分，他往往可以拿到一百二十分以上。可惜，高考看的是总分。

捋了捋耳边有些长的头发，他拿起笔，开始往同学录上写字。

他并不知道要写什么，翻看其他人写的，无非也是些无关痛痒的话。去年他也有这么一本同学录，可是今年，他不打算再准备了。真正的怀恋，真正的友谊，是无须用笔去记录的。应该是用心的。

最终，他写了一句平庸的话。

"祝你考上理想的大学，一帆风顺。"

在他复读的那个冬天，其实他就有点后悔了。复读对于提升他这个老大难的英语分数简直是杯水车薪，早知道他就不复读了，还不如去年直接上个专科院校，选个好一些的专业。

他还记得十七岁那年的冬天，父亲带着他去吃了一次KFC，顺便在对面的运动品牌店里给他买了一双鞋子。那是他最后一次见父亲，之后父亲的手机一直停机，仿佛从这个世界消失了。他隐隐觉得，可能这个他叫作父亲的男人就此从他的生活里消失了。那双鞋他一直放在床下，全新的，静静地躺在鞋盒里。

六岁起，他就跟着母亲。而他的单身母亲一直忙碌。所谓的金领，就是有着永远开不完的会议。母亲的英语非常好，可惜一点也没有遗传给他。

母亲为了方便他上学，在学校附近租了一套房子。两室一厅，面积比较小，但是家具和电器都是齐全的。据说，这是之前学校分配给老师住的房子。午休的时候，周晗步行大约十分钟，就可以到居住的地方了。中饭一般都是在学校食堂或者外面的小店里解决的，有时候也去便利店直接买便当。母亲的饭菜做得其实不错，但她太忙。

放学铃声响起，周晗关上课本，起身走出了教室。

他今天很困，大约是昨晚睡得太晚的缘故。昨天他在微信上面看到以前的同学分享着大学生活，他真的是羡慕的，至少不用像他这样在所谓的炼狱高三再待一年。

随便买了点拉面，三口两口吃完。看见身边和他一样穿着校服的孩子，三三两两的，耳边时不时传来嬉笑声。

他拉了拉袖子，结账。

他此刻想马上跑回家去，躺在柔软的床上。微闭着眼睛，什么都不要想。

家中自然只有他一个人，母亲中午是不回来的。阳台上晾着母亲一大早洗好的衣物，在好看的阳光下随风飘着。他知道，母亲一个人把他带大不容易，他亦知道，他是母亲生命中的希望。他是真的不想让母亲失望。

他躺在床上，很快便睡着了。午睡真的是一件特别惬意的事情。

二、又是英语考试

他把同学录给陶薇的时候，陶薇正在和同桌聊天。陶薇看了看他，轻声说了句谢谢。他隐约听到，她们在聊一本时下很火的武侠小说。他也爱看武侠，像金庸古龙梁羽生的作品他初中的时候就都看完了。

下午有场小测试，科目是他最不擅长的英语。想到这里，他的眉头稍微皱了一下。如果不是英语，他也不至于今年在这里二次高三。

英语老师抱着一堆卷子走进教室，教室里面一下子安静下来。

窗外则是一片风景，楼房、树影、天空、白云。云淡风轻。

卷子分发下来，周晗看着卷子上面的字母组合，一阵头疼。这些字母他都认识，可是组合起来真是伤脑筋。无奈地凭着感觉开始答题。ABCD选项觉得哪个像就选择哪一个。

收音机里放着听力题目，基本听不明白是什么意思。

老师则是坐在讲台上，和往日一样的中分头发，金属框眼镜。年纪并不大，好像还没有结婚。教学倒是十分卖力，对学生也还不错。前不久还找过周晗去办公室谈话。可惜周晗对英语真的没有太高的天赋，也没有过多的兴趣。

随手在试卷上勾选了觉得正确的答案，听力完毕之后是一堆翻卷子的声音。每场考试都是一种煎熬，英语考试更是如此。他再次抬头看了看坐在讲台上的老师，他在想自己以后会做什么呢？会不会以后也像母亲那样忙碌呢？其实，千军万马过独木桥高考，不也就是为了以后吗？

正在这时，居然从开着的窗户处飞进来一只小鸟。安静的教室一下子骚动起来。周晗收回思绪，目光跟随着小鸟移动。小鸟是褐色的，挥动着翅膀在教室里飞翔着。这应该是一只误入教室的鸟儿，此刻应该正在寻找通往天空的出口吧。

坐在窗边的同学们马上把所有窗户打开了，大家的目光都聚焦在了鸟儿的身上。老师站了起来，似乎也没有预料到这样的突发情况。

这只突然出现的鸟儿明显也受到了惊吓，扑棱着翅膀，极力想尽快地离开这里。而周晗心里此刻也是那么强烈地希望鸟儿能尽快飞出去，飞到那本应该属于它的天空去。

这只不知道什么原因误入教室的鸟儿努力地寻找着出口，终于，大约十分钟后，鸟儿从窗户飞出去了，义无反顾。

“好了，都看好了。大家继续考试。”老师说。

三、参考答案借我看看

晚自习在晚上九点结束。此时窗外的天空隐隐泛红，仿佛城市笼罩在红色的迷雾中。路灯光依旧，人们的身影在灯光下拉长。

城市的夜晚的马路上，车辆依旧奔驰。时间从未停止过，年复一年。

口袋里装备迷你的MP3，是前段时间在淘宝上淘的，携带非常方便。里面下载了些他平时喜欢的歌曲，课间或者是路上的时候他都会听听歌。

车子从身边开过去，引出呼啸而过的风。而人与人擦肩，不知道会引出些什么。学校对面的文具店依然挤满了人，这间离学校最近的文具店占尽天时地利人和，生意一直好到爆。他想起那支摔到地上之后不再好用的笔，也决定去文具店里挤一挤。他需要买一支黑色的中性笔，他希望新买的这支笔可以用得长久一点，至少不要像上一支那么快地夭折。

这所学校给他的印象并不很深刻，只是复读的时候才过来。和之前他在的学校是齐名的，也是重点中的重点。这样的重点高中都有同样的压抑，还有同样的香樟树。如同这个城市道路两旁种植的那样。

他没有直接回家，而是穿过两条街，走到地铁站附近的夜市。

夜市里的小吃比别处卖得便宜些，而且味道好得出奇。周晗喜欢下了晚自习来夜市吃点东西，他个人觉得夜市才是最有人间烟火味的地方。来这里摆摊的多数都是无证经营的，一旦城管到来，这些小摊小贩跑得比谁都快。这些人，就指望着每夜的这些生意来贴补家用。据他所知，这些小摊贩里面就有他以前的同学的父母。那位同学很争气，考上了重点大学，国家二一一的大学。

那位同学一直是班级里的榜样，各科成绩名列前茅。一直是老师眼中的尖子生，也备受各科老师照顾。据说，他的父母原本是在工厂当工人的，下岗之后就在夜市摆摊，每天做生意都要到凌晨四五点，非常辛苦。而他们的儿子异常争气，从小到大就是父母的骄傲。

周晗至今也没弄明白父亲为什么会和母亲分开，他也问过母亲几次，母亲不是找其他话题岔开了就是答非所问。次数多了，他也就没有再问了。

他买了辣椒豆干和火腿，摊主和往日一样同他打着招呼。有时候也会遇到同学，彼此问候问候，各自买了夜宵之后散去。这会儿他看见了陶薇，一群女生叽叽喳喳地说个不停。果真是三个女人一台戏，这一群女人嘛，热闹非凡。

城市的天空星光被灯光取代，极少时候能看到星星。听母亲说，他们小的时候在乡下，几乎每晚都能看到星星。

“陶薇，你觉得下次月考你能进年级前十吗？”

“不知道。反正我怎么考都是在第一考场。”

学校月考的考场是按照名次排的，差不多四十号人安排一个教室。陶薇每次都是第一考场，无非就是看第一考场安排在哪个教室了。无论考成什么样子，永远都是前四十。但是陶薇知道，这个学校的前四十根本算不上什么，这届的文科生真心觉得不怎么样。

女生中有人看见周晗了，跟他打了个招呼，他也礼貌地招了招手。

这个夜市主要是赚学生的钱，所以很多东西的物价也是考虑学生的经济能力。大家也一致认为夜市里的东西比学校食堂的好吃，花样也更多。如果不是因为学校在晚自习下课的时候强制学生不许出校门，估计他们连晚饭都要跑夜市来解决呢。

才走出几步远，他听见有人叫他。

他看见陶薇朝他走过来。

“那个数学参考的答案借我看一下，今天有个题目我还没弄清楚，我晚上回去看下答案。明天就还给你。”

“哦。行。”他说着从双肩包里拿出一摞答案递给陶薇。

这个答案其实就是参考书后面撕下来的。学校一般把书批量买回来，各个班的老师通常是把答案撕去之后再发放给学生。班里面这个答案就周晗有。周晗也是去年的答案。这种参考书一般每年修订之后不变的内容有九成以上，所以去年的答案也是很具有参考意义的。这本答案的存在班主任也是知道的，但是也不好说什么。一个是因为周晗的数学本来就挺好的，再一个这个本来就是他去年的。

和周晗相比，陶薇的数学就要差一些。但是陶薇的各科比较均衡，其他科目也不差。数学差的那几分，别的科目随便就拉起来了。

其实在班上，陶薇算是比较有希望进入重点大学的学生，老师也会比较照顾她。但是陶薇自己有时候并不那么领情，她似乎并不喜欢被别人安排。在陶薇看来，自己愿意去做的事情才是第一位的。

四、握手不及格队友

很不幸地，周晗又迟到了。高三，每个班都有早自习，时间异常早。像去年周晗的班上规定的是七点一刻开始早读，这次复读的班级则是规定了七点过十分就开始早读。冬天的时候他是经常性迟到，天气转暖之后好了很多。但是这种迟到还是没有办法彻底避免。

他喊了声报告，进入教室。班主任看了看他，没有说什么。大家对他的迟到是见怪不怪了。罚擦黑板也好，打扫卫生也好，也都不是什么大不了的事情。

从今天起来的那一刻他就知道自己肯定迟到了。一路上也没有什么特别的压力，也没有什么想法。反正已经是注定要迟到的，所以早饭也依然是去买了。炒面加豆浆，打包拎到了教室。等早自习下课那个课间再来解决掉。虽然课间只有短短的十分钟，但是经过这么多年的磨砺，他吃饭的速度也不是盖的。十分钟，已经足够。以前还在班上和同学一起比赛吃面，比吃面的速度，食堂里买的拌面，三分钟就可以吃一碗。想到这个面，前几天班上有同学居然直接从家里带了热水瓶，直接课间泡面吃。这事班主任也没怎么管。

班主任的孩子已经读研究生了，估计就等孩子成家立业了，很多事情都看得很开。班里的学生喜欢买饮料来喝，她看见那么多饮料瓶子也不生气。拿个塑料袋叫大家都扔进去，然后自己找收废品的卖掉。还在班上说，你们扔的瓶子我上次拿去卖了五块钱，今天我就坐了个三轮，多好。

有这样的一个班主任，周晗觉得自己上学这么些年，这样的班主任还是第一次遇到。可就是这样的一个班主任，大家还想尽办法进她带的班。

早自习通常是读书，像语文就是读词组什么的，平时一般用不着的词组，要知道到底应该怎么读，比如刚愎自用的愎这样的。每天读这些周晗觉得挺无聊的，这样的模拟题做多了，看到什么都像是读音错误，错别字。要么就是读英语，读得周晗反倒是想睡觉。在半睡眠的状态下，早自习结束了。

周晗打开炒面，三下五除二地解决。他发觉，今天的炒面盐放得有点多，这个咸让他只好赶紧喝豆浆。

大家赶紧交作业了啊。数学课代表扯开嗓门开始叫。这个女生说话声音本来就大，这一叫，班上的人肯定都听见了。课代表是劳碌命，每天劳动，至少周晗是这么觉得。周晗还是觉得有些困，不自觉地打了个哈欠。

咸的东西吃了心里有些不舒服，但是已经吃进去的东西是没有办法再吐出来了。周晗懒洋洋地趴在桌子上，眼睛又望着倒计时牌。每天的生活就是这样，什么时候才能有点新意？

这些天周晗的想法有些多，反反复复的，从自己选择复读的时候起，目前是思绪最乱的时候。他也知道在这个时候不应该想这么多，但是就是控制不了自己的想法。这些想法总是在不经意间跳出来。周晗想，再努力再努力一点，明年绝对绝对不要再复读了。去年一年和今年，这两年的身心俱疲，千万不要再来第三年了。

周晗轻轻地叹了一口气。

估计上次的英语考试成绩快出来了，接下来就是英语课。那份自己不忍视的卷子很快就会降临在他面前了。他的手里拿起才买的笔，开始转圈圈。因为转圈圈的缘故，许多支笔阵亡了。虽然说这的确不是个好习惯，但是既然是习惯，自然不是那么容易改掉的。

教室里弥漫起一股泡面的味道，不用想，带热水瓶的那位又开始了。

周晗把手伸进桌子抽屉里，抽屉里比较乱，各科参考书和试卷都堆放在里面。他准备拿一摞书出来摆在桌上，一会儿当作上课打盹的掩护。

高三也好，高四也罢。就是在无限的忙碌与劳累中找偷懒。

惨不忍睹的英语试卷。周晗觉得累，非常累。剩下的六十多天，熬过去，今年考上什么算什么。

他掏出手机，给沫沫发了一条信息。

“沫沫，我觉得好累。你在干什么呢？”

沫沫是他在网上认识的朋友，互相留了手机号。沫沫回复他的短信总是很快。

“再撑几天就好了。我刚才买了炒面和豆浆。”

“是吗，我早饭也吃的这个。要上课了，下课再聊哦。”

他赶紧收起了手机，手机其实是学校不让带的，但是学生自己只要放好了不被老师看见，一般都没什么事情。毕竟这个年代，手机已经非常普及了。

英语卷子最终还是发下来了。周晗瞟了一眼，似乎是六十九分。又没有及格，意料之外情理之中。

突然同学说了句：“周晗，你卷子拿反了。”

拿反了？难道分数有转机？

周晗赶紧把卷子翻个身，顿时无语了，翻过来还是那么两个数字。

“还是六十九哪。”周晗说。

“咦，是哦。”同桌也说。

他瞅了一眼同桌的试卷，八十八分。一百五十满分的卷子，九十才及格。唉，一样红灯高照。

来，握个手。不及格队友。说着，周晗伸出手去。

五、谁的青春期如此漫长

“又长痘痘了。”陶薇对着镜子嘀咕。

额头上的痘痘总是形影不离，一波未平一波又起。她记得网上有文章说额头上长痘痘似乎是压力太大引起的。陶薇觉得自己可能得了高考综合征之类的病症。比如一听说有比较大的联考月考什么的，连续几天考试下来，肚子就会莫名地不舒服。上个月还闹肚子，闹得特别厉害。

她有点怀疑自己高考的时候会不会考着考着就要跑厕所。

陶薇往痘痘上涂了点祛痘的粉刺露，不管效果怎么样，涂上了粉刺露心里多少有些安慰。清凉的感觉立马从痘痘处开始蔓延。

什么时候不长痘痘了，是不是青春也结束了？

从小到大，陶薇的学习成绩都不差。只是临到高考了，却莫名地有些惶恐。陶薇看着镜子中的自己，脑子里面想的却是一会儿是上会儿网还是看点小说。总要找点空放松一下。

高三除了晚自习还有补课，其实算下来，一周也就只有那么不到一天的休息时间。周六没有晚自习，但是周日下午就得去上课。难得的就周日上午有那么一点点空闲。而且今天正好家里大人加班，自己干什么都比较方便。

从内心深处，陶薇还是蛮喜欢可以自己支配的自由时间。可是她上大学的表姐时不时跟她抱怨，说在学校宿舍的条件怎么怎么不好，老想回家。陶薇说："表姐，你那可是离家自由了。"

或许等她上了大学之后会有其他的想法吧，或许也会和表姐一样想家吧。

她从冰箱里拿了一罐酸奶，坐到电脑旁边。

她对新闻不感兴趣，她上网主要是看看大家空间里的分享什么的。顺便看一下有没有跟高考相关的消息。她知道，今年高考的人数特别多。父母想让她上离家近点的学校，她倒是无所谓。如果说小时候还有梦想，现在真的没有什么特别的了，高考的杂志上面分析得很现实，多少分一个段，能上什么学校。什么专业冷门，什么热门。她肯定是找个学校选择好专业然后服从分配。而上什么学校，她小时候有想过，清华北大什么的，也是长辈一直教导的。就像所有的小朋友，都会被有意无意地灌输，要上清华北大。但是等她渐渐长大了，她突然发现小时候所知道的学校是那么遥不可及，然后和一大群的学子一样，对自己的未来既期待但又充满了未知的忐忑。

酸奶很快就喝完了，陶薇看了几个搞笑的小视频。去自己的QQ空间看了看种的菜，偷了点菜。她其实对这个游戏不感兴趣，是被表姐拉进来玩的。表姐为了偷这点菜还去弄了个黄钻会员，这在陶薇看来是件很奇妙的事情，起码以前的表姐是不会这样的。

表姐对此的解释是："你以前还不喝酸奶呢！记得你到我家来玩，给你个酸奶，你愣是不喝。现在还不是酸奶每天不断了。"

人的某些习惯是会慢慢改变的，改变了应该也不叫习惯了。

上学睡觉吃夜宵，偶尔遇到戴着红领巾的小孩子，觉得他们现在的校服比自己以前上小学的时候要好看了。那时候大家写作文，扶老奶奶过马路，骄傲自豪地说，我的名字叫红领巾。

手指在键盘上敲打，发出声响。看看豆瓣上面大家对电影的评分评价，想着高考结束之后应该会有时间把高三漏掉的电影补回来了。突然想起数学卷子的最后一题还只解了一半，顿时皱了皱眉。数学老师看她这个样子，也是说后面的能做多少算多少，前面保证正确率。后面的题目没法保证的，不要花太多精力了。言外之意是：你的数学天赋也就这样了，再努力估计也不行了，你就做你能做的吧。其实听到这些话的时候陶薇是有些挫败感的，虽然表姐说数学到大学之后尤其是你学文科专业了，真的是用不上了。

或许这些都是早就注定好的，像来复读的周晗，就输在英语上。真正什么都特别好的人估计很少，那样的人是有希望去清华北大的。普通人想想还是算了。

六、没有终点的终点

时间过得说快不快，说慢也不慢。女生们已经在讨论照毕业照的时候穿什么衣服了。每年的毕业照虽然学校都是统一的校服集体合影。但是在这个数码产品普及的时代，自己留影也不是什么难事。

通常最后一轮模拟考试之后就是等待毕业，等待考试。也算是高考前相对来说轻松一点的时段。就好像马上要被拉到菜市口去问斩，上路前的最后一顿。

周晗在下午课程结束，晚自习前的吃饭时间，独自一人跑到学校图书馆的天台上坐着。图书馆的这栋楼，是学校里最高的。在这栋楼的天台上，可以看到学校里面的景象。三五成群的学生，他们有着最美好的青春。青春如同奔流的江河，青春小鸟一去不会来。很快自己就要离开这里了，自己也曾经是现在依然是他们中的一员。百感交集，万千思绪。周晗把双手插进校服的口袋，微微闭上眼睛，任凭那些穿过楼顶的风吹过。

“沫沫。我突然觉得自己的青春正在向句点靠拢，突然觉得什么都抓不住，都像风儿飘走了。”他不知道可以向谁倾诉，此刻，他只好发短信给这个未曾谋面的网友。

“所有的一切都将归于平淡。何必在乎是否抓住，拥有的才是最真的。”这是沫沫的回复。

夏日的气味越来越浓了，周晗看着西边渐渐下沉的太阳。他知道，这个时刻，夕阳穿过树叶的缝隙，穿过窗户，可以照进教室。一切都如同以前的无数个黄昏那样，稍带忧伤。

扭头时看见一个身影。不是别人，是陶薇。

“好巧，你也在这里。”陶薇说。

“嗯。这里可以看风景。”

“是啊。很久没有上来看看了。想想在这里的时间也不多了，也许毕业之后再也不会回来。”

离开这里，滋味很奇特。一方面，这无比黑暗的高三即将终结，离开就意味着这样的日子的结束；另一方面，就像是一个仪式，和高中时代告别。

“初中的时候我就想，要考上这所高中。到了高中才发现，这只是无数站点中间的一站，并不是终点。不知道什么时候才会到终点，什么时候才可以到达彼岸。”陶薇默默说。

“地铁的终点站，到站之后又是新的起点。”周晗说，“所以我从来不考虑终点。”

两个人在楼顶站着，各怀心思。

如果是电视剧的情节，一男一女在楼顶，好像总会发生点什么。但是他们很平常，没有一点波澜。

“我去食堂吃饭去。先走了。”陶薇说。

“嗯。”

周晗没有胃口，或许是中午吃得太饱，一点饿的感觉都没有。

七、这一刻好幸福

他回家的时候，意外地发现母亲已经在家了。似乎还在和谁讲着电话，好像是说什么去新加坡的事情。

“这事我跟小晗商量下吧，我尊重孩子的意愿。”母亲说。

是什么事情，居然和自己有关，周晗有了好奇心。

“妈，我回来了。”他说。

“回来了，洗手吃饭吧。今天我请了半天假，提早回来了。”

“哦，今天不忙？”

“也不是不忙，我让小徐帮我跟进案子去了。他应该没问题的。我好久没和儿子一块吃饭了。来，坐。”

周晗在母亲身边坐下。他很珍惜和母亲在一起吃饭的机会。而且今天还是母亲亲手做的饭菜。他觉得，这一刻好幸福。

母亲做了他最喜欢的土豆烧鸡。土豆软软的，咬起来很香。

一桌子诱人的菜色，弄得周晗一直在想，今天是什么特殊的日子呢？

母亲看着儿子吃东西的样子，嘴角浮起一抹微笑。

儿子是她最大的财富。她所做的一切，都是为了儿子能够有更加美好的未来。

窗外阳光明媚，一派欣欣向荣的景象。

“小晗，高考结束之后我们去新加坡玩几天怎么样？”

“妈，高考还没考呢，怎么就安排以后的事情了？我无所谓，反正也没什么别的事。”

“你爸去新加坡那边了，新工作进展得不错。他想安排你过去看看。”

“行吧。你们看着安排。”

原来父亲出国了，怪不得这么久没消息。虽然周晗不懂父母之间到底是怎么了，但是他有种感觉，父母之间那种信任是一直存在的。就好像他们分开之后，彼此都是单身一个人。似乎都在等待着什么。

周晗拿起睡衣，去卫生间洗了个澡。

这渐渐热起来的天气，每天洗澡是件惬意的事情。

水汽弥漫在卫生间里，有些飘飘欲仙的感觉。他想起《志明和春娇》里面，志明每次去买冰淇淋都会要干冰，然后把干冰放在马桶里制造仙境的效果。他想，如果自己也能找到这样的冰淇淋店，估计也会这么干。

沐浴露里夹杂着迷迭香的气味，这是他最喜欢的一种沐浴露，有效抑制皮肤瘙痒。母亲每次采购这些用品都会征求他的意见，母亲很忙，更多的时候是网上下单。快递通常被送到楼下门卫那里，再由他放学的时候带回家去。

他将热水器关掉，用毛巾擦了擦头发，看见镜子里的自己，青春的美好年华，十八岁的美少年。

他要用最好的状态，去迎接这个盛大的夏天。

不曾关闭的窗户

by/ 范宇

一

涛涛不知道自己的名字，也不知道面前这个男人是谁。十多年来，涛涛没有叫过他一声爸爸，甚至连一个简单的微笑也没有。

每天他出去了，涛涛就趴在一堵矮墙上，半天也不会动一下。这堵墙是专门为涛涛修筑的，隔墙大概一米五的地方，便是窗户；窗外有一条铁路，铁路背靠着一座山。日子对于涛涛而言，就是听听偶尔飞驰过去的火车，除此之外，便是对着对面那座山，痴痴地发呆。窗外无论是风雨还是阳光，是春花烂漫还是落叶漫天，涛涛都只有一个表情。

没有人知道涛涛的世界是怎样的，或绚丽，或苍白。

或许，连他也不知道。

他总想敲开涛涛极度自我世界的大门，可那扇门都被他敲凹陷了，就是没人应声；他也试图打开一扇窗，可他找遍了四周，只有高高的围墙，不见窗户的踪影。

没有办法，他只好在涛涛或许弄不明白的世界里，扮演一个爸爸的角色。

二

他叫王为民，是我初中的语文老师，也是我最好的朋友。

刚认识他那会儿，完全想不到他还有一个弱智的儿子。不只是我，恐怕同班的五六十个同学，也没有人能够想到。

在学校，他的脸上常常抹着微笑，一点也不做作，很真诚。上课时，也很少严肃认真，总是在幽默风趣中传授知识。同学们也都不怕他，常常和他开玩笑。在众多同学里，好像他又最喜欢我。初三住校时，他有晚自习，回不了家，也一定要和我挤在一张床上。

后来，我问过他："当时，为何会对我那样偏心？"

他的回答特别简单："因为你单纯。"

现在想想，那时的我真是很单纯，喜欢玩，喜欢疯，不爱学习，却因脑瓜子好用，成绩还不错。或许，他在我的身上看到了涛涛在这个世界的投影。

这时，他心里应该有了一丝安慰：原来涛涛的世界不是苍白，而是单纯；单纯有什么不好，不食人间烟火，不必陷入人生的种种悲剧，甚至也不必有什么恐惧，因为涛涛到离开那天也不会明白"死亡"的含义；甚至单纯的范宇也会因为长大而变得不单纯，可涛涛不会，涛涛是永远长不大的男孩。

当然，涛涛的情况，我们学生中鲜有人知，学校的老师们却都是知道的。

可就是谁也不说。

三

后来，我还是知道了。

不过，我所知道的，永远也只能是冰山一角。但这冰山一角，已足以让我在苍茫的夜里，暗暗感动，默默流泪了。

得知涛涛的病情后，有人劝他找一个浓雾的早晨或没有星星的夜晚，寻一僻静处，把涛涛扔掉。每次有人这样劝他，他总坚定地回道：“绝不。”涛涛似乎也被他坚定的言语吓着了，躺在他怀里，手和脚不停地伸缩乱蹈。但涛涛没有哭，涛涛根本不懂得什么是“哭”；哭对涛涛来说，实在太难。

涛涛没哭，他却哭了。

此刻，在他的意识里，世界上最疼痛的事情不是眼泪横飞，而是根本不会流泪。

生活好像不允许他流太多的眼泪，这点，他比谁都明白。

在四川，最好的医院，非华西莫属。于是，他带着涛涛去了华西治疗。吃药、输液、针灸，什么方法都试过了，涛涛却没有半点起色。家里的积蓄一天天少了，连妻子也劝他，算了吧。他也知道像涛涛这样的情况，几乎没有治愈的可能，可他对妻子的回答仍像当初一样坚定：“不。”

然而，不算了，又有什么办法呢。家里积蓄用光了，开始四处借钱，到了后来，实在是再也借不到了，他只好带着涛涛出院。

出院了，涛涛的治疗却没有被放弃。就算他听人说起哪里有专治涛涛这样的病的江湖术士，也会带着涛涛千里迢迢地赶去。即便他心里清楚很多都是骗子，但只要有一线希望，他的脚下便能延伸出千万里行程，所以一次次看见一个爸爸牵着一个痴呆的儿子奔走在远方的路上，风尘仆仆，形单影只。

后来的后来，他才终于死了心。

四

他死的是药物治疗的心，心理治疗和锻炼治疗的心并没有死。

给涛涛讲童话故事成了他每天晚上的必修课。《丑小鸭》《卖火柴的小女孩》《海的女儿》《皇帝的新装》《灰姑娘》《白雪公主》《小红帽》……一个又一个童话故事从他的口中飘进涛涛的耳朵里。涛涛有听没有听懂，他不知道。他熟记的童话故事讲完了，又去阅读新的童话故事。到今天，可能连他自己也不知道能讲出多少则童话故事了吧。

讲着讲着，涛涛就睡着了。涛涛熟睡的样子，最让他喜欢与安慰。看看涛涛纯真的脸，轻吻一下额头，满足地笑笑，关上灯，合上门，而后去书房准备第二天要讲解的课程。书桌在窗边，窗外是数不清的窗户。很多时候，窗外那些窗户里的灯都灭了，他书桌上的台灯还亮着。

这盏亮着的灯，照亮了墨黑的夜空，也照亮了许多人的夜路。

他所任教的学校在乡下，离他居住的小镇差不多有五公里路程。早上出门，一般要到下午六点左右才能回家。

每次到下班时间，他总是第一个冲出校门，然后一边走，一边等车。同事们心里都明白，他着急的是家里的儿子。

一回到家，放下公文包，他就要牵着涛涛出去散步。小镇是百年古镇，还残存着一些明清及民国时期的老房子，有着天然的沧桑感。黄昏很美，那些晕黄的光静静洒在斑驳的木门上，时光静悄悄的，了无痕迹。

涛涛走起路来，踉踉跄跄的，走不稳，他必须时刻牵着。他走在前面，涛涛走在后面，走得很慢，连夕阳的影子也追赶不上。小镇的居民早已熟悉这对父子的背影，从他们背后很轻松就超过去了。认识他们的，轻轻回过头，打个招呼，而后很快便消失在望不见尽头的小巷深处。很少有人愿意多看涛涛两眼，痴痴呆呆的脸的确不太漂亮。

夜幕渐渐拉开，他牵着儿子慢慢往回走。

这一走，便是十二年。

五

毕业几个月后的一天，我买了点水果去看他。

他见到我一脸的惊喜，连连招呼我进书房坐下。我们聊了许多话题，独独没有聊到他弱智的儿子。他不提，我也不好问。隔壁房间不断发出“嘟嘟嘟”的声响，我心里明白，那便是涛涛。或许“嘟嘟嘟”便是涛涛与这个世界唯一有声的沟通。

只是，我们都听不懂。

在和他聊到的众多话题中，关于人生的最多，但我却对他大学时光的讲述，印象最为深刻。当然，这与我后来知道的一些人的人生轨迹有关。绕来绕去，最终还是逃不出人生的话题，在他这儿，好像人生是一种宿命，无论怎样回避，也避不开。

我看了很多他拍摄于大学时期的照片，年轻帅气，充满了青春的张扬与活力。他告诉我：那时他的吉他弹得不错，最拿手的是《爱的罗曼史》，同学们都喜欢听，甚至还有老师要跟着他学习，不答应都不行。他也写诗，诗写得也颇有味道，发表了不少，有什么晚会，女生们必定朗诵他的诗歌。为此，很多人，都料定了他的前途一片光明。

可最有前途的他，却成了最没有前途的人。

多年后的某天，我又去看他。他给我看前不久同学聚会留存的集体照。照片背面有其与会同学的姓名、职业，以及联系方式。我着重看了一下职业，有的是市委书记，有的是大报主编，有的是教育局长，有的是中学校长，还有我认识的著名诗人陶春，再差一点的也是教导主任，唯独他，仍是一名最最普通的教师。

最该为事业奋斗的十二年时光，他都倾注在了涛涛身上。

我很想问问他：值吗？

可我终于没有问。不用问，我也知道答案。

六

念高中那会儿，与他的联系没有中断，反而越加紧密。

我所在的中学就在镇上，离他家不远，步行，只需三五分钟。周末，偶尔我会去陪他说说话，或是借两本课外书。我今天的大部分文史知识储备，便来自他那个小小的书房。平心而论，没有那些借书与还书的时光，我在写作的路上，不可能走得顺畅而迅速。

稍稍有点时间，他会练习书法。楷书、行书、隶书、草书，他都练，并且已写得很不错。他会给我讲书法的一些基本知识，各种字体的特点，还延伸到书法家的生平，比如颜真卿、王羲之、米芾、赵孟頫等。他也让我学习书法，可因为功课的缘故，最终也只停留在极其初级的笔画上面。

有一次，他突然对我说："那么多字体里，我偏爱行书。"

我问他："为什么？"

他却沉默不语，点上一支烟，转而看向窗外，窗外除了那些紧闭的窗户，什么也没有。过了好一会儿，他才又开口说话，话题却已不在这上面。

在漫长的历史中，写行书的高手不少，代表人物有王羲之、赵孟頫、文徵明等，几乎都遒健飘逸，行气流畅。而他的行书我看过不少，虽也算得上行气流畅，却飘逸不够，好像有点逼仄的感觉。

那点逼仄的深刻意义，以及他为何会喜欢行书的缘由，我都很快就弄明白了。他人生的坎坷与压抑，决定了他行书的不顺畅；而他又极度想摆脱这样的困境，以达到一种近乎于庄子的那种逍遥状态，于是最爱行书。

我不知道行家会如何评价他的书法，至少我很喜欢，不为别的，只为那行书里能寻见涛涛的影子，以及最真实而深刻的人生。

七

很奇怪，学校那么多老师，唯有他和学生走得最近，交情最深。学生毕业了，常常会去看他。或许，我们便是行在书桌上那盏台灯照亮的夜路上的那许多人。那盏台灯，没能照亮涛涛的人生，却点亮了我们这些学生的理想。

好像他的名字早已注定这场指引，"为民"，"民"即是我们。

有时我去他家，会正巧碰上有他的学生在。每次，他总会留下学生吃饭，学生原本执意要走，后来抵挡不住他的热情，又只好留下来。说是吃饭，其实重点不在饭上，也不在菜上，而在酒上。

他喜欢喝点酒，酒量却不是太好。好几次，有学生来了，他会给我打电话，让我过去喝酒。我不太喜欢喝酒，但只要是他叫，从不拒绝。其中的缘故，大概与他的人生有关，与涛涛有关。

“人有人品，酒有酒品。”这是他常说的话。他喝酒很豪爽，倒满一杯，很少不一口干掉的。我在场时，通常会连忙劝阻：“慢慢喝，慢慢喝，喝急了不好。”结果我话还未说完，酒杯早已空了。只要他端起酒杯，便立即显得豪气磅礴，以至于我也受到感染，从不耍假，总一口一杯，干下。

有次，来看他的学生很多，他特别开心，竟接连喝了好几杯。

好像喝酒于他而言，带着某种深刻的倾泻与宣示。

倾泻什么？又宣示什么呢？

倾泻生活中的种种困苦与压抑；宣示生命的存在与希望。

只可惜，我们喝酒时，涛涛常常被锁在隔壁的房间里。爸爸喝酒时的那种状态，涛涛一次也没有看见。

即便看见了，又能如何，他的坚守与父爱，涛涛怎么也不会明白。

至少，我们不懂得涛涛的明白。

八

今年年初，他从乡下的初中，调入我曾就读的高中，也就是他家隔壁的那所。

如此，他照顾涛涛就方便多了，至少少了许多奔波。

听到这个消息，我也高兴了好久。

就在半个月前，我从兰州回到镇上，又专门去看他。我叩开他家门时，他正在打扫涛涛拉在客厅里的粪便。他让我先找地方坐，我说没事，站一会儿也行。这让我很具体地看见了他最日常的功课：他先用卫生纸包裹大部分粪便扔进垃圾桶，再用炭灰撒在上面，接着用扫帚扫掉，最后再用拖把拖干净。

那么多年，这样的动作，他重复了多少次？

我不知道，他不知道，涛涛也不知道。

随后，他把涛涛带进卧室，锁上门，又领着我去书房说话。

进书房我才想起，我给他带的礼物。这次我带来的不是水果，也不是烟酒，而是一本书，余秋雨的新作《何谓文化》。他看了看书名，迟疑了一下，显然被这个像问句的书名镇住。他天天讲着文化的部分，那么文化又是什么呢？

他一时想不明白。

在我看来，文化对于他而言，很复杂也很简单，复杂到谁也无法概括，也可简单到用《何谓文化》里的一个重要部分来回答。哪部分呢？正是“生命的回答”。而其中《谢家门孔》一文，又最贴切。《谢家门孔》讲的是著名导演谢晋，还有他的儿子；谢晋有四个儿子，其中三个都是弱智。我最初读时，读了几段，便开始流泪，一直到结束，泪水也还止不住。

我把书递给他，让他先看这一篇。他翻开，立马开始阅读，读了几段便再也读不下去了。只哽咽着重复一句话：“太惨了，太惨了……”

接着又补了一句：“谢晋比我坚强。”

讲完，便点了一支烟，又把头转向窗外，不再说话。

我趁机去上厕所。去厕所要经过涛涛天天呆望的那扇窗。我经过时，涛涛正痴痴地望着对面的那座山，而山默默无语。

原来，涛涛和爸爸的窗户都不曾关闭，爸爸的心可以飞出窗外，涛涛却不可以。涛涛不曾关闭的窗户，于爸爸而言，却始终关着，抑或根本不存在，有道门，却怎么也敲不开。

两扇不曾关闭的窗户，是怎样一个世界，我已明白。

南村微末

by/ 端木赐

1. 栖身之地

每一次搬家都是一场淘汰，关于自我的情感以及器物之间，进行着保留与割舍的拉锯战。从一个城镇到另外一个城镇的迁徙，其实也是如此，仿若一个颠沛流离的梦境。面包车一到站就甩下我们，一溜烟消失在烟尘中，只剩下大大小小的褐色纸箱，封印着故我的气息。

我选择了南村作为最后的栖息之所，我相信同样也是南村选择了我，这是命运使然的某种遇见。走在南村的街角巷尾，眼前的一切都是如此陌生。狭小的巷道，仿佛血管一样联结着无数活着的器官，这些脏器有大有小，却新旧不等。可以说，这样的村落是不会死亡的，它只会不断地更替细胞和血肉，然后继续残存。这里的新居往往筑有五六层楼，却大多是用来出租的。偶尔能够看到墙面上贴了出租的信息，内容简单至极，只有房型以及电话号码。这些房子，以恒定固有的姿态，等待并容纳着无数疲倦的旅人，不管他们是穷途末路，还是天南海北。我还记得正午的阳光下，房东懒洋洋的，他的话很少，似乎见惯了这些风尘仆仆的人急需一个安身之所。从选择房间到签订合同，一蹴而就。

我选择的那一间套房，坐落于五楼尽头处，是崭新的一房一厅，还有独立的卫生间。每个月三百六十元整，不算水电。起初，房间里面只有一张大木床，散发着一股驱散不尽的松香味道，而周围只有牙白的墙和米白的地。这张木床就仿佛是冬天里的一棵树，站在万籁俱静的雪中央，桀骜孤寂。拆开胶纸，我开始重新整理每一件物品，给它们应占有的空间。它们终于又活了过来，有序而自然。从东莞到广州，我承认我有些喜新厌旧了。我在摆不满的屋子里踟蹰着，因为比起曾经丢弃的物品来看，此时的我却想要添置更多。而我要在夜幕来临之前，暂时打理好这一切。

2．走迷宫

在南村，我是个典型的异类，从口音到身形都是北方的蛮族。或许源于此，我才会迷失其中。楼门的高处贴了符咒，墨笔的弧线中夹杂着我不认识的小字，高深莫测。我打开金属门，有风涌动其间，红色符纸的边缘处开始微微浮动。我想我要从这一刻开始，兀自在身体中印刻起这些微小的事物，化作内心的符号，在我每一次经过时，燃烧而生出指引的神力。

我住的这条巷道叫作“三姓六巷”，它的名字原始又直白。走在巷子里，我发觉似乎南村的每一户房前，都贴有这样一小片古朴的蓝色门牌，闪耀着些许金属的光泽，月白色的字迹，是巷名和门牌号，古朴的楷体，一笔一画都纤细可人如若花蕊。

房东的母亲在巷子里乘凉，一如初见时银色的短发过耳后，被梳得一丝不苟。一手执蒲扇，缓缓生出风来。

“要去到外面吗？”阿婆知道我是北方人，极力想要表达清晰，却是普通话和广州话错乱夹杂在了一起。

“是啊，有好多东西要买。”我摊开手掌，在空中画了一个体积巨大的圆圈。

“你从那边走吧，从那边右转，再左转……”她的手像扭曲的绳子般无限地延伸着，拐了无数个弯道，迂迂回回，曲曲折折。我想我的脸正写满了困惑，眉眼口鼻都迷了路。

“我和你走一次吧。”阿婆走在前面，从容而轻快，就像一张被风卷走的纸片。

逼仄的天空下，大步流星走着。我在弯折的路上，如同一个虔诚的信徒，拓碑般掠过。我看到很多屋门旁墙壁上，都会悬挂有一只金属的小铁盒，里面插着点燃的檀香，一缕一缕，从未停息。檀香的味道似乎能够沟通阴阳，与神亲近，我对此渐渐有些沉溺。

沿路的房屋，大多都有一条浅水渠相通，用水泥抹过，上面附着了绿色的藻类，流淌着有些浑浊的水，散发出一些浑浊的味道来。我努力记忆着，那里种了棵柠檬树，这边摆放着三五根烧饭的圆木，再远点的房子上贴着五颜六色的马赛克……

“从这里，就出去了。”阿婆终于停下了脚步，我看到巷子外的马路上正席卷着滚滚的灰尘。这是个无比滚烫的出口，不断有摩托车和三轮车互相追赶着飞驰而过。

从此，我便开始了这样往复的穿梭，怀抱着各种各样的物品经过。巷子里的植物，茂盛而无序地生长着，我好像也成了一棵行走的草木。这恍如迷宫的巷子，对于初来乍到的我来说，依旧会有些陌生。我还是会在七转八拐中，蓦然发现眼前耸立着一堵高高的墙壁，砖块一层一层，一寸一寸，隔绝了去路。这突然横生在眼前的墙壁，正吸食了南方温润的水，慢慢变得乌黑，仿若写满了各种自私的感情，邪仄逼人。我又不得不回转，原来有时候并不是方向对了，世界就能相通。巷子就像人的心肠，曲曲折折，消化着无比静默的时光。

我就如此反反复复地练习着，在偏离中不断纠正，然后慢慢把复杂的事情简化成习惯。夕阳正浓时，我背着旅行包穿过巷子，有炊烟正徐徐升起，我碰到放学的小孩子正背着书包笔直地奔跑回家。笨拙的我，时常记不清人的面孔，却时常能够记得一些沉默中的变化和别离、悲伤和欢喜。我总是分不清方向，常常在迷途中自我束缚。南方城镇里的问路，对白中似乎从来没有南北，只有左右。但它依旧被叫作南村，像一块山石沉寂于日月清光中，坐落于某物以南，恒定而稳固。

3．来探亲

我知道母亲要从远方来探望我，我必须在前一晚打理好自己的一切。

卫生间灯泡的光，是黄色的，现在坏掉了，可外观上还保持着完整如新。没有了灯光，我就要赶在暮色消失之前，用电热棒煮好热水。可光总比想象中消散得更快，我站立于泡沫粘连中，触摸到自己的身体，就如同沐浴在一条黑暗的河流中，惶恐不安。

我决定去买一只灯泡。现在的我，即便是在黑夜里，也可以一边思绪游离，一边自由地穿梭于黑黢黢的巷子了。路边杂货铺就像百宝盆，就像赶集网的广告词，啥都有。屋子里不管是什么物件损伤了，似乎都可以在这里找到替换品。正值夏天，远远就看到杂货铺的门口摆了一排电风扇，门童一样站立着，贴着标签。

我说我想要灯泡，一只，只要具有发光的能力就好，不用很亮。男人坐在货柜后面，赤裸着上半身，闪着咖啡豆一样的光泽，有些流氓气概。他递给我一只节能灯泡，装在一只满是灰尘的盒子里。它细而长，有足足十瓦，节省至极。

替换灯泡，旋左，旋右，全靠直觉和灵感，因为我完全看不到那孔穴。整个过程，我要踩在椅子上，跳芭蕾一样踮着脚才能完成。拨动开关，灯光微弱并且呈现出一片惨白，有些不济。有了光，我也就安心了。我决定重新洗澡，我希望母亲看到整洁的我。

正如母亲总是担心我在南村的生活，现在我却开始担心她来时的旅途。或许，我们本都是盆栽，却互为生的泥土。一个少年的生命，是从十八岁以后想要独立起来，就开始生长了锐利的刺，试图戒除依赖。在广州的地铁里，这样的见面寻常而简单。我接过她手中的拖箱，告诉她只要跟着我走就好。我犹记得那天广州的太阳很热，热得发慌。如果这太阳是某种磨难，我却不想让她看到我额头上的汗珠，而我就是这么拧巴的人。

我们穿过小镇的街，穿过这巷子。她的到来，充盈了我的房屋。电磁炉、电水壶，酱油、香油、火锅料，渐次出现，突兀又真实，仿佛它们本该在那里，填补空白，散发出烟火的气息。白日我不在，她就拿了我的钥匙，默默来往于市场和这间屋，煮好饭菜等我回来。她说南国的鱼和虾，真的很便宜。我不想总是被照顾着，于是我吃不多，她却也吃不下了。

天气热，风扇呼呼地转着，这间出租屋也显得愈发空虚了，就更加成了我孱弱的证明。我们开始对视着不语，是否意味着我们都要开始习惯如此，戒除彼此去生活，南北分离。离开家的日子里，我学习了喝酒，甚至抽烟，是为了变坏，可变坏都是为了成长。可我却无法证明，如此的成长可以让我活得精彩。有那么一刻，我会盼着她快点离开广州。

我们常以为情感是万能的，母亲给了我她仅有的两片面包。我却用其中一片，换了一朵水仙花。可水仙花，终会在不久的某个清晨，彻底枯萎。我看着她离开南村，又有些心疼。我开始习惯一个人的生活，独处的时候，每一刻都是对自己的解析和贪恋，正如卫生间的灯，孤独地亮着。

4．农贸市场

有一刻，我觉得我像是一条狗，被南村收留。而我想，如果没有它，我甚至难以生存。农贸市场就在地铁站旁边，阡陌杂乱，距离南村十分钟脚程。我们每一个人，都不得不经常来往于南村和农贸市场之间。农贸市场稳稳地成为了小镇的中心，它恒久地接纳万千，以一种霓虹破碎的姿态。

我很少生火煮饭，却流连人世间。朋友却每日都要炒菜，我有时候会陪他买菜。他的手艺很差，再美好的食材，清新脱俗，或魅惑人间，入他魔手却都是枉然。在农贸市场里，买土豆可以给你削了皮，买猪肉可以为你切成块，买鲤鱼可以替你刮了鳞。而这些体贴，在北方是难得的。我在菜市场能生出这样的感慨，南国的姑娘，简直温暖极了。

我常常要买些水果，农贸市场是光怪陆离的，是它让我见识到，植物的想象力有时候浮夸得惊人。南国的水果档，是怪力乱神的。火龙果的肉可以是紫红色的，染得舌头明艳如妖；释迦是佛陀的头颅，被垒成了金字的模样；百香果如麋鹿的香囊，在弥留时被轻轻咬破；蛇皮果长了一身褐色的鳞，浮雕般冷峻危险。但我就是如此，深深爱着它们的离奇。

农贸市场，也绝对是小镇的风月之地。奶茶店的姑娘，十七八岁，凹凸有致。齐刘海、桃花眼，正还是读情诗的年纪。当然，很多好看的姑娘，似乎并不那么爱读书，她倒是喜欢狗。后来我把我养的那条狗送给了她，我还没起名字。确切地说，那条公狗不管你叫它什么，它都会有反应。如果男人能够如狗，却是最讨姑娘欢心的了。后来有一天，那姑娘就人间蒸发了，我也不再喝“大口九”的奶茶了。我以为她是带着我的狗潜逃了，我曾经管那条狗叫过“人民币”。

煎豆腐的女人，站在小推车后面。她白而丰腴，裹在一条粉色的花布围裙里，绳子紧紧勒着腰身。她鸭蛋脸，因为热束起了一头长发。大平锅散发着热气，她就从鼻尖开始，渗透出细密的汗汁。豆腐在煎锅上的切割翻转，极富挑战，因为豆腐和她一样，吹弹可破。各种各样的罐子里，装着神秘的香料，被有序地混合在豆腐上，可今天咸了，或是明天淡了，又全凭心情。她日伏夜出，貌美如花，且有着奇绝的手艺。她在我眼里，是个奇女子。

就这样，奶茶和煎豆腐，成了这个盛夏里，我必不可少的食物。它们隐藏在巨大的洪流里，都是如此低调而真实，柔软而值得珍惜。与此同时，农贸市场的东西，不仅便宜，还是能砍价的，我以为砍价的精髓就在这个“砍”上，异常血腥，不忍侧目。这个过程，就是杨过被砍断了手臂，方能独步天下。

如此想来，似乎农贸市场还真是有些江湖匪气的，在这里二十四小时开业演绎。而武林高手，大抵都隐藏在市井间。我们彼此默默对视、对峙，关联并存活着。“买手机，送平板电脑，送自行车，送三样大家电……”这样的广告语不断循环播放着，着实有趣。我知道大都市里，也有它的小市民，时刻精于算计，在诸多诱惑中，见招拆招。而我似乎正乐在其中。

5．夜生活

南村的边缘处，到处都是大排档，在夜幕中顺着街边次第开放。夜宵对于我们来说，就是穿着大裤衩，脚上夹着人字拖，然后有三件人生大事要完成。填饱肚子，谈论姑娘，以及吹牛逼。此时此刻，月黑风高，却绝对是现实与理想的完美结合。

肉食，往往需要被证明，原本是活生生、赤裸裸的。于是，鱼原本在水里，这会昏厥了，被现场刮掉了鳞片。它试图卷曲身体，可鳞片在飞，闪着银光，好痛快。铁笼子里站着鸡鸭鹅兔，不同的物种挤在一起，脖子长的看得高，颇有些宁死不屈的架势。这让我想起以前的数学题，关于几只脚、几只动物的问题。小学生的数学题，也可能源于如此的残酷。当然，更加现实的是，在广州，不管你有几条腿，先吃到肚子里再说。

和我时常夜宵的朋友是梅州人，他的味蕾有些诡异，咸淡不分，甚至错乱不堪。他行事，就像他的味觉一般，颠倒迥异。他苦思冥想的问题，大多是我完全不会思考的。同时，对于我也许是无足轻重的事，对于他或许就是性命攸关。

他活得，就像个大爷，这个“爷”字的声调，是二声，也是轻声。月光被路灯的黄遮掩了，午夜时分，正是人声鼎沸之时。赤裸的男人摇晃着手腕，骰子像发直的眼珠，在虚空中不断碰撞。有人渐渐看不清了南村的树，我们有一刻都以为自己是神灵。这样的夜里，谁还记得那些对话，无须看穿或被看穿，大了舌头句句直白。

我说：“明天大学城的招聘会要去吗？”

他漫不经心，说算了，天气这么热，千里迢迢的，不去也罢。

我说，你们科室那姑娘，玲珑剔透的。走路的时候，总像踮着脚，随风飘一样，跑得快了或许能飞起来。再不下手，就真的没有了。

他却说，这样不好吧，爱情，顺其自然就是。

你丫怎么不去死。我有些愤慨。

“光头佬”的招牌像块旧红绸，这也是我们时常光顾的小铺子。铺子只卖粥、肠粉以及蒸饺，寥寥几样却足矣。店家在门前露天摆了两三张桌子，简单至极。忙里忙外的小哥，系着围裙，裸露着的肩膀和手臂，就像古铜色的作品，在夜里闪闪发亮。

柴鱼粥、皮蛋瘦肉粥、咸骨花生粥、菜干粥、猪肚粥，无论如何，似乎每天只能煮一样。我习惯走到他身边，问他，今天是什么粥？如果合了心意便坐下来享用，一碗粥只要五六块钱，烫得舌头生疼，我便连同舌头囫囵吞枣般咽下了肚子。肚子里就成了温暖的池塘，有鱼在翱翔。我想，我还是吃饱了，赶紧回去睡觉，就让今天这么荒废吧。

朋友的习惯，是在回去的路上，买一瓶菠萝啤，一边走一边喝，然后他的肚子就愈发浑圆了。我们都有矛盾的味蕾，能够在苦涩中体会到微甜的滋味。再后来，这样的夜晚，这样的瓶装的菠萝啤，我们便再也没有遇到过。或许它们只属于南村。而对于我们，它们只属于过去。

6．蒙古后裔

他像个古人，喜欢吾兄吾弟这样的称谓。同乡的内蒙古大哥约我去吃饭，却是说好了在南村附近相见。我以为在偌大的广州城里，这是一个匪夷所思的设计，因为南村在我眼里太过微小和隐匿。直到这一天，我才知道风尘仆仆的小镇中，还住着同样来自内蒙古的血脉，我们或许曾经擦肩接踵，却全然未知，这让我错愕又欣喜。

南村以东，小区的电梯楼里，住着这样的一家四口。一进门，我就嗅到从厨房里传来阵阵熟悉的味道，是阿婆在煮饭。然后我就看到了大叔，以络腮胡子的惊艳形象登场，如此雄性气息张扬的毛发，使我僵硬地想起，我们或许曾经相遇过。就在卫生系统庆七一的文艺汇演彩排中，他负责朗诵诗歌。记忆里，浓密的胡子比铿锵有力的句子，更肺腑扎人。他厚朴，瓷实，相比于他，我更像只兔子。婆婆在做焖面，姑娘暂时躲在房间里，大叔倒了酒，大哥嫌热裸了上身，阿姨从冰箱里拿了绿豆汤。我已经有些迫不及待了。

晚餐是如此丰盛。我惊诧餐桌上的炖鱼、腌黄瓜和豆角焖面，都和母亲的手艺如出一辙。这是老地方，传统而一直沿袭长久的味道，经久不衰。这也是对我味觉上，某种巨大的恩赐。他们终于成功地把内蒙古的餐桌，原封不动地迁徙到了广州，朴实而不动声色。坐在这样的餐桌前，我还有什么可抱怨的？

大哥说，或许是因为广州的水，不同于北方，所以在这里吃不到美味的莜面。我也是这些年才听说，原来河里的水，也有寒凉燥热的分别。大叔却说，莜面粉要跨越千山万水从家乡带来，和面时要用滚烫的开水，那时候两只手揉得通红，美味的莜面也就近在咫尺了。

这些事情，我都是第一次听说，原来为了某种味道，我们有时候是需要忍受某种痛觉的，可即便如此又心甘情愿。正如丢失了家乡，本身也是疼的。有时候，我们可以站在西北的冰天雪地里，踩着干枯的松枝，冻僵了一切感知，心却是暖洋洋的。

白的、红的、黄的。我并不想拒绝，就像日光下，它们开成了花，簇拥着身体。

我沾了这酒精，窝在沙发里看电视。我清醒又无知，只是随着夜晚，越陷越深。

大叔说，想吃什么了就提前告诉他，就当自己家一样。我们在楼下互留了电话，但我想，我很有可能一辈子都不会拨打。但南村的故事，因此变得温暖许多。我承认，我有些微醺了，在回去的路上，街景变得模糊又破碎。那晚的月光像一封旧情书，读起来满是浓情和忧伤。而我要回到南村去，它那么近，又那么远。马路上，流淌着黄色的光，我要去到河的对岸，谁来渡我？巷子依旧，在静静等我，檀香正烧到丝缕尽头处，未抵千里外，梦里好风光。

7．手艺人

猫歪着脑袋在看他，它总是坐在巷子里，不知由来，无论归属。那天我出门时，看到了它和他。竹篾三五条在脚边，老人手里正在编织一只竹簸箕。在这一动一静间，他成了澄明的光线，它在他身旁，做了靛青的影子。我不自觉放轻了脚步，看着那双深褐色的手，粗粝而朴素。他的指尖上，有鸟在飞。或许，他学会编织第一只竹簸箕的时候，还只是个孩子，由另外一双苍老的手教会他。竹簸箕在慢慢成形，竹篾的颜色还很浅薄，青绿而黄，散发着草木香。一只竹簸箕，可以盛放茶叶或者龙眼，在岁月这场静默的戏剧里，更迭变迁。

来来去去，相互交错，竹篾终于慢慢干涸凝结。我忘记了从哪里来，却走到了现在的画面里，而又有什么，比坐在这里，凝望着他编织一只竹簸箕更悠长。我仿佛看到了岁月，它从未老去，却分身万千，成为了微小的器物，陪伴世人轮回。我知道南村自有它厚重的戏剧，似乎每个星期都有这样的老人远去。唢呐声里，纸钱被风散落在空荡荡的巷子里，宣告着别离，而我只是个过客罢了。

南村，还有这样一个男子，似乎性格有些自闭，终日与木头上演着对手戏。这日复一日的场景里，弥散出痴迷，但这绝不是一场哑剧。在一间木屑飞扬的厂房里，大敞着门庭，他用砂轮锯断木头，切割成一段段复杂的等待被拼接完全的情感。潮湿温润的空气里，总要有些炽热干燥的坚持，相互对峙着。鼻腔里会充斥了木头的香气，猛烈又窒息。傍晚时，他又细细打磨木头，木头已变成了方的盒子，里面正关着天涯歌女，传出老旧的声音。而这些音箱，终归有一天会开始它的流浪，并日渐沧桑。男子只是低着头，我从未看清过他的脸，我只能记住一段木香。在倚靠天光作业的房子里，仿佛有很多生命在交融。这里正是南村的歌剧院，每日孤独上演。

此处，还有我见过的最简陋的花房。种花，其实也是一门手艺。草木正从店铺里溢出来，花盆从大到小，蔓延在门前。从巨大的树叶到幼小的盆栽，从满身带刺的肉团到明丽大方的花朵，应有尽有。我第一次见到，有人用巨大的花盆种了荷花，淤泥里荷叶硕大，有粉色的花托等待盛开。人时已尽，人世很长，它却在叶上休息，就这样，枝蔓不语，枝蔓在长。

花店的主人，时常隐没在草木的影子里，我常常看到的只是手，在施肥或者剪枝。风雨来时，他才会突然出现，带着最娇弱的花逃离。我问我的朋友，是否愿意帮我搬一盆荷花回住处，却遭到了果断的拒绝。我看得到自己的荒唐处，却时常纵容又任性。南村没有荷塘，我却期待荷花的盛开，人生如戏，我有时却俨然忘了自己。

我喜欢打量这一双双劳作的手，在阳光下，有青色的筋脉微微突起，这确实美极了。我想以一双手，推断出他或她的来历。我相信长久触摸过的，就会渐染彼此的气息。手掌上自有纹络，是河流、山川和森林。我看着自己伸出了手掌，白皙到血管清艳。我隐隐有些期待着，未来的十年抑或几十年，能给我这双手，留下怎样的茧？

8．在雨中

任何季节，雨都是寒凉的，这或许能够说明，天空原本就是冷的。南村的雨，沙沙有声。可这更让我笃信，此处万籁俱静。有时候安静到可以听到心跳，我就能清晰地分辨冷暖是非了。我愿意把自己想象成一棵树，于是裸露的每一寸肌肤都学会了呼吸，浑然天成。我喜欢站在出租屋的窗子边，观雨。雨水无形，我看到的，大抵是因为雨水，改变了物质的状态。

仿佛全世界都在水里游，无常又明亮。我能看到低矮的屋子上，晏然的瓦片沾了水，黧黄变作了杏黄，瓦上凝结的硕大水珠，鱼贯地砸在草木上，叶子变得有些气馁，呈卑躬屈膝的姿态。对面有一幢小楼，顶层养着一条狗。它高瞻远瞩，视野涵盖着整个南村。至少在我眼里，它是个国王。曾经，我见过自杀的狗，为了一摊青草，从高楼坠落后，粉身碎骨。它却不同，习惯了卧在云端，俯瞰苍生。

于是南村里，常有犬吠声在头顶盘旋叫嚣，有时短促，有时婉转。它守着全世界最空旷的阁楼，面前是淡青色的水泥地，以及一只微小的盆栽，仅此而已。它与植物，孤直双生着。此刻下着雨，它正盯着这株永不干枯的绿色植物思考着，它们之间有些不同。这让我突然想起《泰坦尼克号》中的经典台词：You jump,I jump（你跳我就跳）。

我会幻想有一天，它像做了错事的孩子般，用一只爪子，把植物推下悬崖，有意无意都无妨，然后它就坚定地跳了下去。雨水以画一条直线的时间，看到了世间冷和暖，它或许也将明白这一切。花盆破碎的一刻，它将看到，植物是有根系的，如此特别。而有时候，我们过得或许还不如一只犬。

冷暖无常，在南村我还看到过这样的情景。那是一小幢低矮破旧的砖房，像一尊双面佛，背靠背隔着一堵墙。它的一半，是暖的，在微笑，有人在生火煮饭，散发出米的糯香。而另外一半，是冷的，在啜泣。那屋顶破了大部分，雨水贯穿了整个格局，像一根根细小的钉子。昏暗中，我看到墙角是一堆破纸板，用绳子捆绑着。一旁竖着半打啤酒瓶，此刻盛装了浑浊的雨水，不知谁是谁的收藏品。一个浑身赤裸的老人正躺在屋门口的青石板上，淋着大雨。他似乎已然神志不清，嘴里念叨着混沌的音节。他挣扎地要从屋外爬到屋里去，我想他是土做的，正越来越像一摊污泥。

我以为是我看错这世界。既然苍老，就让他继续苍老。既然破碎，就让他变成尘灰。就是生来死去，飘来飘去。我撑着伞，不愿意走近，又不愿意离开。黑色的伞，写着沉静的悲哀。我只是不知道，我能做些什么。屋里在漏雨，又和屋外有甚分别?

我回到自己的出租屋，暖暖睡去。我和这个世界，恍惚隔着一扇透明的玻璃窗。是玻璃上沾了雨，你却站在窗外面看到我，以为我在默默流眼泪。那条狗还没跳下去，老人或许还躺在那里，我如一棵树，站立在风雨中。大雨浸润处，仿佛有雷电劈在树心里，从中间撕裂。

9. 你好，再见

猫眼里透出光，证明里面有人存活。这是我半年时光里，唯一一次敲响邻居的门，有些紧张和唐突。起初她有些防备，在屋子里问我是谁。长久以来以声音判断，我知道屋子里从未有过男人，我只能尴尬地告诉她，我的名字是“邻居”。我在她门前堆了小山一样的物品，有折叠椅，卷好的竹席，四层的金属置物架，袋装的洗衣液和衣架。

她从傍晚的门缝中，先是打量了我，我不知道门缝中的自己是否完整，我也是第一次看到她的模样，比想象中朴实许多。她用警惕、森冷的语气问我做什么。我尽可能地笑了笑，说即将要离开南村，这些带不走的物品，想留给她。她终于敞开了门。

然后我把走廊中的物品，一件一件地递给她。她变得有些羞赧，甚至措手不及。要不然，我给你钱吧。这样的话语她重复了好多次，我反而有些惊讶了，这是我从未想到过的台词。

第二天清晨，房东站在屋子里，看我把所有的物品清空，督促我擦干净了地板。似乎眼前的一切，都和来时一样，干净而空虚。没有物品的房间里，走路都带有巨大的回音，不断翻卷着心绪。是那白的雪，再次淹没了我的眼，我是终于要回家了，如此温暖。

我在楼下又见到了阿婆，她问我要怎样离开。我指了指天空，我想我再也不会忘记出村的路了，还有她引路时候的背影。我执着地要穿过那交错的巷子，拖箱的轱辘，咔嗒历鹿。没有人问我是谁，要到哪里去，就这样，我似乎可以看到南村的过去和未来。冷暖交织又更替着，南村就像是城市中的一片巨大的森林，它没落又繁华，我就是那山中砍柴人，曾经守候了最宁谧的日月，如此心安。

在这街角再砍一段甘蔗吧，就像砍下一段宿命，甘蔗是甜的，需要耐心咀嚼，南村的时光也是如此。那一刻，我似乎还未离开，就开始怀念了。有时候怀旧，并不是那段时光完美，而是因为那个时候，我们如此年轻。世间万物，轻取轻放，无须偿还。这一切的一切，终归只剩下一句：你好，再见。

秘密

by/ 晏耀飞

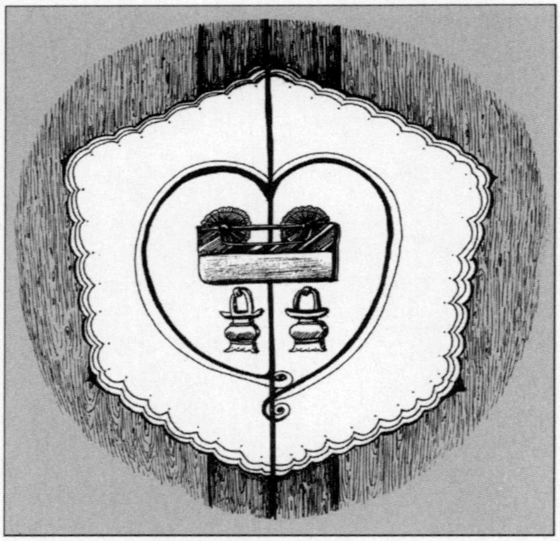

有人在背后追我，他离我很近，但是由于我奔跑得足够拼命，依旧和他保持着两步的距离。尽管如此，他还是可以用手中的棍子敲我的脑袋，下手很重，一下比一下重，敲得我眼睛直冒金星。我心里虽然有些害怕，却忍不住怒火中烧，回过头去吼道："不要再敲了啦！"

在梦里拿棍子敲我的那个人就是林黄，我连想都不用想，只要看着他那张比乞力马扎罗火山还活跃的脸就了然了。他扰我清梦也不是什么新鲜事，比如昨天上物理课时我梦到一个苹果，正准备上去捡的时候却被他一个爆栗给敲醒了。他每次敲醒我以后总是有牵强的理由，不是老师发现我睡觉了就是有重要的知识错过了可惜。其实我心知肚明，这些都是狗屁，他这么捉弄我的真实原因只有一个，那就是他觉得一个人玩得无聊。

看着他抱着右脚龇牙咧嘴的欠揍样，我干脆一不做二不休，又踩向了他的左脚。他尖叫了一声，像匹受惊的马一样把双脚高高地抬了起来。

我忍俊不禁，林黄就是这样的人，总是让人又好气又好笑。

"林妹妹，这次又是为什么叫醒我呢？"我将他胳膊上的肉像水龙头一样拧了好几圈，脸上保持着最灿烂的笑容。这样才能使我的打击对象痛并快乐着。

"额，呵呵！"林黄这次却一反常态，一张嘴，脸就红透了。

"你平时可不是这样的，你不是号称二十一世纪的苏秦张仪吗？平常不是口若悬河一泻千里吗,今天怎么装起小姑娘了？"我的怒火不知怎么一下子消失得无影无踪了，我的全部心思都花在思考他是什么时候起变得这么笨嘴拙舌的。

"你帮我把这封信交给夏浅吧。"他支支吾吾了一会儿，不好意思地把一封信扔炭火一般交到了我的手中。

那是一封折叠得很精致的信，信纸是蓝色的，透着淡淡的清香，握在手中感觉暧昧而温暖。作为一个常年和男生们混迹在一起的女生，以我的直觉，这不是一封普通的信。我有些紧张，不过我不想像林黄那么没种，我直直地看着他，尽量意味深长地问："这是你给她的情书？"

"不是，不是。你只管给她就行了，只是一封普通的信。"林黄连忙摆着手，脸红得像雨后的晚霞一样。他越是否认，我便越加确定这是一封情书。我是一只专门为人传情达意的信鸽，这点小猫腻还能瞒得过我吗？

我不由得瞟了夏浅一眼，她正趴在课桌上奋笔如飞。月考的成绩刚刚下来，她正在认真地改试卷上的错题。在我看来，除了优异的成绩，她只不过是个再普通不过的女孩，扎着平常的马尾，穿着灰色的校服，身材矮小而臃肿。

夏浅是刚刚从外校转来的，我依稀记得，那天她在台上做自我介绍的时候，林黄还一脸厌烦地嘀咕了一句："讨厌，简直就是只跟屁虫。"我问他是不是认识她，他没好气地翻了个白眼说："鬼才认识她呢！"真是世事难料啊，一个月不到，他对夏浅的态度不但一百八十度大转弯，居然还鸿雁传情！

我从小就不爱学习，唯一的爱好是和男生们称兄道弟，和他们一起砸窗翻墙。我愿意为我的兄弟们两肋插刀，可惜的是我的肋骨不够硬，没有男生稀罕我为他们插刀，我的价值就只能体现在偶尔送送情书上。由于整天不务正业，全班倒数一二每次花落在我和林黄的头上。

我是天资愚钝，怎么也学不好。林黄却不一样，他起码也曾经辉煌过，想当年还在初一的时候，他一直都在年级前十，甚至好几次拿到了年级第一。加上他生性乖巧，每一个老师都把他当作掌上明珠。可是初二一开学他便变成了另外一个人，上课总是在手机上玩赛车游戏，下课铃一响，他就立刻抱着篮球以磁悬浮列车的速度冲向操场。这样自暴自弃了半年，他便和我一样，成为了扶不起的阿斗兼调皮捣蛋的坏分子。班主任和各科老师找他谈了很多次话，完全无济于事。

那时候我已经机缘巧合成为他的同桌，我和他兄弟相称，我们俩经常一起在放学后去打台球，好得像亲兄弟一样，甚至有人在背后说我们在谈恋爱。实际上我们只是很好的朋友，我和他是一类人，我们都和同性格格不入，我太闹了，而他是太过优秀。

因此，当我第一次看到他和学校的那群无所事事的小混混站在天台上抽烟的时候，尽管我知道那只不过是摆摆架势，根本就没有过肺，还是怒气冲冲地冲上去劈手将剩下一半的烟头给夺了下来。那时是在冬天，傍晚的冷风刀一样拼命吞噬着他的身体，而他却像雕塑一样一动不动地站在天台上，直到所有人都散去，直到晚自修的铃声响起来。

就是从那时起，我渐渐接受他的坏了，我知道，他的坏都是装出来的。我没问过他为什么要伪装自己，以我对他的了解，他不愿意说的，问了也等于白问。直到后来，我听到班上的男生议论说林黄的父母那段时间在闹离婚，他才有些自暴自弃的。那段时间，班上有很多男生给女生写情书，女生们经常被那些言辞热烈直白的情书吓得花容失色。因此，班主任在班上召开了一次专题会议，就男生这种青春期的萌动予以了激烈的批判。这个时候林黄就突然一改吊儿郎当的模样，咬牙切齿地说："什么情啊，爱啊的，简直都是浮云，说着好玩呢。"每当此时，我就满脸狐疑地看着他，他则不好意思地摸摸头说："我爸妈当年也是早恋来着，感情就不好！"他的眼睛里布满了忧伤。

既然有前车之鉴，他又怎么会重蹈覆辙呢？

我虽然装了一肚子的疑惑，但是我没有问他为什么就不偏不倚看上了夏浅。

下午的第三节课是英语课，作为英语课代表的夏浅在第一节课就开始收作业本了。她连续催了我两遍，我都在草稿本上故作姿态地写写画画。直到第三节课的预备铃响了之后我才将那封信夹在了英语作业本的第一页交了上去，我看到夏浅的眼睛里流露出了鄙夷的神色。我则在鼻孔里冷哼了一声，翻了个白眼便离开了。倒是林黄，那两节课都显得坐立不安，他像个陀螺一样，不断地转头看向夏浅的位置。

夏浅却没有丝毫动静，她一直在专心听讲和做笔记，一副若无其事的样子。直到第四节课，林黄有些沉不住气了，他拽了拽我的袖子问："你确定她收到信了吗？"我笃定地点了点头："我比她自己还确定。"

初中女生收到情书后也许都会有些不知所措，这种感觉我无法体会，因为我从来都是为他人作嫁衣的角色，自己连试试的机会都没有。夏浅的表现极为平静，几天过去了，她依旧和以前一样学习和生活，一点异样都没有。

"她没有过激地把这封信拿去交给班主任，也没不知所措地趴在课桌上哭哭啼啼。她是刚转到我们班来的，没有几个朋友，更不用说是专门组建一个智囊团出谋划策了。那最后一种可能就是她把那封信给神不知鬼不觉地撕掉了。"我在一个星期后终于对林黄说出了我的想法："你可能是没戏了，她也许早就把情书撕掉了。"我的心里居然有点快意的情绪，这种感觉把我自己都吓了一大跳。

"随便。"林黄无所谓地笑了一下，便一边用中指转动着篮球一边走出了教室，他的表情和冬天的天空一样沉重而压抑。那半天的课他全部溜号了，直到放学的时候，才像只落汤鸡一样晃晃悠悠地回来了。

那天放学的时候，他一边收拾书包一边漫不经心地问我："如果有一天我离开了，你会不会想起我？"

我愣住了，像是被葵花点穴手给定住了。

他一把抓住书包说："想你也不会，你怎么会想一个老是欺负你的小混混呢？"他似乎叹了口气，飞快地离开了。

第二天一大早，林黄又交给我一封和第一次一模一样的信，同时塞到我手中的还有一大罐温热的牛奶。

我是在课间操的时候把这封信交到夏浅手中的，她正在卫生间的水龙头上洗手，我将信塞进了她的裤兜里，看着她有些不知所措的脸恶狠狠地说："不管怎么样，你总该回封信吧！"说完我霸道地将她的手从水龙头旁推开了。她在我身后站了一会儿，似乎有什么话要说，但是最终什么都没说，怏怏地离开了。

林黄最近心情持续低迷，他总是在上课的时候睡觉，疲惫的样子像是一只奔跑了一整天的千里马。我义务充当了他的哨兵，可是有一次上班主任的历史课时我走神了，我在看窗外的一只拈花惹草的花蝴蝶，想到了"庄生晓梦迷蝴蝶"的诗句，我看向埋头酣睡的林黄，不禁被吓得魂飞魄散，班主任正板着一张僵尸脸悄无声息地站在林黄的背后。

办公室里，我低垂着脑袋，像个俯首认罪的犯罪分子，一副悔不当初的样子。和我形成对比的是，林黄依旧趾高气扬，他的姿态仿佛在向班主任宣告，要杀要剐悉听尊便的样子。

班主任哆嗦着手点着了一支烟，恨铁不成钢地看着林黄说："打电话让你爸过来吧！你的情况我必须跟他好好谈谈。"

出乎意料的是，林黄不慌不忙地掏出手机，噼噼啪啪地翻找了一会儿，递给班主任说："就是这个电话，你打打试试吧！兴许他忙着，顾不得管我的事。"

班主任的脸一阵红一阵白的，他狠狠地瞪了林黄一眼，赌气似的拨通了林父的电话。奇怪的是，林黄一点都不害怕，正相反，我在他脸上似乎还看到了一丝隐藏着的笑意。

那天下午，一个肥头大耳的中年男人出现在了教室门口。他先是谄媚地冲着坐在前排的夏浅笑了一下，真的，没错，他确实冲着夏浅笑了一下，那是职员求老板加工资或者学生求老师加分时才会有的笑容。

接着他用千年寒铁一样冰冷的声音将林黄叫了出去。好奇心使然，我举手向老师报告说我要上厕所，便随后走出了教室。我看到林黄和那个男人站在走廊的角落里，他依旧是那副不可一世的模样。那个中年男人掐着嗓子对他咆哮着什么，然后我听到他用嘶哑的嗓音反驳着。我听到一声清脆的响声，如果猜得没错，那是一记很重的耳光。

我在厕所里转了一圈，夏季燥热的空气使我的鼻子像是被针扎一般难受。我又快步向教室走去，我在教学楼口迎面碰到了林黄和那个中年男人，林黄的半边脸浮肿着，眼里闪动着星辰般的泪光。我隐藏在了一棵树后，看着他不断抬起手擦眼睛，心里不由得涌起了一丝淡淡的伤感。

林黄在接下来的一个星期都没有来上课，我身边的位置一直空着，这使我的心里也空落落的。

我越来越看不惯夏浅了，我认为林黄的离开多多少少和她总有点关系。说不定正是她把写给她的那些信交给班主任了，才导致最终东窗事发的。

林黄不在的那一周，所有的老师就像是商量好了一般，穷尽了世上存在的所有美好的形容词夸奖她，她那春风得意的样子和当初的林黄是那么像。我甚至觉得，就是她的出现才夺走了本该笼罩在林黄头上的光环。我和她的矛盾是在星期五那天趋于白热化的，那天早上我像往常一样踩着早自习的铃声走进教室，迎接我的却不是此起彼伏的读书声，而是马蜂窝一样乱糟糟的场面。

夏浅就像一个蜂后，站在了风暴的中心，她脸上的笑容就像开到极致的向日葵那么夸张。更可气的是，她冲着我喊道："信鸽，来吃糖。"说着她将一把巧克力软糖从密密麻麻的人头里递了过来。

我当然没有接，我走过去劈手将那些糖打落在了地上。一只手叉着腰，另一只手指着她的鼻尖说："以后再敢喊我信鸽，小心你的嘴丫子。"除了林黄，我讨厌任何人喊我信鸽，这就跟他只允许我叫他林妹妹是一个道理。按林黄的说法，这是等价交换。

我在同学们惊诧的眼光中回到了自己的座位上，那节课我连书都没翻开，我一直在盘算着怎么捉弄夏浅一番。要知道，我和林黄不一样，我敢爱敢恨。我从来不会面对着我不喜欢的人独自生闷气，谁要是成为我的眼中钉，我会让她比我难过得多。

夏天是最方便于捉弄人的季节，只要敢于动手，多恶心的虫子都能信手拈来。我放学的时候在公园里的一棵桑树上捉到了一个硕大的青虫，我将它从树叶上拿下来时，它身上的黏液像蚕丝一样扯了很远，我为自己这惊人的发现雀跃不已。

星期一的早上我是第一个进入教室的，我把那只奄奄一息的青虫倒在了夏浅的英语课本的单词表里，就出去散步了。

上课铃终于在很久之后响了起来。我装作若无其事的样子走进教室，此时班主任正凶神恶煞地站在讲台上吼道："有没有人看到这条虫是谁放的？"他指着桌子上的一个纸团。同学们都噤若寒蝉，夏浅喑哑的哭声因此便格外突兀地冲刺着我的耳膜。我第一次感觉我的座位离教室门口是那么遥远，我的脚步滞重而干涩，就像行走在黏稠的泥淖里。我没敢看任何人，任何人的目光此时都能把我戳穿。

那天上午夏浅没有继续上课，她将几本书塞在了书包里，呜呜咽咽地回家了。看着她树叶一样摇曳着消失的背影，我没有一丝大快人心的感觉，因为林黄没在，没有人和我分享这份快乐。当然，我更不会内疚，这种恶作剧对我来说也太小儿科了，怪只怪夏浅胆子太小。放只虫子是最低级的把戏，我的真功夫还没来得及施展出来呢！

中午我没有回家，事先约好了和几个男生一起打篮球。中场休息的时候我向他们打听林黄的近况，不出意料，没有一个人知道。末了一个男生指着正在投球的一副陌生面孔意味深长地笑着说："你要是真的担心他，可以向路虎打听打听，他和林黄住在一栋楼里。"

我在路虎那里并没有打听出更多的消息，他说的最有价值的一件事就是林黄的父亲再婚了。就是上个星期五举行的婚礼，结婚的对象也是个二婚头，带了一个女儿。他最后补充说："我没有见过林黄，他们的婚礼我也去参加了，我只见到了林黄天上掉下的林妹妹，听说刚转到我们学校。如果碰到她，我替你问问。"说着他兜头浇了一瓶矿泉水，我却感觉那瓶水是浇在我的头上的，不由得打了个激灵。

那之后就进入了紧张的期末考试复习阶段，懒惰的我也不得不临时抱佛脚，毕竟我不想回去面对着父母冷若冰霜的脸讨论留级事宜。我的好兄弟林黄只能暂时委屈一下，被抛到了九霄云外。

除了那次恶作剧，期末考试那天便是我本学期起得最早的一天。俗话说无利不起早，我是为了提前抄答案而去的。林黄在的时候，往往在我卡壳的时候把他的小抄递给我，现如今世道变了，我只能靠自己了。

考试对我来说简直是一场地狱之旅，这一点都不夸张。下午考最后一门数学课时，我只做了前面的基础题，然后看了看窗外阴霾的天空，觉得挺适合打篮球，于是把做了一半的试卷交了上去，路过夏浅的时候，我故意垂下了手臂，在她白色的裙子上用中性笔画了一条黑色的斜杠。

在操场上遇到了路虎，我问他："你见过林黄的妹妹吗？"

他失望地摇了摇头，不过，我们投了几个球，他又说："但是，我听说那个女生就在你们班，不过林黄和她关系不太融洽，从来没兄妹相称过。她的名字叫——"他拍了拍脑袋想了一会儿，才恍然道："叫夏浅。"

我的脑袋里电光石火般闪过一道异样的光芒，放下手中的篮球，不顾一切冲向了教室。所有科目考试完毕，夏浅正将厚厚的一摞复习资料装进书包。我则过去将她从头到脚看了一遍，一字一顿地问："你是林黄的妹妹？"

她似乎早就料到我会找她，镇定自若地说："确切地说，我是他干妹妹。"

就在那天下午，我知道了林黄隐藏了很久的秘密。其实在一年前，他的父母就闹离婚，那个时候，他为了转移矛盾，便跟着学校里的小混混们学坏。可是尽管他很努力地制造各种事端，却没有挽救父母被生活消磨殆尽的感情。半年前，林黄的父母正式离婚了，他的母亲去了另外一个城市，而他的父亲忙于事业和新的感情生活，早已将他忘在了头发丝之外。那时起林黄才真正变得叛逆，他抽烟，酗酒，和刚进门不久的后妈作对，他唯一不讨厌的就是他后妈带进门的干妹妹夏浅，她漂亮，优秀，善解人意，而且愿意倾听他的心声。

"那么，那些纸条又是怎么回事呢？"我问出了最疑惑和最感兴趣的问题。

“林黄从来不当着父母的面跟我说话，他在家总是摆出一副拒人千里之外的姿态，他本来是被判给他妈妈的，他故意留下了，当父亲的眼中钉，让他难受。可是他有太多东西需要倾诉，所以他总是以传纸条的方式来完成，而我，是最忠实的聆听者。”夏浅的表情晴转多云，强笑着说，“不过，现在他终于明白这样做除了伤害外什么好处都没有，就自己回到了他妈妈的身边。”

“他是个很好的哥哥，不能和他生活在一起真的很遗憾。”幽暗的灯光下，夏浅眼里的泪珠星星般闪动着。

而我遗憾的是，我一直把林黄当作铁哥们，而他的心却和我永远隔着一层毛玻璃。他没有选择我作为倾诉的对象，而是把内心深处的秘密告诉了另外一个人。当然，我最最遗憾的是，在林黄那次问我在他离开后会不会想他的时候没有干脆地回答说想。

我和夏浅沿着路灯走了很远很远，我们彼此沉默，却手牵着手，从黑暗走向光明。夏浅也在黑暗的尽头告诉了我一个秘密，一个永远不为林黄所知的秘密，是她妈妈让她接近林黄，并成为他的心灵诊疗师。

原来每个人的内心深处都隐藏着一个秘密呢。我的秘密又是什么呢？我暂时决定谁也不告诉。

咖啡日记

by/ 北西

二〇一一年十一月十九日 周六有云，时而出现太阳

我相信一见钟情，可这种事发生在我身上通常都是单方面的，那就是我对他一见钟情，他对我应该是有点多疑吧。如果不是喜欢上一个人，我永远也不会觉得自己的肥胖是个问题，可今天我真觉得自己的身材是个巨大的问题，让我有渴望被再造一次的巨大问题。

我们丑女四人组今天去城南看电影，片子倒还不坏，但也没有什么太值得称道的地方。但我想，多年以后，我大概会感激这部电影吧，真的，没准就会呢。

看完电影我们四个人到附近的麦当劳坐坐，她们三个身材相对标准不介意吃一些高糖高热量的东西，我本来也是不介意的，可是后来我决定不去买东西吃了，推开门坐下来的那一刻我就决定要减肥，要努力减肥了，因为我看到了他。

他是麦当劳咖啡柜台的咖啡师，这家麦当劳大概就是主打咖啡的，外面的招牌上写的就是McCafé。当然这个不是重点，管他主要是卖什么的。我坐下来左右张望的时候就看见了他，我的天，这世界上怎么会有这么帅的男生，oh my god，我现在坐在寝室里写日记时脑中闪过他的脸，我就激动得想喊两嗓子了。真的好帅啊，不过他不是赢在五官上，是赢在一种居家的温柔感上。他穿着黑色的制服站在咖啡机后面忙忙碌碌的，有人靠近时他会抬头冲顾客微笑一下，那笑容真是要人命的那种。要怎么形容呢，温柔，善良，纯真？似乎统统都有，最最主要的是，他真的给了我全身上下里里外外一种激荡，很猛的那一种，就在那一瞬间我真的有个坚实的想法，那就是我宁愿放弃我所有的所有的所有，就为了陪着他身边。

唉，真是太喜欢他了。

看到他一个人在柜台后面，好想过去给他当个副手，跟他一起照应这些客人。我想女人会想要结婚就是出于这样的念头吧，一个想要安定的瞬间。我想这就是我遇到他时的想法了。我从前觉得自己一定要成为伟大的人，要有所作为，要让那些看不起我的嘲笑我的人都对我服气，现在真心想为了一个人放弃这些，就想跟他好好生活，平平淡淡的。

我真是花痴了。

就让我暂时这样吧，能够活在美好幻想中的一阵子，也好了。因为我心里比谁都明白，我得不到，永远不可能到达他身边，那个我想要栖息的海岛。

睡了，晚安。

我喜欢你，跟你有什么关系。

二〇一一年十一月二十六日 周六有云，刮大风

特意去了一趟那家麦当劳，没碰见他。

以为麦当劳是轮休形式的，估计他是附近的学生周六来做做兼职，所以有一个工作的时间段。我今天去得有点早了，上次碰到是快要到晚上八点了，今天才五点多就到了，我就等啊等啊，竟然等到了十点半打烊他都没出现。

该不会是辞职不干了吧，上次我们四个一直在偷窥他，不会是把他给吓跑了吧。真遗憾啊，才见过一次就断了，人海茫茫的，哪里可能找得到他。

我是真的很喜欢他，唉，开始喜欢又有什么用呢。

我还是早点洗洗睡吧，也许这世上真有一种感觉叫作昙花，只有一现，便再不复见了。遗憾。有点难受。唉唉。

Café，你在哪里啊？

二〇一一年十二月三日 周六下雨了，晚上放了晴

今天的情况真是多得让人有些承受不住啊。

虽然我口头上不愿意承认，可今天会和小莉去城南逛街，我还是有一点期盼的。小莉这个逛街狂人，城南那座小商厦都被她给逛遍了，我本来就胖，走路可吃力了，还被她以减肥的名义拉着逛了四个小时，从天明直接逛到了天黑。

小莉想去吃那里的一家东北菜，我死活不肯，要不然我今天可就算是白来这儿了。推开麦当劳的玻璃门看向咖啡柜台，那一瞬间我觉得自己的心上真的开满了花，那种感觉，没体会过的人肯定难以想象。啊呀呀，我看见他了。虽然我不清楚他上个礼拜六为什么没来上班，但今天，他真真地又出现在我的视线里了，天哪，我好幸福。小莉放下东西就去买吃的了，我却一点都不饿，不饿，谁说爱情不能当饭吃的啊？我这就分明是饱了。

这一晚上虽然小莉一直嚷着要走，可我还是拉着她在麦当劳坚持坐了一晚上。不知道他知不知道我是来看他的，不知道他对我这样一个能够在麦当劳什么也不做干巴巴地坐了四五个小时的人是怎么想的。不知道，会不会记住我，虽然我都没有勇气去买一杯他亲手调制的咖啡。唉，好无能啊我。

后来有个女孩子跟我们说要打烊了，小莉如获大赦地拉着我推开门就走。我不舍得，

被小莉拉着依旧不能把目光从他身上移开。我远远地看着他，他正在跟一个高个子的男生说着什么，虽然越来越远，我却还是能够感受到他的笑，那么温柔的笑容，我真的甘愿就这样，时间停在这一刻，让我一直一直能够看着他。

我真的是很喜欢很喜欢他呀。

走了一段，我们放慢了脚步，我突然好感慨就唱起了歌，我唱了阿妹的《我恨我爱你》，很高声很嘹亮地唱。边唱着，我回头张望那间透着光的麦当劳，多希望能够再去看他一眼。阴影中却走过来一个人，我起先不敢相信自己的眼睛，等他走近了我才发现是他，Café，是他，真的是他。他也往这边走的，我猜测跟我们一样是去搭地铁的。

他走得还算快，比我跟小莉那种慢悠悠的步子是要快多了。我拉着小莉紧紧跟在他的后面，他心无旁骛地走着，中间只把手机拿出来看了一眼。

进来地铁站，两个方向的车子都还没来，他站在跟我们相反的一边，他要乘坐的地铁会在五分钟后到来，而我们的则还有四分钟。等车的时候，他站着抽了一支烟，他半仰着头若有所思地吐着烟雾，那样子，我现在想起来都无法自持。我不是特别喜欢抽烟的男孩子，可是他，连抽烟都抽得那么帅。

我们的车子来了，小莉知道我不会愿意走，我们就默契地都没有踏上去。他回头看了我们一眼，回过头去，片刻后又回过头看了我们一眼。连小莉都激动了，不断推我，让我去要号码。

我也想啊，我在心里偷偷打了个赌，如果他的车子来了，他也没有上，就是突然天崩地裂我都去问他要个联系方式，就算我们中间突然裂开了大口子，我都要用尽全力朝他跳过去。可惜，这些小说里的情节只会设定在俊男美女之间，他确实配得上那些情节，但是抱歉的是，我没那个资格。他的车子来了，门开了，他进去了，门又关上了，车子启动了，开走了。我小跑过去，想透过车窗再看他一眼，可是车子太快，已看不见了。我好想喊一声我喜欢你，上天听见了，能否给我一个机会。

小莉拍拍我的肩膀，我回头看到她朝我安慰地笑了笑，我抱住她，特别想哭。

我会不会这辈子都没资格被人喜欢上呢？我是个胖妞，从小到大都被人取笑。我从来没有被人喜欢过，这存下来的这么多年的亏欠，能不能就把他当成我二十年来的补偿。甚至，如果还需要我用生命去换，我也愿意的。

我很想停下来，不走了，停在他那里。贫穷也没关系，一生无为也没关系。都没关系，因为他是最大最重要的关系。

菩萨，请告诉我该怎么靠近，怎样努力才能够到达他的身边。

二〇一一年十二月十日 周六阴天

上次去看到麦当劳里好多复习功课的学生的时候我就想到这一招了。虽然我是没什么学业压力的啦，但是，我也总不能老在那里干巴巴地坐着啊，太引人注意了，他就算明白了其中缘由，我也不好意思的。我虽然胖，但脸皮还是比较薄的。虽然我心里清清楚楚地明白，无论我如何掩饰，这么高频率地出现，已经说明一些什么了，可我管不了的，爱情令人疯狂，我管不了的。我管不了的事情还有克制不了想要跟他搭上联系的冲动，我写了封信，其实也不能算是什么信，就几行字而已，就是想表达我很害怕在茫茫人海里会跟他走散，会害怕某一次再来这里却见不到他的失落，我跟他的联系仅此而已，牵系在一份似乎不牢靠的工作上面。我想尝试着往前一步，就不去奢望成为恋人，其实也是有点少女情怀的渴望啦，但我更想的是能够获得他的联系方式，电话、QQ甚至邮箱都好，以后至少能够联系到他的任何方式都行。

这举动真是疯狂，我内心忐忑地来到麦当劳，无心地翻着手边的书，那是一本姚谦的《我愿意》，我眼睛一直在偷瞄他，他有时很忙，有时又闲闲地靠在柜台边向四处望望，他有时也会看向我这边，我想，大概是因为我正好坐在了厅堂壁挂液晶电视的下面吧。我给自己加油鼓劲，设想好上前买一杯咖啡，然后顺手把信交给他，信里有我的所有联系方式，他若愿意，就搭上我的任何一条联系的线索。就当我真的快要被那股冲动冲起身时，他撒娇地向一名年长女子申请出去打个电话。他撒娇的样子，真的让我全身酥了，瘫痪了，再站不起来了。

年长女子环视了一圈整个厅堂，现在没什么生意，出去一会儿应该不影响什么，她笑着说，那女孩还没追到手？

听到这个问句的当下，我真的有种被雷击的感觉，哗啦一声，我的世界被雷光刷成惨白。

他有些无奈地摇了摇头，说，还在努力呢。

上次特意调班去给她过生日，又是花又是巧克力又是摆了一地的蜡烛，还不行？

还差一点，还差一点，她说要看我的表现，所以我得出去打个电话表现表现了。

快点回来哈，咖啡台就你一个人呢。

好的。得到同意，他飞快地跑出柜台，从我面前跑过时带起来一阵带着咖啡味道的旋风。我的视线无法克制地跟随着他，视线穿过落地窗，看到他坐在门前的一圈木椅上，拿出了手机。我看着他跟那个她通话时脸上的笑容，是盯着，紧紧盯着看，那一刻，我的心里翻起来我这辈子最强烈的一次嫉妒，深深而强烈的嫉妒几乎要激出我的眼泪。

许久，我默默看着他，终于能够平静下来，他打完了那个电话，在他再度路过我身边时，我无奈而认命地把那封捏出了指纹印的信夹进了那本《我愿意》里，合上了那张玫红色的封面。

如果你愿意，我就真的无怨无悔地愿意为你。

二〇一一年十二月十七日 周六天气是晴，蓝天有云

我今天还是去看他了，我原本是不想去的，真想狠狠克制住自己不要去想他了，可是没办法，虽然知道他心里有人了，本来就轮不到自己的幸福现在更加遥不可及，可是，我还是想他，我没资格递上那封信，总有一天会再见不到他，我只想抓紧这样能够看看他的每个周六，这样，大概不够，可是也只能认命说够了。

他今天不开心，快打烊的时候他申请出去打个电话，我在落地窗里面看着他急切地对着手机那头的她解释什么，像个孩子一样无助，电话像是被另一头突然挂断了，他愣愣地盯着手机屏幕看了很久，无奈地把它放回了口袋里，落寞地走了回来，推开门，带来室外寒凉的风。

年长女子看到他的神情，问："怎么回事？还是不肯听吗？不就是看到好朋友傍上个

富二代，至于这么眼红吗？”

他没说话，拿起抹布开始收拾没人坐的座位，他慢慢擦到了我身边的一张桌子，我清晰地听见了他低低的一声叹息，那一刻，我的心忍不住地疼起来。如果我再漂亮一点，不那么胖，如果他能多看我一眼，给我一个往前的眼神的鼓励，我真的会奋不顾身的。我不在意他是否有钱，不在意是否有高学历、高收入，不在乎很多，只想在乎他一个。

打烊后，他一个人走，我跟在他身后。

他很失落，走路时微微弯了脊背，像被现实压住。我就在他身后，默默在他身后陪他，无论他是否发觉，我都在跟随，如果他需要，我一定会上前拉住他。只是他只顾低头走，无暇顾及其他。

我轻轻地哼着歌，能不能让你陪着你走，既然你说留不住你。

我轻轻地哼着歌，我不再让你孤单。

老天，是否可以给我个机会，我想，照顾他。

二〇一一年十二月二十四日 周六晴天

那个女孩出现了，晚上是平安夜，估计是想一起过吧。

女孩很漂亮，打她推开门走进麦当劳，我就注意到她了，真漂亮啊，皮肤又好，有一头卷卷的长发，身材纤细均匀，是很赞的女孩子，花一样。该死的，看到她的第一个念头是觉得她跟café好般配啊，但那时我还只当她是路人。

当她慢慢走向café，而café脸上那种傻傻的笑容才让我意识到，他们不仅仅是看着般配，她就是café选择的那个女孩。上个礼拜的不愉快似乎解决好了，她在柜台前捏捏他的脸，说，我去那边坐了，你调咖啡给我喝啊。

Café傻傻地点了点头，眼里眉间都是满足和幸福。

那一刻，我彻底地认了，更不消说这一晚上他们时不时地眉目传情。Café得到了，看到他幸福，我遗憾给他幸福的不是我，遗憾我徒劳无功地暗恋，到底来只能做他们爱情的看客，并心有芥蒂地祝福。

女孩没有等到打烊，她坐了大概两个小时就走了，再有一个小时不到麦当劳就打烊了，平安夜的晚上，还是他一个人回去，哦不对，他身后有尾巴一样的我。也好吧，这样要特殊也特殊的夜晚，我也算是跟他一起度过了，也算是跟他一起只有我们两个人地度过了，虽然只有大概十五分钟，很宝贵的十五分钟。

因为我在他们幸福的眉目里，暗自决定离去了。

二〇一一年十二月三十一日 周六晴天

学校里举行跨年晚会，我有一个节目，但大家都不知道。那是一个时长半个小时的音乐剧，讲述了王子和公主屡经挫折但最后幸福的童话故事，我是唯一一位没有上台，一直在后台为他们配唱的幕后演员。舞台上都是俊男美女，他们旋转起舞赢得光彩，舞台灯光那么亮，却照不到我身在的阴影，哦，也许就是因为灯光，把阴影投在了我的身上。节目完成后，我没有上台谢幕，他们中也没有任何人提醒我也一起上台谢幕，我放下话筒，默默地走出了他们的庆祝。

我想见他，虽然我知道我不能再去了，可是，我想见他。我在礼堂外徘徊了很久，终于撒开腿跑向了地铁。

我想见他，我想见他，我想见他。

虽然我见到了他，和他的她。

她坐在落地窗里面，低着头看一本书，她优雅的头发松软地垂在书页上，那样子可真美。我能看到他时不时要抬起头看看她，即使很远，依然能感觉到他目光里对我致命的温柔，他们偶尔会隔空对笑，默契而甜蜜。我没有进去我就站在麦当劳的外面，坐在他曾经给她打电话的木椅上，默默地看着灯光里的他们。无论在哪里，我都是在阴影里面，在他们不能得见的阴影里面。

当时我笑了，笑了，就终于是掉泪了。

王子，是公主们的王子，丑小鸭永远只能是丑小鸭。

王子是公主们的童话，丑小鸭能有的只是现实。

那一夜我依然等到了最后，等到他下班了，牵着她走那条我陪过他的路，走向与我无关的幸福。

Café，café，请一定要幸福。

二〇一二年一月七日 周六晴天，阴天

放寒假了，今天是在学校的最后一天。

我知道时间到了，我想，我再也见不到他了。

我一个人坐着地铁绕着南京城走了一整圈，小莉发短信给我，说她去问了，他也放假了，辞职了，以后会不会再来不知道。

会不会再来，跟我已经没有关系了，我不会再去那里了，真的不会再去了。

在城市地底下穿行，当地铁来到郊区，能看到外面的光景。

我觉得很美，这城市，我舍不得，这城市，即使未给我想要的爱情。

我从遥远的地方来看你，要说许多故事给你听。

哼着这首歌时我在掉泪。

我从未得到，而我却仍然在坚强地坚持。

送我回去吧，地铁，我总该鼓起勇气去面对明天。

也许我会再遇到他，也许永远不会。

Café，你会记得我吗？如果你不记得，那就不要想起。我喜欢你，跟你没有关系。

Café，再见了，再也不见了。

二〇一二年一月十四日 周六好像要下雪了，好冷

我捡到了一封信，夹在姚谦的《我愿意》里，是一个女孩还书时忘了检查里面的东西，遗落在了书页里。

信的内容除了一些联系方式，只有两行文字：

茫茫人海里面、里面，有幸能够与你碰见；

无边无际世界、世界，怕有一天无处流连。

我试着顺着线索联系到了她，我问她关于信的故事，她当时并不想多说什么，但晚上，她发了一封邮件给我，附件里有她写的关于他的日记。她说，也许，让人知道这个故事，是我这场暗恋里，最大的价值。

她说，我很爱这座城市，曾经非常想要留下来工作，在这里扎根，生儿育女，成为这个城市历史的一部分，但现在不了，毕业后打算去别的城市寻找机会。一个城市若没有爱情，会让人觉得像无根的浮萍。我曾经害怕看窗外万家灯火，因为我总担心我会进不了那一盏灯火里。这么大的城市，我曾有幸也不幸地遇到了他，恐怕已耗尽了我在这座城市里爱情的全部运气，所以我想要去别的地方，去别的城市，看看是否还有运气遇见一份无主的幸福。

我祝福了她。这么善良的女孩，若不能得到幸福，是一件让人很灰心的事情。也许还不是时候吧，存下来的辛苦是为了兑换一份最大的幸福，每一次失去，都是一次幸福的存储。

关于尔雅的童话故事，她就是公主，也将会遇到这则故事里的那位王子。

我相信，我坚信。

女孩，加油！

微小的故乡

by/ 王明明

我底衫袖破了/我母亲坐着替我补缀/伊针针引着纱线/却将伊底悲苦也缝了进去/我底头发太散乱了/姊姊说这样出外去不太好看/也要惹人家底讨厌/伊拿了头梳来替我梳理/后来,却也将伊底悲苦梳了进去/我们离家上了旅路/走到夕阳傍山红的时候/哥哥说我走得太迟迟了/将要走不尽预定的行程/他伸手牵着我走/但他的悲苦/又从他微微颤跳的手掌心传给了我/现在，就是碧草红云的现在啊/离家已有六百多里路/母亲底悲苦从衣缝里出来/姊姊底悲苦从头发里出来/哥哥底悲苦从手掌心里出来/他们结成一个缜密的悲苦的网/将我整个网着在那儿了

湖畔诗人潘漠华的这首《离家》我上学的时候就读过，那时并没有太深切的体悟。我第一次听到这首诗歌的朗诵版是在二〇〇八年央视的新年新诗会上。我第一次被诗人那从衣缝里、从头发里、从掌心里渗透出来的浓浓乡情深深打动。后来，我把它下载到电脑里，坐在阳台上，一遍一遍地听。

阳台是陈旧的，那不断脱落的墙皮带给我的是诸多遐想，像在秋天的午后想念夏天的

黄昏。在一个夏天的黄昏，我衔着烟蒂蹲坐在那儿，任由倾斜的雨水打湿裤脚，一边听着《离家》，一边为和一个朋友的激烈争吵而暗自神伤。那时的苦痛对我来说是巨大的，当巨大的苦痛逼仄我的时候，故乡，我无处不在的微小的故乡，变成了一粒雨，流进了我的眼睛里。

故乡的雨总是独一无二的，在我的心里它也总是色彩斑斓的，至少涂抹着浓浓的绿色。因为提起故乡的雨，我总是想起与之相匹配的彩虹以及群山。那时，我总爱依偎在祖母的腿上，透过北窗遥望那个被我们叫作太平山的秃顶山。之所以叫它秃顶山，是因为在我们的视线里，它是一个不生长树木的石头山，它是特立独行的，因此它不属于我们林场。它像一个馒头，孤独地盘坐在绿色的那边的再那边，我不知道山的那边的那边是哪儿。我想那该是个很神奇的地方，是彩虹诞生的地方。我像韩东的《山民》里写的那样，对山外的世界充满了好奇与渴念。山雨袭来的时候，馒头山升腾起的白雾试图阻挡我对山外世界的遐想，可是没多久，浓雾就会淡下去，直到完全消失，在消失得让人生出几分悲凉的时候，它的头上就出现了意想不到的彩虹桥，色彩斑斓，如同被施了魔法的公主的头冠。头冠消失的时候，馒头山又在群山的背后掩映出来。我抬眼看祖母，这时的祖母脸上红润有光，不像后来那么衰老而憔悴。然而眼睛却是噙着泪的。她的泪腺总是很发达，祖母用更发达的思想控制着泪腺，使它涌出的泪至多仅是停留在眼眶里，从不外溢。她眼眶里夹杂着暮年的悲凉和新生的喜悦，有很多我那时难以读懂的内容。

我知道，祖母又要给我说故事了。

祖母一生，诸多坎坷。日本侵占东北那年，山东大旱，土地颗粒无收。她和爷爷领着年仅四岁的大伯和刚出生的二伯离开山东掖县，开始闯关外。后来跨过了鸭绿江到了朝鲜。那段历史我只能说略知一二，而浓缩在祖父祖母身上的历史，我几乎一无所知，我仅有的记忆是儿时祖母讲给我听的。她尽所能地把她经历过的事、体味到的哲理变换成通俗得不能再通俗的故事讲给我听，我觉得那是故事，仅仅是故事而已。故事里有祖父当年拾粪的苦涩，有在异国朝鲜遭人白眼与欺凌的艰辛，更有在茫茫北大荒撅根时遭到“张三”（狼的方言指称）的惊险。祖母给我讲祖父早年因贫困而落下的缠磨了他一辈子，使他过早离世的病；给我讲祖父和外公在我父母还没成为我父母时就交好的情谊，他们那从关里一直延续到关外，延续到今天的情谊；给我讲她和祖父在满目疮痍的东北大地拼搏、奋进的故事。这些，丰富了我对我从未谋面祖父的认知。他那挂在东墙上的黑白照片，和后来挂上去的祖母的照片都让我记住了一个词：故乡。仿佛，他们的离去给了这个词特殊的含义。从此，故乡从博大开始变得微小。我在当下颇为流传的“闯关”系列的影视作品里找寻着当年祖辈的痕迹，别人告诉我这是一部再现那段历史颇为真实的作品，我想的是，假使祖母还健在就好了，她一定能从这样一部剧中感受到时间被拉成的笔直的线条，她也会为这样的重新拉伸而流下浑浊的泪吧！

祖母的离开并没有阻止我对雨的热爱。家乡的雨总是颗粒饱满的，总是打得人皮肤生疼的。后来我甚至长久地喜欢上在雨中奔驰的感觉。有一次，我和母亲还有姐姐下田。眼看着雨来了，我们被雨追赶着在山路上骑行，雨模糊了我们的眼，简直睁不开，我就干脆闭着眼睛骑行。这其实并不危险，我们那的山路较宽敞、平坦，也少有机动车。在过老大桥时，母亲支在桥上的自行车一不留神滑到了河里，母亲采的喂猪菜就顺着激流飞速地从背筐里往外涌。母亲急了，顺着半腐烂的桥墩伸手去够水里的背筐。隐约记得是一个同样进山的乡亲帮助了我们，才顺利把自行车捞了上来。大雨滂沱，我们都跟从水里爬出来一般。瞅着对方，哈哈地笑了。那笑声是那么爽朗，我在笑声里对故乡有了一个新的认识：故乡就是一群人，这群人不只是你的家人。当你们在一起时，困难不再是困难，笑声也变得纯粹。后来，我对比眼下的生活，便觉即使今天，如果是我一个人面对那样的窘境时，我是万万笑不出来的，估计只有在雨中发愁的份儿。

我深深地爱上了雨，爱上了故乡的雨，爱上了雨中的故乡。这份爱，让我不习惯在雨中打伞，当然是在它没大到让我难以忍受的程度的时候。后来，我在雨中的校园拉着伙伴陪我打羽毛球；在下雨的清晨骑着车飞一样地行驶在家与学校之间……

翻阅阳光的时候，我很矛盾地钟情于对雨的回忆。没法子，故乡的雨太美了，因这雨，故乡更美了。闭上双眼，我习惯于假想自己回到了过去，很久远的过去。我几乎都忘了而今的处境，也快忘了这么一个普通的秋天了。只有当我在每个凌晨五六点钟，被楼下打鸣的公鸡叫醒的时候，我才从梦中醒来。屋内漆黑一片，我缩在渐渐失去温度的被窝里，听客厅里窸窸窣窣的老鼠发出的声音。开始回想我似乎总也回不去的故乡。

现在，我离家了，有两千多里。可无论多远，我总归走不出心里的故乡。一个人的时候，我是崇尚散漫的，散漫的方式比如散步，或者骑车，把单车骑得很慢，在一处固定的景色旁绕行。绕行能使人变得平和，平和能让我静下心来感受生活的美好。我绕行到广场的时候，广场中央三三两两的晒稻谷的农民变成了焦点。他们把一堆堆的稻谷用木耙子平摊开来。那一刻，我再次回到了故乡。小时候，家里大豆收割的时候，也是把成捆成捆的干豆秧铺在大街上，一家挨一家，把街道变成了褐色的豆秧街。拖拉机轧上去，豆子就欢悦地蹦出来。那是一种最原始的打豆方法。后来有了打豆机，在田边地头，一伙人一叉一叉地把豆秧送进打豆机，豆子和豆皮就自动分离出来。那种把豆秧铺在大街上的场景就不复存在了。上次父亲来电话，说家里买了割豆机，现在收割更方便了。我惊异：咱家那在山坡上的、倾斜度那么大的田，也能用割豆机收割？父亲说能。我便开始想象这现而今收割的场景。可我想象不出来，因为我没经历过。事实上，真正经历过的就是把豆秧铺在大街上，在父亲的拖拉机休息的空当，我们小伙伴在豆秧街上摸爬滚打，放学的路上踩着豆秧街咯吱吱地走路。我猛然发现，我原来对雨滴、对豆子这类小小的圆状物体竟这般固执地喜爱。不，是热爱。在这份热爱到来的时候，故乡在微小的圆状里变成了历史。

然而同样是在一些秋天，在圆满地丰收的时节，我的几个堂兄先后病逝，成了我们这一辈先于伯伯们告别世界的人。我的故乡，因他们的离去再次变得有种残缺甚至满目疮痍的味道。祖母曾说，只要人在，故乡就在，爹妈在哪儿，家就在哪儿。只是对于那几位堂兄的子嗣来说，他们的故乡又该怎么定义呢？

曾经有个女孩问我：是不是你们男孩子都有一种归根的情结？我不知该如何回答她这个问题，因为她这话的意思在告诉我一个信息：女孩子不是这样。而对女孩子我是了解甚微的。不过在我读过的女作家的作品里对故乡的浓墨重彩似乎来得比男作家更猛烈。我不能回答她的另一个原因是我身边的多数朋友都是一直没有离过故乡的本地人。或者，他们在短暂的离开后又选择了回来。只是，对另一些人，这种回来，显得是那么不现实，而且遥远。我必须承认的是我是有这样的情结的。我曾狂妄地设想，或许我能做一个伟大的流浪者，在时隔多年、身心俱疲的时候开始走上回家的路，我应该选择跳槽，跳到北京，再跳槽，跳到沈阳，再跳槽，跳到哈尔滨，这样一步一步，将自己归于尘土，归于养育我的那方黑土。

这个想法诞生的时候，我发现我的心有了些衰老的迹象，因为它在告诉我我其实早已厌倦了行走。

读裘山山的《在行走中寻找故乡》的时候，我想，人就应该行走，不应该恋家。可是，转念又想，故乡是什么呢？其实故乡无处不在，她在你行走中的每个步伐里，在你行走中看见的一粒沙，淋过的一颗雨，吃过的一道菜，嗅过的某寸空气里。她其实也在跟着你行走，行走成了一段历史。她是微小的，微小得无处不在。她深深地藏在我们每个人的心里。

温暖一座城

by/ 霈七

我们并不缺少发展所需要的科学与技术，但我们内心深处依然缺少些什么，一种真正的心里温暖的感觉。

——昂山素姬

城市与影像的主题系列电影涵括了各个城市的无数种形态与情感，透过镜头，冷暖自知。《美国往事》以纽约犹太区为背景记录四个玩伴一生的恩怨情仇，残酷而扭曲；《岁月神偷》以二十世纪六十年代的香港为背景，讲述造鞋的罗氏一家的变迁起伏，温情而令人怀旧；《迷失东京》讲述一个过气男明星和一个年轻敏感女人在异地东京的迷失时分，孤寂而奇妙；《巴黎我爱你》围绕巴黎二十个区用十八个故事组合爱与巴黎的神话，荒诞而感人。这四部电影风格迥然，但是在我看来有一点终究共通，那就是深藏于其中的人性关怀与爱，那种温暖的感觉，沁人心脾。

或许有人会不认同，因为《美国往事》这部电影讲的是罪恶的黑帮，充斥着暴力与情色，这一点我不否认。而单单从表面去看电影拍的是什么人什么样的生活就断定它的性质似乎武断了，我们应该在电影的一些细节中发现它不一样的地方，因为再黑暗也是因为前方阳光灿烂。在《美国往事》中，我忘不了在男主角面条偷看德博拉翩翩起舞和德博拉朗诵圣经表示爱意的美丽场景；忘不了四个玩伴同时掉下水，面条看不见迈克斯上来时发自真心的担忧与恐慌；忘不了多米尼克死去微笑着说我滑倒了；忘不了当迈克斯要求面条杀了他，面条悲悯的一句“我们浪费了一生”……友谊，爱情，忠诚，坚守，难道这些不是人性之中美好的一面吗？这一生谁能保证会没有背叛，没有决裂，没有对抗？我们没法预知下一秒会发生什么，因此我们珍惜那些美好的，永存感激。而这部电影只是恰恰用了最残忍的方式做了结尾，也成就了所有人的救赎。无论世间有多少泥泞，只要你愿意保持自己的干净，总会找到可以落脚的净土。

而当繁华散尽，我依旧恍惚想起他们的笑脸，那样天真。

《岁月神偷》是这四部电影中是最毋庸置疑的温情片，甚至算得上是煽情片。平凡的一家，父亲严厉深沉如同他的爱，母亲慈祥而唠叨，大哥优秀备受关注，弟弟则淘气得让人头疼，生活于老街之中，简单而幸福。但是岁月是最大的小偷，当风暴席卷而来，倒下了无数楼房，颠沛流离，不是每个人都能承受得了的。这部电影最动人的不是故事情节，而是一种香港精神，不屈服不逃避的精神。面对生离死别，母亲坚信人生一步难一步佳，最重要的是人总要信，信则立，正是这样的信念支撑了这个家，支撑了整个香港。暖暖昏黄灯光下，各邻居街坊在一起吃饭闲聊，青春萌动之中，与她一起去看漂亮的热带鱼，琅琅书声中，他被罚贴着黑板报时，这一切因岁月而化作回忆愈发沉淀，至此温暖后半生。

穿过时光庭院，那小巷深处是父母亲在一旁做着鞋子，弟弟戴着金鱼头盔与哥哥嬉戏的定格，这深藏的真情是岁月无论如何都偷不走的。

渡边淳一说过："不管活到什么岁数，总有太多思索，烦恼与迷惘。一个人如果失去这些，安于现状，才是真正意义上的青春的完结。"在《迷失东京》这部电影中，从美国来到东京，灯红酒绿夜夜笙歌，时刻领略着这座城市的繁荣，但是男女主人公却觉得格格不入，不仅仅是语言上的障碍，文化的差异，更是一种冷漠的隔阂。于是他们相遇，创造出一种别样的感情，高于朋友而又非恋人，他们同在异国相互取暖寻求慰藉，他们有各自圈子不容逃离，但是只要他们在一起就会产生奇妙的反应，仿佛找到了落地之处，找到了心的着落。而他们其实就是我们，偌大的城市相遇相识本就是一种缘分，就算最终要分离，这份情感仍旧埋藏心底无人能窥视。冷漠的都市，弥足珍贵的是人与人之间的情感，这比任何先进机器都触动人心。

因为有爱的存在，不管是哪一种爱，都让人感到幸福。迷失不可怕，可怕的是不再遇上值得放纵一次的情感。

巴黎，以浪漫闻名于世，在《巴黎，我爱你》中其浪漫色调依旧浓重，伊斯兰教女孩、荒诞小丑、吸血鬼、失聪男孩与话剧女孩等演绎出跨越宗教之爱、同性之爱、亲人之爱、爱情之爱、人性之爱等各种情感，所有的所有最后归总还是爱一字。这部电影其实还有很多其他的意味，但是情感是不容忽视的，尤其在当今社会更是。它同时告诉我们，一个城市并不是从青天叮当一响掉下来的，是由无数的我的呼吸与湮灭铸成的，而正是人们的存在才有了巴黎，正是因为他们的情感才有了浪漫的巴黎。因此，导演用各种爱的故事来真切表现对巴黎的深情，对自己国家的自豪感。正如罗曼·罗兰一言：看清这个世界，然后爱它。

缱绻巴黎，散发人性的光芒，温暖一座城，温暖一世界。

这四部电影都用各自的方式或直接或晦涩地诠释人性的情怀与救赎，其实不仅仅是这四部电影，还有很多好的作品也同样让人有所启发。

影像城市，将城市影像化，挖掘城市各个角落的真实，每一个人都是城市的成员，都是人生银幕的主角。通过镜头，我们可以看见贫民窟里的挣扎与渴求，可以看见上流社会的奢华与糜烂，可以看见中层人士的奋进与堕落，还可以看见一些隐藏很深的地方，从中知道这世间并不是只有黑与白，还有灰色地带，游走其中的大有人在。通过影像化，达到一种效果，让人看清这座城市的现实然后爱它，改变它的陋习，保留它的美好。

现在科技飞速发展，接踵而来的是各种让人眼花缭乱的科技产品，带动城市的繁荣建设。一座城市便是这样，不断追求GDP，不断追求高新技术，渐渐地沉湎其中，忘了发展科技的原本意愿，只是为了发展科技而发展，从而变得冷漠无情。于是，城市就会出现大量问题，小悦悦事件冷血得让人心寒，频发的校园枪杀案让人胆战，女性随意被强暴可怕至极……层出不穷的问题依旧无法让这些城市清醒，多么让人失落。当一座城市只剩繁华的空壳，终将自我毁灭。

而城市影像化便也可起到呼唤人性温暖的作用。《美国往事》用当时至恶至凶的一面反衬最初的美好一面，人本良善，到最后也不应忘记初衷。《岁月神偷》更是突出这一点，甚至以这部影片挽救了香港一条将被拆迁的老街，让它得以保留，其实它保留的何止是一条街，更是一种情怀一种精神一种传承。《迷失东京》在迷失中找到一个可以让你安下心的人，一个眼神一个微笑温暖那段时光，那么就算分别也可笑着不悔。《巴黎，我爱你》的一个个故事都似乎浸润在浓浓爱意之中，氤氲整个世界，我们都因心存爱意而为自己骄傲，城市也因我们的爱而焕发光彩。而电影之外的我们同样深有感触，再华丽再高级的城市只有拥有感情才注入了灵魂，才有了存在的价值。

人生如戏，戏如人生。影像化城市其实就是城市的倒影，无论丑恶、狰狞还是慈悲、幸福。在越繁华的都市就越感到孤单，我们都不由自主去寻找依靠和温暖，在这片喧闹之中恍然变得虔诚，想起仓央嘉措一句诗：那一夜，我磕长头拥抱大地，不为朝佛，只为找寻你的温暖；那一瞬，我飞升成仙，不为成佛，只为佑你平安嘉乐。在全世界路过，我是不是能带给你温暖的那一个？

养育我们长大的父母亲，陪伴我们成长的挚友，携手我们走下去的爱人，还有偶然一瞥的陌生人，因为这些让我们心存感恩，让我们觉得在这座城市生活是一种幸福，如此就已知足。

因为你，因为我，温暖一座城。

The Selections of New Concept

Part 5 两个女孩，寂寞和美好

雨书／四岁就变坏

橡皮屑／樊海涛

我为吃人，卖梦为生／丁好好

双鱼男／张烜怡

金属少女／孙倩兰

铁轨上摇晃／封尘

雨书

by/ 四岁就变坏

chapter.1　桥书。一个人的呓语

人若开始惜命，就是堕落。即使有无关的人爱你，你也会寂寞至死。也如一朵烟花，绽放的夜，失去毫无声息的明天。在我指尖流泻出的文字，像是诅咒一般，剥夺一些人的生活。他们有固定的生存模式，像是被输入程序的机器人。我觉得这样他们的曾经如我的过去一样，有迹可循。也许这就是生活，无须太多激情。我已然不再对别人的事情感兴趣。人们都大同小异地活着，也许就是为了那些死去的人。异于死亡。异于新生。我打开一本书，合上一本书，花去很长的时间去阅读。生命就在这段时间里汩汩地流去，我，什么也没得到。

早晨起床，慵懒地打着哈欠，泪腺开始分泌些许的泪水。长大后，还是会有流泪的机会。每天的早饭都是固定的，一杯豆浆，一个萝卜丝的包子。日光之下，再无新事。我背着公文包上班。重复着无意义的生活，一遍一遍，我数着春天和夏天都过去了，时间掉了出来。我走在不知去哪儿的路上。也许会迷路。也许是死路。就是，再也回不去了。在此刻，我们已各自出发。

听说。人做梦的时间极短，却觉得冗长。近日，我梦见栖情，她身着一件白色的雪纺连衣裙，赤着脚站在水面上，双手放在身后，身边漾起一片片的涟漪。她对着我笑，一直笑。光线照射到她身上。消失不见。我睁开眼，听见阳光在窗外盛开。拉开窗帘，眼前的树木一片枯黄。是不是提前步入了秋？揉了揉眼，原来只是我的念想。

渐渐，渐渐，我离开了我原有的跑道，我跟随着她，忽近忽远。那些不计代价的年纪，让我在有她的操场上，一圈，一圈，又一圈，不知疲倦地追逐。试图得到栖情的注视，而后我觉得这与我想得到的又不是同一件事。如同她漠视我，或者不漠视我。我的生活并没有改变什么，于此，我还是习惯一个人活着，看书，写字，旅游，摄影。那次去北京，口干，咽痛，头昏脑涨。许夏说，过几天就好了。他说的“好”是习惯，并不是痊愈。我们不断地习惯自己不能习惯的，也便没了念想，生活依旧继续。

我看到自己在这个世间的无所作为。

我叫桥书。一个游手好闲的业余作者。

从北京回来的一段日子里，我开始不习惯饮食及周遭人说话的语调。我以为我是被时光机带错了地方的一个人。整座城在夜里显得特别绚丽，到处都是刺眼的汽车前灯及尾灯。许夏打来电话，责备我到家了也没给他报平安。我诚惶诚恐地道歉。我做错了一件事，就是把朋友的叮咛嘱咐抛掷脑后。我原以为，我会习惯一个人的来去，了无牵挂。

安静地放一张碟，我不会特意去记一些国外音乐家的名字。只是喜欢音乐，仅此而已。不需要理由，也不需要找任何借口。房间里到处充斥着典雅的味道，此刻应该出现一杯温热的咖啡，但我翻遍每个角落，找不到一包速溶咖啡。遂决定去楼下的便利店买些回来。

楼道的灯都不亮了，物业好像也置之不理，几家房主打了好几次报修电话，结果也没有人来修理，于是果断地去电视台找记者，让他如实地报道这事件。据电视台的人说，过几天就会来修。我打开手机，让它处于常亮状态，这样还能隐约地看清。

便利店。一盒雀巢速溶原味咖啡。走出店门的时候，营业员慌忙地跑出来把找零给我。我道了谢，匆匆离开了。我觉得这个营业员和栖情很像，可也没有多问。我并不觉得这样有什么不好，也许可以避开一些不必要的麻烦。

我窝在沙发里，盯着窗外繁华的都市看。意识开始模糊，睡意渐浓。端起咖啡，喝了两口，味道不是很纯正。我想起许夏回国时给我捎来地道的蓝山，为之我特意去选购了一套玻璃咖啡器皿。一边看着网上的教程，一边煮着咖啡。所幸一开始自己煮的咖啡味道很不错。许夏说，是因为他给我的咖啡粉好。我并没有理睬他，转身对着自己的小说开始修改。

chapter.2　栖情。纸上的年华

下班，她在公司楼下转角的一家咖啡店静坐。独坐。独饮。却没有一丝孤独感。望着窗外，形形色色的路人都在眼里模糊地掠过一层黑影。不久，下雨了，玻璃窗上映着湿润的霓虹，时间刚过九点。打算早些回去。起身走向柜台付款，堇蓝向栖情打招呼。堇蓝是这家店的老板，自己在大学毕业后便开了这家店。由于栖情经常来这里喝咖啡，所以彼此

也算熟识。她问，明天去哪儿。也许是习惯，每次第二天要出差，栖情就会在前一天晚上来这独自喝一杯咖啡。她说，上海。

她在距离公司约一公里的地方租了一间房。房东是一个略显富态的大妈，每次收房租的时候都会给栖情一些她自己做的桂花糕。有一段时间，心血来潮，想要向房东学习做桂花糕。由于她的天性懒惰，最终还是放弃了。

浴缸里放满了水，她脱下衣物。让清澈的水浸满整个身体。水溢出，湿了一地。栖情从未觉得这样难过。心情悲壮，像是即将战死沙场的战士。上海是她最不想去的地方，好不容易从那逃离，却又要回去。堇蓝说，人，从哪来就该回哪去。也许这是个亘古不变的道理。可道理这东西对生活没有太多的帮助，生活不需要它，就像青原不要她。

青原是她的大学同学，也是交往四年的男人。刚到北京工作的时候，收到他的一封电子邮件。

你还是离我而去。你走后的秋天落了一地枯黄色叶子，无论是学校里的法国梧桐，学校外的银杏树都被秋风吹去树叶。我总是以这样的姿态去怀念和你在一起的时光。走我们走过的路，看我们看过的电影，去我们经常去的店。

我总是后知后觉。有些模糊的眼，看不清前方。我以为，你会陪着我，不离不弃。可，都是我以为。时间恍惚，我醒来后觉得你应该在我身旁静静躺着，安稳地呼吸。后来也渐渐习惯一个人起床、刷牙、洗脸，时而忘记吃早饭。

早晨清凉。云朵有些稀疏。日升。染红一片云彩，我以为那是你在念我。你说过，我是自以为。原本打算找一份与自己学的专业一致的工作，不知为何，突然想做一些改变。我想，你要是回来再见到我，你会不会说我变了。

也许，再也见不到了。

上海。这座光怪陆离的城市，总是莫名地承受些什么，包容些什么，改变些什么。只是我身在其中，不得知。在北京的你，应该能看清吧。是不是还有我们的影子，不断被西沉的太阳拉长，直至消失不见？整座城市都被夕阳烧完。

那天夜里，突如其来的雨水把我种在阳台的花草都浇湿。我把它们一一挪进客厅。你最爱的那盆垂笑君子兰在这个秋季也没了花朵，渐渐在枯萎。我想，它是不是正逐渐步入死亡，也会轮回。所以一直没舍得将它丢弃。

将去一年。寂寞至此。已是秋尽，望一切安好。

落款是顾青原。栖情把这封电子邮件连同其他的垃圾邮件一并删除。只是不愿意再听得那男人的名字。或许男人都是这样的动物，分开后又开始想念，还会如之前那样爱上别的女人。栖情觉得，不爱就不爱了，不要再做过多无谓的挽回。

她把手机关掉。在三万英尺的高空中飞翔。她问服务员要了杯果汁，玻璃杯很精致。窗外触手可及的云层堆积着，极厚。杯子递还给服务员，点头示意谢谢。看着窗外，她想起顾城的诗。不多久便睡去，梦里可以清晰地看见自己的汗水滴落，像是害怕。

不知谁说过，有梦还是好的。

醒来，飞机停落在虹桥机场。一片灰色的景象映入瞳孔。她捋了捋刘海，径直走了出去。

chapter.3 桥书。雨落花前

人开始变得慵懒，不习惯起床，也不习惯清晨的阳光。我却依旧要在这个城市写字，上班。因为无趣，心生厌倦。似乎好几天都没动过，慵懒地在床上躺了半个世纪之久。我以为生梦就可以让整个世界停住，让栖情留在我的梦里。就在我的不远处，每次眺望就能看见她弯起嘴角的样子。

许夏打来电话，告知我关于我的《彼未知年》即将出版。我并没有欣喜地从梦里醒来，以为这还是梦。这是我的第一篇长篇小说，我曾花五年的时间去旅游，辗转于各个地方，体味不同的生活，然后把一些记忆里零散的碎片整合起来，我虚构了一个故事。故事当然会有主角，她的名字叫栖情。

不知何时起，我在现实里开始寻找如栖情一样的女子。如果，我花去十年的时间也寻不到，那么便不再相信自己。然我失去的，该怎么去数算？是被时间流放到哪一个不知名的小岛，自生自灭？也许，就此而言，我还可以继续一个人的生活。无须太多眷恋。

秋后的午后，还能听到蝉鸣。我却换上了长袖的白衬衫，浅灰色的棉质西裤。我想是

不是我老了，看着周遭年纪相仿的人依旧穿着短袖T恤，牛仔中裤和彩绘的帆布鞋。渐渐觉得自己不适合这个社会的发展，我提前一步迈入了中年的行列。我的整个世界都在颠倒，海洋也不见了。

塞上耳机，一如既往的声音，纯粹，干净，透明，哀伤。我觉得这样的声音很能融入一个人的内心，让其溢满莫名想离开这浑浊世界的冲动。可离开之后，还是要回来。也许是另一种姿态。不用去追究一些无法挽救的结果，那只是牢骚，没有很大意义。我不太喜爱与别人争吵，每人都有自己的观点，没必要让他人勉强认同我的想法。若是世上多出一个一模一样的我，我想我以后的女友该如何抉择，也许会放弃。

我想，有些事情，是可以遗忘的。有些事情，是可以纪念的。有些事情，能够心甘情愿。有些事情，一直无能为力。当我觉得无能为力的时候，便选择放弃。许夏说这是识时务者。然我并非是个俊杰。时间有限，追索生命的真实和诚意，比什么都重要。所以，我的倦怠，是我致命的缺点。只是，我改不了。

许夏在北京的一家出版社做一名编辑，平日总向我要文章。其实，我并非专职作家，我只是一家小企业的职员，拿着微薄的薪水，在上海这座大城市里生存。有人说，这个社会，生存比生活容易得多。其实生存也挺困难的。并不如我们所见到的那么光鲜亮丽。所以很多必然的疼痛也就接踵而至了，只看我们是不是有这个能力去承受。

尽管如此，每次我提笔写东西的时候我还是会陷入绝望和无奈的情绪之中。因为，我能写的范围实在过于狭小。譬如，我可以直观地描写狮子的外貌及查阅关于它的一些生活习性，可不能描写怎样驯养它。或许，我会选择去与它相处。可未知的东西太多，这相当于一场战斗，我会为这场锲而不舍的战斗用去人生中的五年，十年，甚至更长时间。不外乎两种结果，成功和失败，失败的结果就是我死于狮子的血盆大口。

母亲打来电话，让我回家乡去相亲。我拿工作忙做借口。我仍不知道自己在逃避什么，在现实面前是如此害怕。我打电话给许夏，告知他即将辞职的消息。他先是惊愕，然后缓过神来说，这回你成了职业作家了。我把他的话当作玩笑。其实他知道，光靠一些微薄的稿费是不能维持生计的。于是推荐我去一家杂志社。我暂时没有答应。

想起五年前的那次旅程，让人突然心生悲凉。我不由得怀疑自己的生命究竟是如何脆弱。那日，我约了许夏，他请了半个月的假，与我同行一段日子。记得他说：“我只能陪你半个月。”我低下头看着书。窗外，下起了很大的雨。

那次，我们决定去登山。乔戈里峰。

chapter.4　栖情。她在晓寒深处

上海的变化很大，很多建筑物在拔地而起。在这个拥挤的城市，交通更加瘫痪，立交像是会减轻交通的负担，只是立交的扩建跟不上人类的繁衍及其私人交通工具的增加。栖情在的士上望着窗外的景致，意兴阑珊。

她开始后悔没有去坐地铁，已经堵车将近半小时之久，的哥在驾驶座上哼起了小曲。她显得有些急不可耐，问：“师傅，还有多久能到？”司机下意识地看了看她，说：“不知道。”的士像是年迈的老人一般，慢慢地前行。她掏出手机，显示的时间已是三点半。拨通客户的电话，慌忙抱歉，然后把时间约在了明天。

挂断电话的那一瞬间像是刚刑满释放一样，她倒在后排的座椅上，慵懒地伸了个懒腰。司机便从后视镜里看着她，说：“像你们这样的年轻人总是为生活这么卖命，到老了，又什么也没得到。”她乜着眼，说：“师傅，现在能不能去莲花路？”司机点头应允。

司机靠着商场停车，她付完款走出车。大朵大朵的云在西边堆积，被夕阳晕染成红色。走过人行道，穿过一条街，每条路上几乎都塞满了汽车。她缓下脚步，暮色四合，夜色渐起。这座华丽的城市再一次以它的方式告知世人夜生活可以如此绚烂。

栖情走进家乐福，选购了一些礼品，都是养生类的。回到家的时候，其母就寒暄起来，“哟，回来怎么也不通知一下，好买些菜去。”“你看，回来就回来，还买什么东西呀？”栖情觉得这些话都是说给久违拜访的亲戚，并不是对自己的女儿说的。她感觉像个外人一般。或许，自己本就是个外人，栖情叫她“阿姨”，按伦理来说，她得叫“后妈”。

她把东西放在客厅。独自走进卧室，问：“我爸呢？”“出去散步了。”声音是从厨房间传出的，像是很遥远，隔了千山万水。从那里又传出：“这次待多久回公司？”还掺

杂着一些炒菜的声音。

栖情倒在床上，翻了个身，把脸埋在被子里，说："过两天就走。"声音发出的时候有些模糊，或许其母并没有听见，也没有再问。只是过了不久唤她来吃饭。此时其父也回来，见栖情回家甚是欣喜，晚饭时多饮了几杯酒。

饭后，他与栖情并排坐在沙发上，微醺。他执着她的手说了一些话，泪水就沿着皱纹往下流。栖情看着，并没有为他拭去眼泪，她觉着，这泪水是他欠母亲的，不必怜悯。

年幼的栖情只知父亲遗弃病重的母亲，另娶现在的"阿姨"。她被迫离开了母亲，回头看时，母亲已在病榻上断了气。那次她没有哭，然后就再也没有什么悲伤欲绝的事情可以让她掉眼泪了，她觉得自己变得很坚强，坚不可摧。

月色清凉如水，夜光孤寂。再不多久，这个秋就要过去了。栖情闭上眼，把一天的疲惫都托付给一场梦。早晨醒来，却不知自己是否做梦。匆匆吃过早饭便去莲花路车站坐车去往离上海市约七十公里的枫泾。临走前，见家人熟睡，也未去打扰，只留有字条，上写会见顾客，并未多字。

枫泾是座古镇，和西塘相似，大多数建筑还保留着明朝时的容貌。栖情只去过一次，所以并不是很熟，但颇为喜欢古调风格。她在车上颠簸，莲枫线走的道路不是很平稳，较为崎岖坎坷。售票员走近，向她收取车票费。他处早已废弃的公交售票形式，这里却常见，当然亦可刷卡。

途经松江工业区、车墩影视城、叶榭等地，越往南越是满目荒凉。栖情心里一直有疑问，为何顾客会选择这等地方相见，却不是在上海市区的某个咖啡厅里？可又想趁工作之余逛逛枫泾也不失为件好事。车进站，栖情看了看手机，已过去两小时多。她习惯等他人下车后才缓缓走出。

寂静等同于死亡。栖情走出车站，便失了方向。

chapter.5 桥书。散尽光年

本打算坐火车去新疆，后来由于许夏的时间过短，买了两张从北京去乌鲁木齐的机

票。那些沿途荒芜的开阔就失去在时间的洪荒内，我觉得我们其实没有勇气去攀登那座最危险的山峰，也许会死在山上。转过身看着熟睡的许夏，我也渐渐睡去。

梦里是蓝天白云的背景，除去一些聒噪的声响，便什么也没有。突然觉得，已经到了机场，空无一人的机场，许夏也突然消失了，就剩我一个人。一种被孤立的感觉油然而生，觉得自己是被遗弃的。那些匆匆而过的白云，全都消失在空旷的蓝天。传来一阵奇异的叫嚣声，我一睁眼就醒来了。那声音便是许夏打开手机的声音，我一度怀疑他的审美观。他对着我说，咱到了。

刚下飞机的那一刻，我并没有在意身边的场景和人物，而是那略微稀薄的空气给胸口的那种清新感。我捂着胸口，用力地往肺里灌入新鲜空气。往前看，许夏已经走出去很远，正回头向我招手。我快步跟了上去，身体有些趔趄，撞到了一位女子。停下后，向女子致歉。我抬头正想一睹芳容的时候便被许夏拖走了，他说在网上订了一家旅店，不知还有没有空房。

我疑惑地看着他，问："都说你订了，怎会没有呢？"他对着手哈了一口气说："我在电影里经常看到这种事，尤其是在这种偏远的地方。"许夏煞有介事地说着，我也若有似无地听着。我觉得我们得有一辆车，这样会方便很多。于是租了一辆老式吉普车。挂挡和离合器的配合还是需要一段时间去适应。做完准备工作，便前往预订的旅店。

已是天黑，不觉让人有些害怕，这儿的路灯不是很明朗。我们依旧在城市里穿梭，似乎是迷了路。许夏手中的地图也失去了意义。转了一圈才觅得这家旅店。我把车停好，随着许夏匆匆进了旅店。问了前台的客服人员，她用着不怎么标准的普通话说，还有最后一间了。于是我们很庆幸地付了钱。

转身上楼的时候听到一阵争吵，像是为了没有空房而喋喋不休。许夏拽着我的衣角，说："看，你撞上的那个女子。"我抬眼望去，一袭黑色大波浪的及背长发披在白色的羽绒服上，一条水洗蓝牛仔裤，一双咖啡色的登山鞋，背包里塞得满满的，似乎并不是很重。

许夏拉着我上楼。我见天色已晚，便把钥匙给了她。近看，她面容姣好，些许清瘦。许夏走近，从头到脚地打量我，搭着我的肩膀说："大少爷，我们今晚睡哪儿？"我看了看大门外漆黑的夜，突然心生一丝害怕。那女子对着我说谢谢。她又担心我们没地方去睡，这点从她蹙眉的动作便可得知。我径直走了出去，许夏紧紧跟着。

出了门才知道没有暖气的日子会有多可怕，已是天寒地冻的夜晚，我们下意识地搂着自己，躲进了车里。为了省油，我并没有发动，再者，这辆车的空调已不能用，也就将就着睡了一晚，与其说是睡，不如说是蜷缩着躺了一晚。

早晨醒来，许夏托旅馆的老板娘弄来好些热水，洗漱一番便准备驶向乔戈里峰。先发动了车，在车上等了一会儿。许夏说："跟你出来都不知庆幸与否。"许夏本要留校任教，却硬是请假，我本应感激，出于我俩的交情，我一句谢谢的话也未曾说。我勾起嘴角笑，扭头看见昨日那女子朝着我们走来。我将车窗降下，探出头，问她何事。她捋了捋被风吹散的头发，说："昨晚谢谢你们，只是我还未给你们房钱。"我这才想起是我们付了钱，并未留宿，而是把房让给她。她掏出四百元给我，我将其收下。

她问："你叫什么名字。"我说："我叫桥书，于桥书。"她又说："谢谢你，于桥书。"话中略带羞涩，脸颊也在此时被凛冽的风吹得通红。许夏向她挥手，异常兴奋地说："我叫许夏，你呢？"我把车熄火，我觉得这样的对话还要很久。她说："沈挽晴。"许夏将她请进车内，理由就是外头风大。详聊许久，得知她也是去往乔戈里峰。可我们并没有问她一介女子孤身去危峰的缘由，许夏建议让她与我们同行，我应允了。

chapter.6　栖情。路过你的城

栖情一路打听才寻得这家早点店，周遭有清风桥，竹行桥，北丰桥。故得名"三桥人家"。热闹非凡，人来人往。却不知谁是游人谁是主人了。她择一靠窗的位置坐下。环顾四周，看着墙上挂着一副拍摄《蜗居》时的照片。当然以此来招揽顾客，大都是木质为主的建筑，脚底还是一块块红砖铺展的地面，窗外的河流缓缓流淌，也有木舟偶尔游过，穿过那座清风桥。

南方的天气与北方自然不同，潮湿闷热。长年居住北京，似乎已经习惯了北京干燥的天气，却觉得上海的天气像一个女子般娇柔。她点了小笼，烧卖，豆浆。依旧在等待。漫

无目的地看着窗外的垂杨柳，有些叶子枯黄，落去，不见了踪影。或许是想多看一些现在的景致，在北方不多见的景致。

有一位女性走来，端坐在她对面，和她打了招呼。栖情站起身来，握其手。她穿一件卡其色的风衣，黑色丝质裤子，黑色高跟鞋，一副干练的形象。栖情先开口："你好，我叫梁栖情。"那个女子，摘下墨镜，说："你好，苏婳。"她是当地旅游局的一个主任，正打算把当地旅游事业大量扩展，想让北方的人知道枫泾这座古镇，就像全国都知道周庄和西塘一样，拓展自己的知名度。而栖情是北京的一家旅游杂志的副主编。这样一来，只要考虑刊登广告的费用即可。两人相谈融洽，只觉相见恨晚。

时间透过木质窗，摇摇曳曳。一切谈妥，便起身离去。栖情得知苏婳的老公会来接她，便也没有和她同行。刚出门，便碰上她的老公，用不得苏婳介绍，他们相识已久。栖情像是积聚了很多年的怨恨般看着他，那张脸早已在她的心里画上许多的叉。

还没等栖情开口，那男人便温柔而又愧疚地说："栖情，回来了。"语调很平稳，不像是句疑问句。她抚平了自己的情绪，低沉地将"嗯"说出口。苏婳挽着他的手，说："青原，你们认识啊？"顾青原点点头，说："嗯，是同学。"

沉默，栖情不知怎样再提及那不了了之的情感，不过多年的商场上的磨炼让她冷静。毕竟老板还等着她这笔生意，所以生活的信仰告诉她，不能在这里发脾气，一走了之，故作笑靥如花，说："好久不见，没想到你倒是结婚了。"青原不语，只是点头。

也无多聊，只是装作故人，闲聊几句。苏婳建议找一家茶座，慢慢再叙旧。栖情找借口推脱了，她不能确保自己能掩饰自己的心绪究竟多久，所以，她选择离开。转身，快步走了一段路，泪水止不住向外流。她边走边用手背抹去眼泪。坐到回城的车上便睡去了。醒来后，眼前有一巨大的摩天轮矗立着，有些朦胧。莲花路的前一站便是锦江乐园了。那个摩天轮便是标志物。栖情下了车，顾青原的脸又浮现在脑海。她一度让自己忘记，她以为自己做到了，其实她的盔甲里面，依旧柔弱，经不起反复敲打。

她已经不说话了，然而并没有发生任何的改变。沉默，抑郁，迷离，疼痛。除了这些，她就再也无法原谅自己了。头顶密集的云朵，像是谁沉重的叹气声，一遍又一遍。像是要下雨了，会淋遍全身的每个细胞，灌溉它，让它发芽，生长，死亡。

晚上九点多的飞机，她离开这座城。到北京的时候已是凌晨时分，那呼啸而过的风，穿梭在梦想的羽毛里，编织了一个又一个没有结果的故事。栖情一直以为地球少了一个人的重量，会转得更快。这样的定理在她的世界里也是成立的，就像心里少一个人就少一份沉重。

北京的天气已是凉意十足，她把风衣裹得很紧。路上几乎没有车，很安静。偶尔会有一两个灰蒙蒙的人穿过这条孤独的窄巷。过了很久以后，她才想起那张灰蒙蒙的光线柔和的脸。

回去的时候看见堇蓝的咖啡厅依旧开着，她躲了进去。点了一杯蓝山，堇蓝不在，吧台只有一些员工。她一杯接着一杯地喝，看着窗外的霓虹渐渐稀少。她的内心如此强大却不堪一击。

chapter.7　桥书。在你的蔚蓝

路途遥远，接近蔚蓝色的天空。头顶的光线四下乱窜。我们必须尽快赶到约定的地点，我们在山脚处花钱租了三头骆驼，它们会在大约海拔四千米的时候帮助我们驮行李和食物。

车子一路颠簸，崎岖的山路让我感慨：还好租了一辆吉普车，避震能力还算不错。车开到约海拔三千米的时候，挽晴突然说自己有些难受、胸口闷等一系列高原反应的症状。我把车靠边停下，打开背包，找到红景天。许夏将她平躺在后座，给她多加了几件衣服。我说：“自己能吃药吗？”她已经昏厥，不再说话。

我开始着急起来，向许夏发火：“都是你的错，你不和她搭讪，我们会带上她吗？”许夏蹲坐在石头上，低着头不语。我向他道了歉。我便开始自责起来，为了节省经费没有在山脚带上一个医生。从未觉得自己是这么慌乱。

挽晴似乎有了些知觉，她说：“桥书，我没事。不用担心。”语气软绵无力，我疾步过去，打开车门，看着她苍白的脸。突然心疼起来。许夏说：“要不，我们先回去，改天再来。”我点点头，虽有些难过，但挽晴的性命比我的心情更重要。关上车门，挽晴说：

"许夏，你甘愿让桥书空手而回吗？"语气依旧让人心疼。许夏在副驾驶上沉默了好一会儿。他回过头望着挽晴，说："把桥书刚拿出来的红景天吃了吧。"

挽晴温和地点了头。我伏在方向盘上，说："你们不必为了我这样。"车内，安静了好久，谁也没有说话。我觉得这样的沉默会使人崩溃，面对一些想逃避的问题就撤退，这样反复，人还会有什么。这是我来之前和挽晴说过的话。她极力赞同我的观点，她一直问我为何来这里，我说为了求知。

我见天色已晚，便说："要不，就在这休息一段时间，看看挽晴能不能好起来，如果恶化，我就送她去医院。"挽晴说："好。"我和许夏下车搭了两个帐篷。风很大，晚上的温度骤降，我把挽晴扶下车，抱进帐篷。见她仍在沉睡，怎么也唤不醒她，将她一人留在了帐篷内，自己跑到许夏的帐篷。

许夏说："怎么？不去照顾她吗？"我低下头，像是自己的心一般沉重。我吃了些食物，全是面包之类的点心。也劝许夏吃了点。我走出帐篷，风呼啸而过，吹乱了我的头发，我说："等天亮些就下山吧。"我回头看了看挽晴的帐篷，莫名地有些哽咽。

时间越是过得久，越是让人害怕。挽晴没有醒来的预兆，我一直待在她的身边，她安稳平静的呼吸，面容苍白的柔弱。天渐亮，我们收拾好一切，往山下去。一路上，我开得很缓慢，生怕剧烈的摇晃使挽晴不舒服。许夏问："你是不是喜欢挽晴？"我依旧注视前方，握稳方向盘。其实早已面红耳赤，所以不必多言了。

医院，一贯的消毒水味道。许夏在病房外静候着，走廊里传来各式各样的脚步声，听得人心烦意乱的。我坐在病床边，挽晴似乎有话对我说，看着她吃力的样子，说得模模糊糊的，我凑近才听见她说："桥书，你不是有话要对我说吗？"我沉默许久，迟迟未开口。挽晴就在不久后断了气，医生说是脑水肿。

生命在大自然面前竟是这般脆弱，还来不及欣赏一切，便被夺走了性命。

之后，我并没有和许夏继续前行。许夏在回去的路上对我说："你喜欢人家这么久了，为何不开口，她一直在等你一句话。"我诧异地看着他，问："挽晴是谁？我认识很久了吗？"许夏点点头，泣不成声。我极力地去我的印象里寻找，寻找挽晴的影子，我才发觉已经失去她了，就不再寻找了。回到北京，许夏才告知我挽晴是我们的初中同学，只是我高中随着母亲出了国……回来时，早已忘却此事。挽晴一直不让许夏告知我这件事，就是想完成和我离开后的约定——在踏入社会之前，一定要去乔戈里峰。

chapter.8 栖情。与现实擦肩

快乐是什么？很多人一直在寻找这个答案，而栖情早已在二十出头的年纪便知道快乐就是卸掉面具的悲伤。光阴的低语从笛孔中穿梭，化成一篇篇优美的乐章。咖啡厅里依旧放着Sasha的*Good News On A Bad Day*，似乎董蓝很喜欢Sasha磁性的嗓音。

栖情办妥那件事后，便向老板请了三天的假，她觉得她该有段时间去调整自己。可她不知道怎么调整。北京的冬天来得很快，干燥，寒冷。她再也不会想念那些不寒冷的冬天，她觉得失去了寒冷的冬天就无法定义为冬天了，所以她还是很享受这样的寒冷。

她注销了原先的邮箱，重新换了一个。总觉得那些过去的沉淀都如邮箱里未来得及读的信件，一封又一封。只是太多的内容是关于过往的，既然是过去了的事，就不要再提及了。许多人认为这样的女子很是可怕，她们不留恋过往，不贪图美好，像是不食人间烟火的妖精。可就是这样才能一遍又一遍地锻造自己弱小的心脏，使它的跳动变得更强大。

书桌上凌乱地堆积着杂志、零食、外套、手机、钱包、钥匙、钢笔、台历。栖情一直卧床，在房子到期之前，她想多陪它一会儿，或许这么来说，她还是个念旧的人。被子厚重地压在她的身上，只露出些许发丝，散落在枕边。墙上的针一直在走着，安静地走着。

时间交错着生长，她在远处聆听。路过天安门，看了一次升旗仪式。从未觉得自己是如此虔诚地生活，像是信仰一个神。每次想起时，都强迫自己忘记。就像是睡不着，吞了几颗安眠药。有时她觉得自己可以做到如一开始那般安然却并不见得快乐地生活，有时她怀疑自己是不是很失败。

一日，雨涟涟，她去出版社拿样刊，在车站等公交，撑着雨伞。车上很拥挤，到处都是人们沾到的雨水味，潮湿的空气，一下让她想起了江南。栖情断了她的念想，她当是自知，所以不再做无谓的念想。

样刊到手，便是一张张枫泾的照片映入眼。这才觉得吸引自己的是那悠悠江南水乡。

不觉看入了迷，并未挑出印刷错误或者是一些细节上的不对，合上书后便匆匆离去。出门后便碰上一男子，他狼狈不堪地从雨水中爬起，手中持着一本被雨水浸湿的白色书本。

栖情给他撑伞，与他走至车站。收起伞，看清那本书题为《彼未知年》，然作者的名字并未看清。那男子像是茫然，像是悲悯，不知是否又失了神，连句谢谢也未曾说起。上车后，都只顾自己的书本，并未多语。

回去的车倒不是很拥挤，她和他并排站在后门。男子一言不发，她仍旧等着那句谢谢。或许现在的人大都是这般没素质，后来细想，也便没了念头。

车到站，他早她三站下车。在关门的刹那，他对着栖情说了谢谢，并礼貌问了栖情的名字，她便告知于他，只见他愣住的表情消失在公交车后。事后也便没多想，回了杂志社。

chapter.9　桥书。她比烟花寂寞

回到上海，我写了一篇小说，女主角叫栖情。在现实里的原型是挽晴。可我忘了挽晴是怎样一个姑娘，我对她的记忆不到半个月。或许，寄托了太多的情感给栖情这个人物，她太饱满了，以至于我爱上了她，像是爱上挽晴一样。

许夏通知我的《彼未知年》已经出版，可以去看样刊了。原本是他们寄到我的住处，可我按捺不住兴奋之情，直接去往北京。

那日，大雨瓢泼，我并没有带伞前往。我想快些看到挽晴以栖情的状态活着的样子。我欣喜若狂地拿着书，一页页地翻看。雨水不停打湿纸张，我看得太入神，便摔倒在地。其间一段时间上了公交车，所以并未淋雨。

等快到站时，才晃过神来。先前有一位女子替我撑伞，送我上车。我下车时在想此事是不是真的，我的直觉告诉我的确有这么个女子存在。我在车门关上之际说了谢谢，并礼貌地问了姓名，她叫栖情。车门合上，我望着离去的公交车，就这么望着。

过往太多的人，怎知我现下交织的情绪。我看着时间掉出来，看着泪水掉出来，看着书本里的字掉了出来。于是时间没了，泪水没了，故事也没了。

chapter.10　栖情。我在你的文字里

一个月后，栖情在书店买得《彼未知年》，才知她就这么被爱着，她在别人的故事里生长。

橡皮屑

by/ 樊海涛

东京的早秋好像江南的梅雨季节，倏尔就下起雨来，缠缠绵绵。这里多的是两层的木头房子，房子间距出奇小，似乎很难容得下一个人，但又了无纤尘，这是让外乡人震惊的第一件事。沿着小巷一路走，在挂着红色幔帘的杂货铺向左转，就是这片住宅区中心的宽敞大路，叫作中央通。东京都下再分区市，各市由功能齐备的邻里构成，正是这些邻里之间的独立与互动，给东京注入源源不断的活力。它们的结构也大致相同，各地居民甚至很少去自己的邻里之外，“最生莫过故乡”，我竟给东京人当起了导游！每个邻里的中心都叫中央通，这些中央通的样子也差不多，便利店，蔬果店，钱汤（公共浴室），公用电话和夜晚更亮的路灯。房子也变成稍高的水泥结构，只是房间的空隙还是那么窄。每一户的门前也都摆一副伞架，为了方便来访的客人。

乌鸦的大脚踩在房顶瓦片上发出啪啪啪的巨响，那是我晨起的号角。洗脸的时候，乌鸦便啊啊啊地喊，成了这一带最红火的歌唱者。东京虽是大都市，却处处安静，甚至找不到可以朗声畅谈之所，唱歌也要花钱去卡拉OK，不像中国可以在居民楼里大喊。东京的安静中透着内敛，完全不像纽约的张扬与奢华。

昨天图书馆休馆，借机搭上电车到附近闲逛。去东大的学生食堂吃定食，价格比外边便宜，菜色与摆盘处处透着体贴与温暖，日本人更着眼于小处的精致，那是一种类似于家的温馨之感，是夏天的冰凉，冬天的火炉。我的大部分时间，是属于图书馆的。池袋区立中央图书馆，是较近的一家，永远人满为患，于是他们想出一个法子，轮替入席。每人申请一次，可以坐三个小时。可是若你下一层楼，抢到其中一个座位，便可以利用一天，却需要很好的运气。我喜欢这里的气氛，这里有自由的学术之风，来自全球各地的读物，不管尖锐或平庸，都在这里聚集，需要的只是你的一双慧眼，去伪存真。在某种程度上，这和我的密室很像，我在密室，窥见万景。那里是我的万景台。

然而一个人的运气不可能总是好，就只好到楼上去申请限时自习桌。虽然只能利用三小时，但桌子更加宽敞，高脚椅又舒服，如果分到靠窗的，又可以偷闲时一览池袋的景色。正因为限时，为了公平便增添了其他好处。前些日子去醇久堂书店闲逛，看见一本介绍都内特色图书馆的旅行指南，喜欢书香的旅者可以按图索骥，依次拜访，这些各具特色

的图书馆多是免费开放的，无论你是这里的居民或只是偶寻至此的旅者。这本书里没有收录我常去的这家图书馆。的确，这只是一所平凡的，甚至有点古板的书馆，座位少，书又旧，为了节电还不开空调，灯光总是暗暗的，大家离座就随手把自己的LED小台灯关掉，哪里有一点首都的气派！说到底，除了日式的整洁，这里几乎一无是处。但是，你往往被他们的热忱感动，从此不再抱怨。他们是态度可亲的图书馆员，他们是严肃认真举着放大镜的老爷爷，他们是有模有样装着大人的样子看着画册的幼儿园小朋友，他们是一丝不苟聚精会神填写着数据的会计员，他们是埋首于巨型辞书与文献资料中的大学教授，他们是来自世界各地怀揣着“日本梦”的留学生。他们是图书馆的灵魂，为这座平凡再平凡的建筑注入了知识的魔力！三个小时一过，一位白发苍苍的老爷爷管理员就走过来，跟大家说道歉，时间入替，迎进新一批渴求知识的人。不知谁想出这办法，倒是极大缓解了阅览席的压力，充分照顾到每个读者的利益。只是有一件事我觉得很怪，在座位轮替时，待新一批读者入席前，总会有一个店员手持一套袖珍扫除用具，在桌子上认真地扫了又扫，难道书尘书尘，真的有这样厉害？原来，日人无论男女老少，皆对铅笔情有独钟，或许是不想长大，或许是为了整洁易改，他们研制出各式铅笔和棱角奇多的橡皮，还专门设立了文具赏鼓励创新，而那些工作人员用小扫把清扫的正是大家遗留下的橡皮屑！

我对日本太熟悉，又对它太陌生。对于这样一个文化极具个性的民族，或许不如在美国的日子自在，或中国的物美价廉。这里是物价奇高，礼节奇繁的大都会，我又住在都心，紧临山手线，对于一个暂时没有收入的学生，看到一切美好的事物都会耿耿于怀，它们那么近，又那么远……

晚上在浅草尝正宗的天妇罗盖饭，老店嫌太贵，和朋友去了一家近期营业的连锁店“天井”，对于不挑剔的吃客算是足够满足了，炸得吱吱冒油的天妇罗饼，里面藏匿着各式海鲜，盖在颗粒饱满的大米上，浇上点酱油和七味，在黄澄澄的灯光下吃黄澄澄的天井，像是回到了小时候。推开店门，已是夜色十足，我们徒步从雷门走到小周町，这一条路线我已经自己或和友人来过好几次，最是心仪。商人懒惰，临街的店铺和小吃摊都关门了，但这一带还多少保持着江户时代的遗风，周围几家剧院里正上演着传统的歌舞伎和能乐狂言，甚至爆笑的落语，淡淡流出三味弦的回音。周围经过的日本老人，总是会说

“好怀念啊”，年轻人则关注周围的美食。从雷门一路往左，有一座造型独特的桥，叫作言问桥，东京是个多桥的城市，从东京湾注入都内的支流像从主动脉分离出的一条条毛细血管，把营养带到都内各处。在轻轻摇曳的吊桥上久久矗立，望着那隅田川水上漂动着的几帆游船。外乡人的眼里，那川水像是从古代一直流过来，缓缓流过来，从古代到今天，它经历太多的故事。天上的月亮已经快圆了，在晴空树炫彩的光里，古今的交替，它并不暗淡，还是那么亮，那么亮，那么晶莹。那一潭仙池，里面映着世人的面影，那里面有亲人，有旧友，有尚未相遇的陌生人。

隅田人望隅田川，川水映月月映人。我们早晚会变成失去棱角的橡皮，无法再精确地擦去什么。我们也会变成写钝的铅笔，无法精确地记录什么，我们的青春变成尘屑，溶在那深潭中，从远处望过去，却还是那么晶莹，那么晶莹。

我为呓人，卖梦为生

by/ 丁好好

THE

SELECTIONS

OF

NEW

CONCEPT

在西藏偶遇赤脚行僧，他告诉我说人一生务必完成五个梦，方可止尽生命中的孽缘：

第一：在黑暗的旷野，你疯狂奔跑，后面追兵无数。你不知它们的容貌，并且阻力强大。

第二：你的腹上插了一只匕首，生命垂危，或者，身体躺在地下，被人钉上棺木。

第三：一场奇妙的测试，你忘记带至关重要的东西，或者墙上的钟表显示规定时间的濒临。

第四：黄昏入夜，你赤身裸体地走在人群中央，有人注视你，窃窃私语，你自责且无地自容。

第五：在平凡的日子里，过世许久的亲人在梧桐树下同你聊家长里短。那时的他容颜未改，而你童言仍在，周围有蛇在行走。

我想上述的情形不是最重要的，因为一生如此多个日日夜夜，不谋而合的情形实为稀少。只是我想它一定是与你的精神变动有关，与某种欲望，胆怯，伤痛以及不安相连接。我暂且把它理解为你的灵魂在罢工，在干一件你在现实生活中不敢行动的阴谋。但除了精神游离外，其实梦是很有诗意的。

看《盗梦空间》的时候，还是一如既往地被欧美电影的震撼力所打动。最难忘的是莱昂纳多在飞机里醒来的那一刻，除了静谧，耳边只有飞机的轰鸣，光色明朗的机舱，男人脸上的泰然，梦中数十载，人间只是弹指一挥间，所有的波澜壮阔，只存在于我们的心中的那一刻，这一刻却将改变很多人的未来。

电影的英文名叫Inception，而不是《盗梦空间》，Inception在英文里是初始与萌芽的意思。我想电影的创意者之所以如此命名，也许有他自己的意味。我们做梦，不是因为恐惧，跳到梦境的国度，是为了找到从我们出生开始，就一直被我们追问数十年问题——“我是谁”的答案，与其说它一直在我们的梦中，还不如说，它一直在我们的心里。

在心的黑暗角落，默默观望尘世中我们的喜怒哀乐，一言一行，像是影子。

没有人不会做梦。做梦就像是吃饭一样平常，不同的是，饭进入胃底可以滋养生命，而梦入心，则会提示我们某种冥冥中无法预料的前景。这就是梦与未来的关系。有一段时间，我认为梦简直就是未来的预言家，大体只要我晚上梦见一件衣服，第二天一定会在衣柜里，电视上，或者杂志中与它不期而遇。晚上梦见一条黑色的狗，那么第二天一定会在某个转弯或者角落里看见那只狗对我投来懵懂的目光。梦中哼唱了哪首歌曲，第二天电脑里就会奇妙地随机播放到那首歌。这真是一件奇异的事。

至今我无法解释，也无法向别人倾诉。因为你问别人，大多数人的回答是我不知道，或者说你异想天开，把未来看得太神秘。

是的，梦很神秘，未来也很神秘。但未来的美一定不只是梦的描述，它一定有更深的层次，它存在于我们的勤劳，专注以及颓废慵懒之中。我们无法知道，也无必要去深究，因为正是由于那一份神秘，那一份无法自控的无常才会让我们的盼望更真实，更美好。

除了真实的梦之外，人们的冥想也被称作梦。比如，我们在爱情中就爱做梦，梦见自己逃离工作，在一个陌生的森林遇到自己的白马王子；比如我们想不劳而获，出门捡到一大笔钱；再比如，我们幻想可以过去，现在未来随意来回……所有的梦只是我们心中欲望的丰盈。

陷入爱情中的女子把做梦当成一件胜于看韩剧、吃零食以及购买好看衣服的事情。因为她们最怕的禁忌同时也是她们最渴望触碰的美好。她们害怕接吻，却十分盼望王子吻公主那一刻的痴情与投入。她们害怕热恋影响平静的心，却总是在夜深人静之时，翻看他的信息以及想着彼此说过的话。她们害怕热恋过后的平静，却总是在爱到尽头的时候轰轰烈烈，不给自己留出一条后路。

爱做梦的女子很可爱，但是由于可爱容易幻化为悲哀。因为爱情之于生活，是习惯抹杀很多美好，斩除不谙世事的。如果你明白了此点，将不会难以理解为什么很多家庭最后的稳定以及亲情化的结果是由于女人从盛放如花的热烈中变为一个善于打扫、烹饪、相夫教子的妇女所承受的一系列牺牲。

这种牺牲的方法着实很让人心痛。

但是无能为力，因为是梦就总会有清醒的那一天，与其醒来后真的一无所有，不如平淡地一无是处，因为生活就是平淡。我们无法超越生活，所以最终只好举手投降。

与女人相比，男人做梦的年龄更持久。童年时，男孩们坐在教室里，思绪游走，盼望着有一天能够获得自由，去部队，去流浪，去每一个男人应该去的地方。等到渐渐长大，有了世俗的感觉，便又幻想着有一天能够无所不能，成为商界的精英，人民的绝对公仆，想着有一个善良而美丽的妻子和天真可爱的孩子。直到白发苍苍了，这些老男孩的梦还没有醒，他们渴望人生重来，去做另一份工作，去挖掘宝藏，去美丽的西藏骑行寻找古代没入地下的王宫……

男人们的梦像根系发达的枯树，任凭时光流转，总是盼望春暖花开的到来。但是这些梦的代价总是让女人们买单，女人骂他们是老顽童，却总是为他们的不死热血默默崇拜。

但人生太短，梦太长，实现梦的过程仿佛就是一条绵延到天边的河，耗尽我们最好的年华与希望，还好，我们没有一无所有，我们还有爱情，还有自己，还有值得回忆的无数个像蝴蝶展翅一样的故事。这已足够了吧？

美梦，噩梦，反梦，情绪梦，白痴梦……这些梦似乎都是幻想与现实的碰撞才显出各自的特性。有人说现实与梦相差甚远，不可相信。也有人说，只要是梦里有的，终有一天都会照进现实。其实梦跟现实无关，是人心里的纯良与邪恶在斗争。

看完《盗梦空间》，有朋友问我："如果你想构架一个梦，你会怎样选择？"我说："我也许会想见到我的爷爷，我想念他。"但是，如果我见到他，他会和我说什么呢？我知道，他会说，别怕，有我在。我还想见一见我曾经在梦中深爱过的女孩，不过这一次，当我醒来的时候，我不会再觉得失望。因为每每想到他们，想到我在梦中做过的那些美好的事，我就觉得这生活还是很美好的，谁说他们不存在？我知道他们一直在，在我的心里，我的梦里，我的身体里，从来没有离去过。除此以外，我别无所求，如果此生是一个梦，就让我睡到自然醒，所有的现实我都接受，爱梦想，也不拒绝现实。

庄子说，昔者庄周梦为蝴蝶，栩栩然蝴蝶也。自喻适志与！不知周也。俄然觉，则蘧蘧然周也。不知周之梦为蝴蝶与？蝴蝶之梦为周与？周与蝴蝶则必有分矣。此之谓物化。我想庄子要表达的哲学观其实很分明，他要你相信梦的美好与诗意，然后带着这份美好与诗意去体会人世的乐与悲，没有牵挂，没有后顾之忧，一直往前。

而我们的生活其实也不难——你要走遍向日葵与地雷同时绽放的原野，也要带上梦的璀璨迷离去接受成熟对于你的千般摆布。你要相信，无论如何，总有一个美丽新世界等着你，那一定是更强大的自己。

双鱼男

by/ 张烜怡

他不算高，一米七几。穿着有帽子的衣服走在街上的时候喜欢把帽子扣在头上，压着满头偏棕色的短毛。他长得不帅但是十分耐看，单眼皮，脸很小，笑起来五官都缩成一团。他身上没有一块多余的肥肉，但他瘦得很精致，起码不像一根孤独的筷子，更不像一颗弱小的黄豆芽。他很霸道，很粗鲁，很强势，不温柔。但是这些都不重要，最重要的是他天资聪颖，或者天赋异禀，为此他高傲，冷漠，不可一世，盛气凌人。

我们都是双鱼座。我们固执，情绪化，脾气暴躁，优柔寡断，散漫，不切实际。我们容易信赖别人，多愁善感，意志薄弱，逃避现实。我们自恋，才华横溢，自命清高，以及愤世嫉俗。我见过很多双鱼座的男生，但是没有一个比他更与我相像。我细细回想着从前的我知道的有关他的所有事情，哪怕只是一个小小的插曲，就像拿着一块干净的抹布在擦一面斑驳模糊的镜子，渐渐地，竟看到了我自己。

我想再没有人像我一样了，为此我感到孤独，感到哀伤，我顾影自怜。这的确都是我一个人的独角戏，我在别人的世界里充当着配角的时候大家都以为我很好，我并没有把这该死的自恋铺展于我的每一个表情。在某种角度上说，自恋是可耻的，可能你就公开地自恋了那么一回就会有无数人含着唾沫骂你无耻，骂你自不量力，最后再用唾沫喷死你。所以原谅我，每个人都有自恋情结，可是承认我的自恋消耗了我很多勇气。Narcissus爱上了自己在水中的倒影，他爱上了自己。每日茶饭不思，憔悴寡言，最终跌落水中，化作娇艳的水仙。不巧我就是那棵水仙，我像Narcissus一样自恋。我爱身上的所有缺点，爱我干枯的头发，爱我的腰间的肥肉，爱我黯淡无光的双眼。我爱我脑海里一闪而过的所有奇奇怪怪的念头，我固执己见，沉溺于自己的世界里自生自灭，我再无法接受他人的想法，除了双鱼男。

于是我们确实是要在一起的，我必须与他相爱。在初中毕业后的第四年的冬天我们终于确定了关系，也就是我认识他的第七年，我确定他的确就是我那命定的爱人。他像我一样坏脾气，小心思，不愿意在未来里买一套房子，更愿意拿着用来买房子的大把钞票游山玩水，我们就是这么不切实际，一直幻想着活在这种自由烂漫的生活里，直到我们死掉。我们还说我们不会分手，会结婚，会到永远。

但是我们是双鱼。我们太像了，除了性别以外简直如出一辙。我们倔强，不肯先低头。其实我们懦弱，自私，胆小，惧怕对方忽然有一天消失不见，也惧怕被对方时时刻刻捆在身边。我们小心翼翼，在一起之后甚至都开不得一个玩笑，他没有变得浪漫，我也没有变得温柔。我们矛盾而愚蠢，非要每次都吵得不可开交。我们的灵魂牵在一起，肉体却在吵架。我终于明白我们必须分开。

这就是我跟双鱼男的故事了。我原本以为我们的故事可能会很长很长，可是我再也不能在上述的段落中添任何笔墨。我的记忆停留在我们每一次激烈的争吵时他留给我的无尽的冷漠和失望，泥足深陷。我伤心欲绝。分手之后我一直在怀念我们谈恋爱以前的日子，怀念每一个他能读懂我的时刻。我十分后悔事情被我搞成了这个样子，我们竟然变成了一对仇人，他删掉了我的QQ，讨厌我如同讨厌一只丧尽天良的猫。

请坚信我是坚强的。尽管被拒绝，被讨厌，被忽视，被抛弃。七月份我像一个败兵一样飞快地来到另一个地方，一个远离家乡远离朋友的地方。我像一株阴生植物，残忍地把自己插入一个裂缝。我害怕忽然有一日朋友叫我出去聚聚，几年来未曾见面我怎么能够忍心拒绝。我害怕不得已又看见他那对我冷漠不已的神情，害怕朋友们看见我们之间的僵局。

我又变成了Narcissus，那个自恋致死的美男子。可惜我并非花容月貌，我普通得犹如一只蚂蚁。于是我更该死。我的灵魂又呼啦啦地飘了起来，此刻它想要飞去哪里，就会飞去哪里。我可以和别的男生聊QQ，在贴吧里灌水闲扯以及和傻乎乎地追我的人吃饭。他们从不了解我。如果他们了解我，一定会像双鱼男那样对我避而远之。我又可以变换成另外一个样子，一种美好的样子，而不是像在双鱼男面前那样，丑陋不堪。

开学的时候，我又急匆匆地从一个城市逃到了另一个城市，终于我到了更远的地方。我想我们大概要一直这样下去，也许我们会在其中一人结婚的那天和解。直到二〇一二年十一月，他再次恳求我回到他的身边时，我一边流泪一边狠心拒绝。但他是看不到我的眼泪的，我们相隔好远好远，我们用文字交流，他永远也看不到我的表情，看不到我的悲伤或是快乐，看不到我是心甘还是不情愿。

我知道他正在跟我一样深深地寂寞着，从我们在一起之前，到我们分开之后，我们都一样孤独寂寞。在那长达七年的交流中，我们都以为对方就是那根能够绑住自己的绳索。我们不想在这滚滚尘世中无尽地飘下去了，我们想要停下来，被心爱的人留在身边，一起摒弃对社会和现实的一切偏见，充满信仰和热情并且脚踏实地地走下去。

可是拥抱若是太过用力，也会弄疼爱人。于是我们变成刺猬。我告诉他我不会再跟他在一起了。我骂我们真是一对不折不扣的大傻瓜。我们为什么非要谈起恋爱，我们曾经无话不说。我们的灵魂再也不能并肩前行了，像如今这般，即使碰面，也要视而不见。

我怎样都不会再回到他的身边了，这是关于我们的故事中，我最后的固执。此后我们再也不会争吵，我那颗疼痛不已的心脏再也不会为了他而破碎。还好我再也不用担心朋友们忽然对我说出来聚聚吧，还是咱们这群人。我再也不用为了逃避一段失败的感情而急急忙忙地奔走于两个城市之间。我再次见到他的时候可以笑一笑了，这是我发自内心的真诚。我多想拥抱他一下，告诉他他消失的这段时间里，我有多么想念他。

我不再怪罪自己愚蠢，非要冒险和他在一起而弄丢了我们之间的默契。我知道有一天，当我回想起我和双鱼男的爱情时我会对自己说，曾经我们的肉体在吵架，可是我们的灵魂却牵在一起。

金属少女

by/ 孙倩兰

一

夏颖第一次遇见白艾嘉是在八十一路公交车上。其实夏颖平时上下学都是乘三路，碰巧那天乘的那辆三路车半路熄火了，临时才转到了八十一路上。估计要迟到的，夏颖看上去是面无表情的样子，好像什么都无所谓，却时不时地看看手表，第一节是数学课，昨天老师提前通知了有一个随堂测验，成绩出来了还会在班上排名，一直以来都名列前茅的他可不想有什么差错。

就在他不知道是第几次习惯性地抬手看时间的时候，身边年龄相仿的女生突然冲他开口了，但是脸却没转过来，只是呆呆地望着窗外，好像自言自语一般："欸，几点了？"

"差十分钟八点。"夏颖打量了一下身边矮自己一个头的女生，短发，戴着枚壁虎耳钉，睫毛膏涂得很浓，背着个铆钉样式的黑书包，应该也是学生。因为他们当地的几所学校都没有硬性规定穿校服什么的，女生穿的是印着枪花图案的文化Tee，所以无法判断是不是同校的。

女生倒完全没有注意到夏颖的目光，她大概是在想什么事，甚至都不正眼瞧下夏颖，问完时间就再没开口了，一直两眼放空地望着窗外。夏颖皱了皱眉，连声谢谢都没有吗？但马上他又恢复自己标准的那种云淡风轻的神情了。

因为白艾嘉对这一次的相遇是毫无印象的，她根本就不记得在公交车上向人问过时间，所以她自以为对夏颖完全是一见钟情。那天是星期五，天气已经渐渐热起来了，夏颖抱着一大摞作业本晃晃悠悠往老师办公室走，结果正好撞到上完体育课热得不行一边喝着拉罐可乐一边噌噌赶着冲回教室吹风扇的白艾嘉。

"操！我的可乐——我的衣服！看看你干的好事！"白艾嘉不分青红皂白就先声夺人，"眼瞎啊你，走路不看路！"

白艾嘉是那种天生的烟嗓，声音特低沉，夏颖正想哪个女生声音这么粗犷，而且还这么不讲理，明明自己撞上来的还骂得理直气壮，歪个脖子一看，正好瞅见白艾嘉耳朵上的银色小壁虎，然后是女生被热气蒸红的脸，汗湿的刘海不成形地贴在额头上，睫毛膏依然涂得很浓。聪明机灵如夏颖，脑海里一个闪回，竟然也能想起来是一个多月前有过一面之缘的女生，“欸？！”

“欸？！”白艾嘉反而一时气短，本来她都想好了面前这个被作业本挡着脸的人要是和她对骂起来，就不管三七二十一把剩下的可乐泼上去先消消气，反正自己新买的阿迪白Tee也毁了，但是对方只是出乎意料地欸了一声——还是个出乎意料的眉清目秀的少年，只一眼对视女生就败下阵来似的不吭声了，少年的眼睛就像是明亮的太阳，睫毛是太阳所发出的射线。

他发出万丈光芒，目光所及之处便熠熠生辉，包括狼狈不堪的自己。很多年过去了，白艾嘉回想起夏颖，总是首先想起这句话，这是她脑海里关于夏颖最真实的第一印象了。

“同学，你没事吧？我的错，我赔你可乐和衣裳行不？”夏颖看着前一刻还怒气冲冲，现在却呆若木鸡的女生，想起上一次公交上她一路直勾勾望着窗外放空的模样，心想这女的不是有病什么的吧，多一事不如少一事，也懒得计较对错了，赔个不是走人得了。

“你叫什么名字？”女生就像灵魂出窍突然回来了一样，猛抬起头冒了句没头没脑的话。

“哈？！”果然有病吗？……

“我说你叫什么名字？”女生又郑重其事地重复了一遍，夏颖看她不像是开玩笑的样子，心想该不是撞上个小太妹准备找人收拾自己吧，不过男子汉大丈夫有什么好怕，也就把名字告诉对方了，顺带还说了班级。“高二九班，夏颖。”

“好巧，我是文科最后一个班，你是理科第一个班。我是高二八班的白艾嘉，记住了。衣服你也不用赔了，下次请我喝可乐好了。”女生已经换上了一副笑逐颜开的样子，夏颖算是见识了什么叫翻脸比翻书还快，和对方生动的表情对比起来自己简直就像面瘫一样。

随着上课的预备铃响起女生又噌噌噌跑远了，夏颖看着女生飞奔而去的背影，心想，她就以这个速度位移不知道一天得撞上多少和自己一样的倒霉蛋。

二

没隔几天夏颖与白艾嘉就再度相遇了，只不过这一次不再是偶然事件了。当时是第三节晚自习课间，夏颖正在埋头做一篇完形填空，突然同桌怪笑着用胳膊肘捅捅他："欸，门口美女找。"

夏颖有些疑惑地抬起头，一眼扫过去看见门口真有个探头探脑的身影，他都有点不敢相信，但似乎真的就是白艾嘉。他又眯着眼确认了一下自己的判断，才不耐烦地搁下笔往外走，起身的时候后排几个勾肩搭背的男生还冲着他吹口哨瞎起哄："哟，不错嘛，爱情事业兼顾啊。"

理科班就是这样子，男生一抓一把，女生屈指可数，美女更是寥寥无几，稍微有点姿色的往门口一站，一个个男生就跟猴子似的躁得恨不能上蹿下跳吸引目光。

"你找我？"夏颖面无表情地望着女生，其实内心充满了问号，该不会现在想起让赔她衣服什么的吧。

"嗯，我找你一起回家。"女生大大咧咧说出这句话，却把夏颖吓得不轻，但幸好他那副无论内心多么迷惘紧张急躁仍然风雨不动安如山的表情是与生俱来的，加之多年的历练，这种淡然的表情就像刀枪不入的面具一样。

"不好意思，我俩不顺路，你还是和别人一起吧。"

"我知道，你住在云岭小区，平时坐三路车直达，对吧？我本来是坐八十一路或者九路，但是坐三路也是可以的，只是下车多走两站罢了，反正我也不赶时间，走走还能减肥。"夏颖话刚落下女生这番话就脱口而出，好像是早就料到夏颖的答案一样。

"可我现在也没打算走啊，你看你书包都背上了，我就不耽搁你了，我回教室了。"夏颖看到女生背上的书包，灵机一动立马有了托词。

"欸，你要上第四节晚自习？"白艾嘉的确没料到男生会这样回答，本来学校规定走读生是第三节晚自习下了就可以回去，住校生才必须上第四节晚自习的。

夏颖没有再回答女生的话，而是径直坐回座位上拿起笔做题了，白艾嘉在门口踟蹰了一会儿不敢再打扰，等上课铃响了还是悻悻地离开了。女生走了以后夏颖才抬起头来看了一眼后门，虽然已经空无一人，但是夏颖还是忧心忡忡地叹了口气，他有预感这事还没完。

果然白艾嘉不是个轻易妥协的人，下第四节晚自习的时候夏颖正好在与一道解析几何做最后的斗争，直到都熄灯了夏颖才收拾了东西，关了电灯开关锁了门，不紧不慢地走出教室。走廊的灯都已经熄了，夏颖看见黑暗中似乎有个人影，摸出手机按亮了屏幕，微弱的白光照过去，果然是预料中的那个人。“哎，你还没走？”

“你不也没走，等你呗，说了要一路嘛。”

女生都这么说了，夏颖也别无他法了，这么晚了也不能扔下女生一个人走掉，只能自认倒霉：“算了，你也别跟着我坐三路了，还是我跟着你坐八十一路吧，当我今晚减肥。”

黑暗中发出扑哧一下的笑声，虽然夏颖看不清楚，但听声音都猜得出女生此时此刻一定是小人得志的表情。

两人一前一后地从学校走到车站一路都没怎么说话，直到站在一起等车时夏颖才想起什么似的，漫不经心地问：“欸，你说你叫什么名字来着？”

“呵，就知道你忘了。”

“是根本没去记。”

“那你这次记住了，我就是金属少女白艾嘉！”

“哈？！”夏颖脑海里顿时浮现出美少女战士变身的画面，觉得简直滑稽到不行了，“漫画看多了吧，金属少女，拯救地球的？”

“是毁灭地球的啦！”女生正欲解释一番，正好车来了，夏颖喊了句走啦就蹿上车了，女生便紧随其后也上去了。

已经快十点了，公交车上人已经不多了，夏颖找了个靠窗的单个位置坐下，白艾嘉看看前后都有人，就没说什么坐在他对面的位置上去了。因为隔着个过道，两人也不方便交谈，所以并没有继续上车前的话题了。白艾嘉摸出包里的耳机戴上，一路无言地望着窗外，呆呆的样子和夏颖记忆里第一次遇见她时的印象重叠起来了。

窗外明灭的灯光打在白艾嘉脸上，摇曳的色彩把放空的表情衬得生动起来，车窗开着，大风毫不留情地把女生一头短发吹得很乱，吹得她衬衫的衣领一起一伏，袖口也一起一伏，就像浪花或者别的什么，总之美得不经意又简单。夏颖说不清楚是什么感觉，只是瞥了一眼，这画面便在脑海里印得很深。

分别的时候，夏颖忍不住说了句：“以后别涂那么厚的睫毛膏了。”

“那我不涂的话明早可以一起上学？”

“那你还是涂吧。”

第二天两人自然没有一起上学，晚上下自习的时候，夏颖走出教室，这次走廊里的黑暗就是纯粹的黑暗，并没有什么若隐若现的人影。夏颖想，大概白艾嘉今天还是涂着很厚的睫毛膏吧。

三

夏颖是在路过物理组办公室时遇见白艾嘉的，距离上次两人晚自习一起回家已经隔了快一个星期了。物理组办公室和数学组办公室都在一层楼，夏颖像往常一样抱着刚收上来的作业去数学老师的办公室，途经物理组办公室时正好透过半敞开的大门看见一个穿着黑色背心裙的短发女生背对着他站着同八班的班主任争执着什么，虽然没有看见正面，但夏颖凭借着办公室里传出来的隐隐约约的声音猜测那就是白艾嘉。等夏颖从数学老师的办公室再出来的时候，路过物理组办公室时刻意停下来拴鞋带，结果抬头一瞥女生已经走了，只剩八班班主任一个人靠在背椅上抽烟。直到晚上下晚自习以后，夏颖在教室门口的走廊上看见穿着黑色背心裙的白艾嘉才证实了自己的猜测。

“你跑来干吗？”夏颖站在原地不动，冷冷地问。

“哎，一个星期没见了，干吗一见面就板着个脸！”白艾嘉三步两步跑到夏颖面前，“走吧，一起回家。”

“……”夏颖没说话，一个人走在前面去了，白艾嘉则自顾自地跟在男生屁股后面，两人一前一后地走着，就像上次一样不说话。直到走到空旷无人的操场上时夏颖才回头看了一下，结果看见女生正一蹦一跳地踩着他的影子走，觉得实在哭笑不得：“喂，要不要那么幼稚啊？”

“谁让你都不跟我说话，我自娱自乐还不行吗？”

“那好，你说说今天下午是不是被班主任骂了？”男生放慢了脚步，白艾嘉便一蹦一跳地跟了上来。

“切，他哪敢骂我？”白艾嘉嘴噘得可以挂茶壶了，好像很不满班主任似的，“我快一个星期没上课了，明明都打电话请了假，还让我补上份书面说明，还要家长签字，你说烦不烦，我又不是小孩。”

“你这几天没上学干什么去了，看你活蹦乱跳没灾没病的。”

“去西安参加音乐节。虽然来回都坐了一天半的火车，不过真是超值的！”夏颖转过脸瞅了一眼身旁的女生，只见白艾嘉说到这时整个人都显得光彩熠熠，目光炯炯有神。“你知道吗，我喜欢的乐队全都来了……哎呀，现在想起来还记忆犹新！”

“……”夏颖淡淡地皱了一下眉。而白艾嘉并没有捕捉到夏颖细微的情绪变化，仍然激动得有些手舞足蹈地讲述着她在音乐节上的所见所闻，末了又总结一句，自己以后也要组乐队，争取有朝一日去音乐节登台亮相。夏颖听完这番话依旧没什么表情，只是若无其事地望了望站牌，“公交车应该快来了，你乘车卡拿手上啊。”

白艾嘉见夏颖心不在焉的样子好像根本没有在听自己说话，气鼓鼓地冲着他晃了一下乘车卡：“哼，扑克脸先生，你现在不爱搭理我，等我以后带着自己的乐队全国巡演的时候你可别来买票！”

这一次白艾嘉先上车，自己找了个靠窗的座位坐下以后就像往常一样摸出耳机戴上，夏颖不紧不慢地，最终坐在了白艾嘉旁边的空位上，看了眼女生生闷气的侧脸，仍然是面无表情地开口：“欸，耳机分一只来。”

“现在放的是GALA的《知音难觅》，我最喜欢这首。”

这首歌唱得轻柔缓慢，歌词也非常容易听清楚，两人都不再说话，听得很认真。

“好听吗？”隔着耳机，隔着鼓动耳膜的钢琴声，夏颖仿佛听见女生那种独特的低沉的声音，但当他侧过脸，却看见白艾嘉合着眼皮，睫毛微微地颤动。

“嗯，好听。”夏颖不知道自己是否发出了声音，然后他像女生一样闭上了眼，任由带着夜晚气息的风吹打着脸。

“虽然虽然很爱你却不懂珍惜任由时光荏苒你追悔已莫及。

“虽然虽然很想你想联络却迟疑命中注定的相遇都失之交臂。

“虽然虽然失去你梦里仍有你求你别轻言离去因知音难觅。”

四

因为要补课，所以学校要到七月中旬才放暑假。本来期末统考已经过了大家就没什么心思上课了，加之气温一天天持续飙升，教室里风扇开得再大也无济于事，大家都借着“热”这个理由理所当然地把书本抛之脑后。晚上守自习的老师通常待在自己办公室吹空调，一晚上就来教室转悠一两次还睁一只眼闭一只眼的，大家也就玩得更加明目张胆，不断有人溜出去买冷饮冰棍之类的，剩下不出教室的，要么一个人埋着头看小说玩手机，要么前后左右凑一块聊天下棋什么的。但夏颖总是那个例外，虽然旁边几个男生把桌子拼一起斗地主，他照样心无旁骛地在草稿本上写写算算。

这种一团和气的欢乐气氛一直持续到第四节晚自习下课前一刻钟。九点半的时候班主任行色匆匆地从走廊上跑进教室，因为今天不是他的晚自习，所以大家看到班主任的出现知道一定是有什么要宣布，都不约而同地安静下来，只听得见一两个同学坐回自己位置时发出那种沉闷的脚步声。班主任马马虎虎扫了一下大家，似乎看到自己要找的人都在，才挥挥手：“学习委员来我这拿排名表贴到教室后面，课代表们去各科老师办公室抱卷子，市里刚才把期末考试的成绩返回来了。”

话音刚落，一片哀号。班主任说完又一阵风似的不见影了，徒留下整个班的同学死气沉沉地呆坐在教室了。

等到看见白艾嘉冲自己撒欢儿跑来时，夏颖不禁佩服她也算宠辱不惊，不说班里几个女生得到成绩以后偷偷抹泪了，就连之前打扑克还喜笑颜开的几个男生得到成绩都垂头丧气的，她竟然还能像平时一样活蹦乱跳的。“你是差到已经没有下降的余地了吗？得到成绩还那么开心。”

“我开心是为了别的事儿好不好！成绩什么的，何时能影响我的情绪。”白艾嘉把下巴抬得老高，“不过好事成双，除了让我开心的那件事，这次期末成绩的确进步了，也能在爸妈面前扬眉吐气一回了。”

“那让你开心的事是什么呀？”

“一时半会儿说不清，边走边说。”白艾嘉言毕，一个人兴冲冲走到前头去了。夏颖看着女生后面梳起那个短短小小的马尾随着她的步伐晃来晃去，想起刚刚认识时她还是短发，现在不知不觉都长得能扎个马尾了。

路上白艾嘉偷偷打量了夏颖几下，虽然少年还是那副面无表情的样子，但随着俩人逐渐地熟稔，白艾嘉已经能从他那张扑克脸里读出微妙的情绪变化了。看着夏颖似笑非笑的眉目，白艾嘉知道夏颖这次一定考得不错：“欸，这回成绩又是班里数一数二的吧？既然咱俩都考得好，今晚庆祝一下怎么样？”

夏颖放慢了脚步，白艾嘉原以为他会像平时一样白自己一眼说两句扫兴的话，结果他这回直截了当地答应了：“行吧，走去吃夜宵。”

白艾嘉被小龙虾辣得涕泗横流，龇牙咧嘴地冲夏颖喊着“水、水”时，夏颖也不着急，不紧不慢地说那你坐这等着我去找老板要杯水。看着夏颖去了半天没回来，白艾嘉一着急把桌子上的啤酒端起来，昂头喝了半杯，结果自然无济于事，小姑娘一张脸绯红，眼泪都要憋出来了，心里大骂夏颖怎么端杯水这么磨蹭。

等夏颖把杯子和茶壶拿来了，白艾嘉咕咚咕咚喝了几杯水缓过劲来了，便又开了几瓶酒拉着夏颖碰杯：“告诉你我今天高兴什么吧，我们的乐队组上了，也租到了排练室，过几天就开始练了，到时候我通知你，记得来看我排练。”

夏颖平时没怎么喝酒，根本不胜酒力，几杯啤酒下肚就觉得头昏沉沉的，摇摇晃晃地说：“马上高三了还组乐队，你学习怎么办？”

“小事一桩，你知道我本来就是艺体生，文化成绩要求并不是很高的。能考到北京最好，虽然还没去过北京，但就是喜欢。不过……”白艾嘉声音越说越小，然后变成了自己才能听见的嘟嘟哝哝。

经白艾嘉这么一说，夏颖才恍恍惚惚地想起她以前提过在学声乐和钢琴，等高三了还要去外地参加集训。少年笑了起来，端起杯子淡淡地说：“那恭喜你呀，这杯我干了。”

夏颖不能喝，到最后却喝得比白艾嘉还多，好像就要从板凳上滑下去一样趴在桌子上，目光涣散地望着空酒瓶。白艾嘉伸出手试探似的摸了摸少年的头发，又抽了张餐巾纸擦掉他鼻翼上那层薄薄的汗珠，夏颖仍然无意识似的趴着一动不动。她看着少年被昏黄的灯光打亮的脸，你这么聪明，一定什么都知道。

你一定知道我喜欢你。你一定知道，我喜欢北京，但是你如果想考到哪儿，我也想跟着去哪儿，是大城市是小地方都行。可是你什么都不说，永远都面无表情，我又不聪明，猜不到你想去哪儿，愿不愿意带我去。

五

高三虽然算是昏天黑地的岁月，也是真正光阴似箭日月如梭的岁月，所有人都还来不及认识新的人，迎接新的事，这一年就莽莽撞撞地冲过去了。当电风扇又吱呀吱呀地在头顶转起来时，你才从一摞摞书本中探出头来，伸了个懒腰，呀——夏天又来了，不过今年暑假不用再补课了。

五四晚会是高三年级能够参加的最后一个晚会，因此学校搞成了五四暨毕业晚会，那个时候白艾嘉艺考成绩已经出来了，她通过了好几所不错的音乐学院的点招，可以算是万事俱备，只欠高考。他们班班主任为了升学率，对她也特别关注起来，每次模拟考完了都拉她去办公室谈话——也不知道是否奏效，不过她的成绩到底有些起色。

五四晚会那天全校都不用上晚自习，不过很多高三的学生还是留在教室里自习，这一次夏颖破天荒地跑操场上喂蚊子去了，人群里站着又挺热，他整个背都快湿透了，心想下回再也不来活受罪了，其实哪里还有下回呢？

等heroin乐队登台亮相的时候夏颖也和周围的人一样被惊艳了似的张了张嘴，虽然之前夏颖也去看过几次白艾嘉排练，但是排练和登台就是完全不一样的感觉了，夏颖远远地看着镁光灯下白艾嘉扎着干脆利落的马尾，收敛起平时嬉皮笑脸的表情，台风还挺稳。白艾嘉翻唱了马赛克乐队的*dancing girl*，虽然台下很多人都没听过这首歌，但是贝司手对着话筒吼了一句：“我靠，躁起来啊！”随后大家就跟着鼓点pogo起来了。晚会完了已经快十点了，白艾嘉要跟着乐队一行人去庆祝第一次登台，邀夏颖一起去，少年摇摇头推了：“这么晚了，我不去了，你自己回去注意安全。”

白艾嘉点点头便同夏颖别了，转身冲前面站着的乐队成员跑过去。毕竟是高三，不是每个人都像她那么清闲，夏颖能来看她晚会已经很好了，虽然当时自己站在台上往下望密密麻麻一片根本分不清谁是谁。

等白艾嘉说说笑笑地一路远去了，几乎要融在昏暗的夜色中去了，路灯下的少年才不紧不慢地转身往公交站走去。他想起有好几次白艾嘉都问自己想考哪里的大学，但他总是用“没想好”和“到时候看情况”搪塞过去。他知道对方在想什么，但他真的不知道自己的答案是否明晰。白艾嘉是个想到什么就做什么的直肠子，但他不行，他没有那么多随心所欲的资本，他做什么事之前一定是已经想得很清楚了的。

“其实北京也不错”，他已经想好了，等下一次白艾嘉再问这个问题的话，就这样回答吧。夏颖都想得到对方会有怎样的反应了，白艾嘉对这个答案一定会感到既欣喜又怀疑。

不过后来白艾嘉再也没有问过这个问题，夏颖把答案憋了很久，久到最后烂成了心里的一捧土。其实北京也不错，但是最后夏颖带着川大的录取通知书去了成都，从此以后再也没有那个大大咧咧的少女追随左右。

白艾嘉走的那天，夏颖没有去送别。只是前一晚打了一通电话。

“你不用来送我了，真的，我怕我忍不住哭。

“你还没见过我哭吧，特别难看，所以你还是别来了，我不想留在你心里的印象是难看的。而且你来了，说不定我就舍不得走了，飞机票无端端地浪费了也不好。”

白艾嘉暗哑的声音透过电波传来，夏颖想说什么，却只是对着电话咳了一声，他知道白艾嘉的脾性说一就是一，她不想让夏颖去，那夏颖说什么都白搭。

挂了电话五分钟不到，手机屏幕又亮了起来，来电显示是白艾嘉。夏颖赶紧接起来，以为是白艾嘉改变心意了，结果是突如其来的啜泣，隔了很久电话毫无征兆地被对方挂了。

其实即使白艾嘉不说，夏颖还是什么都知道。他知道白艾嘉认真又用力地、不求回报地喜欢自己，也知道自己早就不知不觉喜欢上白艾嘉，但是他也知道他们不是一类人。白艾嘉应该是在台上发光发亮、声嘶力竭的，她应该是同一帮人把酒言欢不知今夕何夕的，应该是横冲直撞地把日子过得干干脆脆，而这些都是他所做不到的。不疯魔不成活，特立独行，勇往直前，那都只是一小撮人的青春，不羁是不羁者的通行证，平庸是平庸者的墓志铭。

GALA的《骊歌》是夏颖最喜欢的歌，虽然和《知音难觅》是一个曲调，但是歌词不同。在通往成都的火车上，他昏昏沉沉地睡了又醒，而这首歌一直单曲循环着没停过。

“倘若有天想起我，你蓦然寂寞，人生是一场错过，愿你别蹉跎。

“当这一切已结束，请不要失落，我将随烟云飘散，别为我难过。

“千言万语不必说，只有一首歌，都知欢聚最难得，难奈别离多。”

都知欢聚最难得，难奈别离多。当他侧过脸，再也不能看见少女合着眼皮，睫毛微微地颤动。我没有行过多少地方的桥，没有看过多少次的云，没有喝过多少种类的酒，却恰巧能与那个正当最好的你并肩走一段，已经足够了。少年的脸上云淡风轻没有表情，但一行清泪却悄无声息地滑下来了。

铁轨上摇晃

by/ 封尘

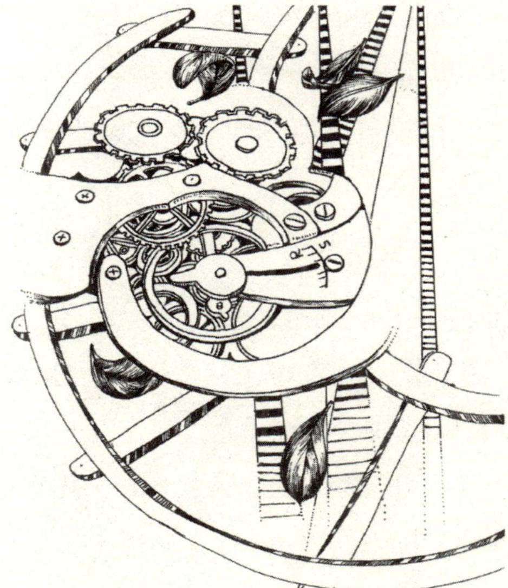

1

我的结论是：无论我何时从哪儿出发，去了什么地方，做了什么事情，最后我都会回到某个姑娘那里。她会站在出站口朝我挥手，给我一个拥抱，偶尔是一个吻，然后帮我提一两件行李。一路上我们说乱七八糟的话题，到了我暂住的地方，笑笑，拥别。

这个结论从我十六岁开始就没有被打破过。那时候我信仰村上春树，他的某句话是，男孩一定要在十五岁的时候来一场远行。我还曾为自己晚了一年才远行而懊恼自己不够虔诚。后来我信仰余华，余华说，十八岁出门远行。再后来我发现，全是胡说。那时候我十九岁，按照另一个我忘记了是哪个作者的一句话，十几岁的尾巴上，真像是怪圈。

我们的生活和成长全都被别人写过了。

起初我以为他们写得对，就按照他们说的做，渐渐地才发现这样的行为很傻。往往等我发现的时候，这种傻已经养成了习惯，改不掉了。

就像我不知道为什么总是无缘无故地坐上火车，似乎不这样做，身体的某个部分就会出问题似的。可实际情况是，我晕车很厉害。每次坐车我都会提前吃好晕车药，然后在列车上大部分的时间昏昏欲睡，眼睛里是模糊的景象，耳朵里好像钻进了小虫子。

2

十六岁那年我第一次坐上火车，为的是去参加一个比赛。那是一辆绿皮火车，车窗可以打开，列车一路向东，冬天的风从窗户里冲进来，刮在我脸上，太阳正在我的正前方升起，它升起的那个地方就是我要去的城市。

两年以后我再从四川出发，依然是去往上海。不同的是再没有姑娘会在我出发的地方等我，所以我再也没有回过四川。

姑娘叫H，我写的所有故事里面姑娘都叫H。

H说："你参加这个比赛吧。"我说我参加了，进复赛了。

H说："你去上海吧，我等你回来。"

可惜我没有骑着五彩祥云回去，而是灰不溜秋的。H在出站口等着我，我说："我从来没有拉过你的手，今天让我拉一下好吗？"

H伸出了手。

我说："我能抱你一下吗？"

H想了一会儿，点了点头。

我想，要是我拿到了更好的奖项，我就可以更进一步要求接吻了。

那时候H还不是我的女朋友，后来也不是，只不过在我写的乱七八糟的东西里面，我自作主张地让她答应了我。现实的她和纸上的她早就已经模糊了，我分不清哪些是真实哪些是我的幻想。在我还没有写她的那些年，我们总在一起看书，我看村上，她看三毛，我看余华，她看张爱玲。然后我们就毕业了。

用网上的一句话就是：二逼青年谈恋爱，然后，就没有然后了。

3

高中毕业我选了一个专科学校，在上海。而我的大学生活，几乎就和大学没什么关系了。起初的一个月我老老实实地上课睡觉，然后我就生病了一样想要离开这个地方，病中的我思维混乱神志不清，很多时候发呆和失眠，很少时候和人说话。

和我说话的姑娘姓马，我叫她小马。这让我想起了小马过河的故事，就是我们小学课本上那匹犹豫不决拿不定主意的马。小马就是这样的姑娘，总是不知道应该怎么选择。如果我们去吃饭需要花一个小时，那有半个小时是她在纠结究竟要吃什么。

我们聊的话题是H，在一个姑娘面前聊另一个姑娘这或许不太好，但小马的口头禅是，咱们是好哥们儿嘛。这样大概就没有什么不妥了。有一天，关于H的话题说厌了。我说，我想到处去走走，闷在这个地方快闷死了。

小马说，想走你就到处走走呗，回来的时候给我发个短信就可以了，我去接你。

隔天我就去了苏州，然后在苏州住了大半个月，住在平江路上的青年旅社。我住的地方附近有一家概念书店，生意非常好，不过客人几乎都不是去买书或者看书，而是去写明信片，寄给未来的自己或者别人。书店一共两层，写明信片的人们在一楼，沿着旋转楼梯向上就是二楼。我就在二楼靠楼梯的位置，这里可以看见楼下的人，他们低头写字，虔诚，专注。

我拿上一本书，就可以在这个位置坐上半天。晚上我会给小马打一个电话，话题风马牛不相及，然后挂掉，找地方吃饭，在街上走走。我身边拿着各式相机的背包客们总是拍屋檐瓦角和沿河柳树，而另外一些人拿着手机背靠标注有地名的建筑物自拍。

街上人很少之后，我就回青年旅社。房间不大，环境还好，走廊上有很多外国旅客，偶尔还会用慢速中文和服务员说话。

我在房间里面写东西，见过的和梦过的，都写进故事里。我为什么写东西，这个问题我想过很久。在我信仰作家们的时候，我认为这是一件神圣的事情，在我暗恋着H的时候，我认为这是我表现自己的机会，在我没有了偶像也没有了梦中情人的时候，我得出的结论是为了挣钱养活自己。

而这个结论不成立的证据是，我养不活自己。所以我去做过不少兼职工作。半个月后我回学校，小马来接我，她伸手给我一个拥抱，然后告诉我学校的一些事情。我们坐在地铁上，穿越夜上海，彼此寒暄。

她说："你要这两个星期的笔记吗？"

我说："不用了，用不上。我不想继续待在学校了，没意思。"

她说："那你什么打算呢？"

我说："休学好了，要是哪天还想回来就回来。"

最后我也没休学，而是安安全全地毕业了。那时候有个男的正在追小马，是她的老乡，在便利店工作。小马让他申请把工作调成夜班，方便于白天的时候帮我答到。那个男生因为可以和小马一起上课，并且上课的时候还可以睡觉，于是就答应了。我就只需要交好学费，然后去考试。而那些考试题目，都太简单，考前小马帮我复习几天就会了。

每次我不过在上海住几天，然后就出发去别的城市。每次回到上海，小马都提前到车站接我，我们拥抱、玩笑，早已经习惯一般。

旅行的花销，一部分是我旅行时候写的廉价文字换来的，一部分要靠兼职。小马无数次表示可以借钱给我，但我没有答应，欠了人情总是不好的。很久以后我才明白，我早已经欠了太多。

我去一个城市之前会在QQ上看朋友们的地址，看到他们中的某人正在我要去的那个城市的时候，我会留言说，我即将空降你那里，准备好迎接我吧。

他们中的绝大部分人会说，好啊。然后再发一个笑脸。

连接在这一个又一个城市中间的，是一条条孤独的轨道和喧嚣的列车。我在列车上睡够之后，总是伸个懒腰，然后接上周围旅客的话题。做一个写作者的好处大概就是无论什么方面的知识都知道一些，因此无论什么话题都能接得上。这样也许就不那么无聊了。

4

列车一路晃荡，像湖水起了波澜。车轮和铁轨紧密咬合，发出阵阵呻吟，每到一个站，都有那么多旅客拥出车门，消失在茫茫人海中。他们中的极少数将会寻找到那个唯一的希望而成为这个社会和时代的宠儿，更多的，都要灰飞烟灭。

我大概不会是那个幸运者了。

我把我想到的告诉Amy，她说："你真是个大坏蛋。"

天地良心，我真的不坏。可是Amy总是说我坏。她是唯一一个刚见面就吻我的姑娘，所以说实话，她比较坏。

我们见面是在上海。那时候她来上海找工作，而我正好在上海停留。列车呼啸的声音过后一会儿，她终于跟着人群走了出来，拖着行李箱拎着零食袋，背上还背着电脑包。

时值盛夏傍晚，海风刮过上海南站，灌进横七竖八的地道里。

Amy放开行李，然后抱着我，温柔大方地让她的体温透过两层薄薄的衣服传输到我身上，一缕头发盖在我的脖子上缓缓摩挲。然后她托动我的头，双唇盖下来，柔滑、火辣，舌头探进来，一阵酥麻。我只得乖乖闭上眼睛，她的头发又扫过眼皮，痒痒的。

我的初吻就这么没了。

我问她要如何对我负责，她说，这只是西式礼节罢了。我们认识的时间不算短，不过都是在网上。网络真是个好东西。

我们乘上地铁去往南京路，车厢里沉闷的空气和轻微的摇晃总是让我胃里翻涌不止。Amy看我一脸难受，再次拥我入怀。一切好像静止了。

我们到达南京路正好是在人最多的时候，密密匝匝的行人拎着各种袋子从我们身边拥过，游览车发出清脆的铃声，维持秩序的警察与偷偷贩卖滑冰鞋和会闪光的竹蜻蜓的小贩打着游击战。

她的手握住我的手，穿行在人群中。她说："这就是南京路啊？和想象中的不一样嘛。"我问："那你想象中是什么样子呢？"

她说："不告诉你。"

她停在地下商场门口，我转回头，然后和她一起走了进去。我说："这里是卖纪念品的地方，和城隍庙那边差不多，东西都蛮好，蛮有创意的，就是有点贵。"

她拉着我在店门口的地方转了一小圈，然后按着电梯扶手进了地下商场。正对着电梯扶手的是三尊佛像，前面放着一个功德箱，旁边卖玩具的老板正在把玩着遥控飞机，再往里面是游客和艰难地穿行在人群中的服务员。

Amy把注意力放在了各种各样的小玩意儿上，松开了我的手。她玩弄着一些木偶，我则去旁边看鼠标垫。我选中了一张"二〇一二宇宙飞船船票"，上面模仿火车票的格式。想了想似乎不满意，又在一大堆垫子里选起来。

Amy走过来拍了拍肩膀，我抬头假装仔细端详她，然后抽出一张垫子递给她。她看了看，笑骂道："你怎么这么坏啊？"

垫子上是减肥人士必备的自励（应该说自虐）句子，例如"再吃就是胖死的猪""再不减肥就等着被送到屠宰场去"之类。

其实Amy并不胖，顶多有一点婴儿肥，衬上她接近一米七的身高根本看不出来。她的曲线裹在紧紧的牛仔裤和紧身衣里面，也算挺苗条的。

我一时看得出了神。她问我是不是不舒服，我也等了一会儿才反应过来。我说："不是啊，你看那个。"我指给她看一只愤怒的小鸟的布偶，小鸟满脸怒火，嘴尖下翘，眼皮上翻，眼珠死死瞪着Amy。

Amy一看就笑了。我从鼠标垫里抽出另外一张递给她。她依然笑骂道："你怎么这么坏啊？坏死了你。"

鼠标垫上写着：每当小鸟因为失败而愤怒的时候，总有一只猪在笑。

转悠了一圈，Amy说："你衣服上怎么粘这么多东西啊？"然后她伸手拍了几下，什么也拍不掉，正巧她看见旁边有除毛器，随手就拿过来在我袖子上刷。服务员在旁边说道："这个是我们上海产的，很耐用，用四五年用不坏的，你看，好用吧，这个四十块钱。"

Amy让我转身，然后在我背上刷，嘴里说："用是蛮好用的，但是你看，刷不干净啊。"

服务员说："怎么会呢，你稍微用点力，你看三十五块合适不？"

Amy说：“再用力衣服就得刷坏了。”

服务员和Amy斗嘴的时候，就给我的大衣刷了个遍。这时候服务员说：“三十二吧，不能再便宜了，这个真的很耐用的。”

Amy说：“太贵了，根本不是这个价。”然后拉着我走。服务员在后面不开心地叫道：“不买就别动啊，你们怎么这样！”

走上扶梯的时候我想想确实有点过意不去，转身往功德箱里扔了两个硬币。玩具飞机的机翼从我头顶擦过，我感觉一股风从我头顶灌下来。卖玩具的老板连忙说不好意思不好意思。

然后我们走到外滩，沿着黄浦江逆风走。万国建筑群在灯光中雍容华贵，大钟楼每十五分钟敲响一次，对面的东方明珠灯火通明，陆家嘴的高层建筑们争奇斗艳。Amy说：“可惜了黄浦江这么脏啊，真煞风景。”

我说：“你远远地看这些建筑还好，你要是走进去，一样煞风景的。”

她问：“你好像不是很喜欢啊？”

我说：“可能是吧。你看这些建筑，这附近的大酒店我几乎都去做过兼职，陆家嘴的金茂大厦君悦大酒店，就是那边像一座塔的那个，还有这边的华尔道夫大酒店，我都去过，给人端盘倒酒或者洗碗布置会场什么的，都做过。我在金茂的时候，那个领班让我们连续干十四五个小时的活儿，累得要死，稍微有一点空的时候就像一条狗一样倒在地上就睡，也不管脏不脏。干完活儿要走大半个小时到那边的渡口等一个小时一班的渡轮，等回到学校宿舍，天都亮了。还有这个华尔道夫，我在里面洗碗，手泡在水里面十多个小时。你知道在水里面泡这么久是个什么样子吗？皮肤全都皱起来了，白得就像泡椒凤爪，轻轻一碰就会掉一块皮……”

Amy停下脚步，抓住我一只手，然后脸贴上来吻我。

周围的一切好像都消失掉了。

我说，这可不是见面礼节了。她呵呵笑着，不回答我。

天色渐晚，我带她回学校，在小吃街吃饱喝足，在学校旁边的小商店花十块钱买了刷毛器，然后打电话给小马。一会儿小马就在图书馆找到了我们，Amy迎上去给小马一个拥抱，我担心她要是给小马一个吻估计会吓到小马的，幸好她没有。

小马说：“那你今晚就和我挤一下吧。”

我说：“好，我明天再带你去找短租房。”

Amy说：“好啊，怎么样都可以，我随便的。”

走出图书馆，校园里只剩下几盏灯还亮着，灯光从另一头照过来，将铁丝网的阴影投在我们身上。我们身下的影子，变长了又变短，变浓了又变淡。

看着她们进了宿舍楼，我活动了一下脖子，然后转身朝自己的宿舍走。宿舍里战火正酣，DOTA组和CF组各自对着屏幕全神贯注。我洗脸洗脚，然后躺下睡觉。他们没有人注意到我，我前两次消失的时候他们会问很多问题，再后来渐渐就不问了。

电脑里的枪弹声和各种妖孽的声音伴我入睡。

5

一夜无梦，天亮醒来，洗漱完毕的时候最后一个室友正准备睡觉，他说：“你什么时候回来的啊？”然后转身倒头就睡。他根本不需要我的回答。

有最早一堂课的人正在匆忙赶往教室，清洁工不急不忙地扫着垃圾。我到处转悠，没过一会儿，Amy打来电话。我们在校门口碰头，然后出发。

路上她突然说，不用找短租房了，我看了下上海的情况，工作不好找啊，而且生活压力还这么大。

我侧身看着她，她接着说，你今天再陪我玩儿一天吧，晚上我就坐车去长沙了。我说：“你决定了？”她点了点头。

我问：“那我们上哪儿玩呢？”她说：“你决定吧。”

我想了想，让她站在原地等我。过了一会儿，我骑着单车到她身边，示意她上车。我载着她穿街过巷，说着笑话，玩玩闹闹。她侧坐着，右手环在我腰上，笑的时候，我能从她手上感觉到她的震颤。

骑了大概一个小时，我停下车。Amy问：“这是什么地方啊？”

我说，十九叁三，老场坊，一个艺术中心。我们走进去，迷宫一般的建筑层层叠绕。我说，这个是以前的一个工厂，后来不知道怎么回事儿就成了艺术中心，有点像北京的七九八。

我们沿着纵横交错的走廊闲逛，钻进洞穴一般的楼梯，拾级而上。到最顶层，我们站在天台边沿往下看，一边是高层建筑，另一边是还没拆迁的旧弄老巷。我牵着Amy沿着围栏走，不远的地方传来列车行驶的声音。我忽然想起《太阳照常升起》里面那个在树上和火车上大喊的女人。

“阿辽莎！别害怕！火车在上面停下来了！天一亮他就笑了！”

我也很想大喊，不过最终我只告诉了Amy那个关于火车和铁轨的段子。她笑着说：“你实在是太坏了。”

我想起和Amy认识的时候。那时候她大四，正在一家我发东西的杂志社实习，接一个刚跳槽的编辑的班。她和我联系的时候说：“老师，您好，我是新来的，以后请多多关照。”

我说：“小姑娘啊，老师脾气可能不太好，你可不能和我生气啊。”

于是她和我说话就特别客气，总是老师老师地叫着。后来她终于知道，我这个老师比她还要小两岁。她说：“你是坏人！”

从此之后，我的身份就从老师变成了坏人。

6

等我回过神来，她已经买好了票。她说：“那我进站了。”

我说：“好啊。”

她说：“不要太想我哦。”

我说：“不会。”

她说：“之前都是我吻你，这次该换你吻我了吧。”

于是我以其人之道还治其人之身。舌尖和舌尖彼此摩挲，就像两条纠缠的蛇。

她说，我该走了。我说，再见。

然后我突然莫名其妙在候车室里大喊起来：

“阿辽莎！别害怕！火车在上面停下来了！天一亮他就笑了！”

她回头冲我笑笑。我也笑笑，然后转身走了。

周围的人恐怕都认为我是一个疯子，也许他们想得没错。

我在大街上闲荡，Amy发来一条短信：好好珍惜她吧。我正在想这个“她”是谁的时候，小马打来电话，她说：“你回学校吧，今天是我生日，我请客吃饭。”

所谓的请客，实际上只有我们两个人。我把在南京旅行时候带回来的一块雨花石送给她做生日礼物，才想起来Amy来上海我竟然什么也没有送。

小马说：“你今后到底什么打算？”

我说：“就这样啊。”

小马说：“你认真一点啊，老这样算个什么事儿。”

我说：“走一步看一步嘛。”

然后我们就都不说话了，一顿饭吃得很闷。吃完饭，她说：“我们到处去走走吧。”

我说：“上哪儿啊，整个上海都被我们走过一遍了。”

以前小马去车站接了我，第二天就逃课陪我满上海乱逛，她拿不定主意，就用抽签的办法。我陪Amy去的地方，都是小马带我去过的。

小马说：“咱们不去哪儿，就随便走走。”

走过一路灯红酒绿，小马说：“你不能再这样下去了。”然后她开始劝说我。

但是我心里在想的，始终是那个“她”。我知道小马肯定和Amy说过什么，“她”也许是小马，也许是真假难辨的H。我在犹豫要不要问小马，她说：“你到底有没有在听我说话？”

然后她就生气一个人走了。我看着她的背影，竟然也想在大街上大喊，然而第一个字刚出口一半，就硬生生变成了一个喷嚏。

第二天，我又坐上火车，目的地未知。

Amy再也没有和我联系过，我想也许是她工作太忙。每次回到上海，小马依然来接我。

课堂上我的名字依然有人帮我答到，到考试的时候卷子上的题我依然会做。

生活并没有什么不同。

列车行驶在纵横交错的铁轨上，列车上的行人从此地赶往彼地，从自己的起点去往别人的起点。我在列车上想很多问题，它们都没有答案。

我坐过很多列车，去过很多地方，做过很多事，见过很多人，有的人我爱过，有的人爱过我，但是谁也没有留在谁的生命里，姑娘们一个一个都有了自己的归宿。

7

我就这么糊里糊涂地毕业了。毕业旅行是去长沙，小马要求的，她和她的男朋友一起。一路上他们俩在向我倾诉烦恼，小马说："好烦人啊，又要找工作又要对付我妈。"

我说："你妈怎么了？"

小马说："我妈催着我赶紧结婚啊，说再不结婚怕被剩下来，说现在好的男人的比房子都抢手。"

我说："你这旁边不是有一个现成的吗？"

小马说："我妈说没有房子的不准嫁。"

我对他男朋友说："你看，丈母娘才是推动中国房地产发展的决定性因素，房产专家那都是胡说。"

他冲我笑笑，说："兄弟，我跟你说，我帮你答了差不多三年的到，她跟我提你的名字我都会以为是在说我呢。"

小马说："哈哈。"

我们都笑了。过了一会儿，小马说："你还记得Amy吧？"

我说："我当然记得啊。"

小马说："其实是她让我带你去的，她怕她直接跟你说会尴尬。"

我说："这怎么会尴尬呢？"

小马说："她让我带你去参加她的婚礼。"

我看着小马，迟迟没有说话。最后我说，那我得去看看新郎是个什么样的人，配不配得上这么好的姑娘。

铃声响起来，是一个在我手机里躺了几年却从来没有联系过的号码。我拿着手机挤到车厢尾部的吸烟室，然后按键接听，电话里H的声音说："嘿，老同学，还记得我吗？"她的声音就好像很久以前那样，从未发生过改变。

我的心跳就像列车一样突然加速了。我在大脑里搜集词汇，可是最终却只说出了一句："当然记得，从来没有忘记过。"

她还在说什么，我已经听不见了。我又想起好多事情，想起很多以往在列车上做梦都会想起来的点点滴滴。我仿佛看见H的脸，和那时候一样开心地笑着。

H说："你能听到我在说什么吗，你那边好吵啊，你在做什么？"

我透过吸烟室的窗户看到旁边的铁轨，看到铁路边一闪即逝的树，看到密林和山坡，看到地平线，看到天空。

我说："我在铁轨上摇晃呢。"

（鄂）新登字02号

图书在版编目(CIP)数据

茶花纪 / 方达主编. — 武汉：湖北教育出版社，2014.6

（盛开·90后新概念·花样年华书系）

ISBN 978-7-5351-9815-0

Ⅰ.①茶… Ⅱ.①方… Ⅲ.①作文—中学—选集 Ⅳ.①H194.5

中国版本图书馆CIP数据核字(2014)第064241号

出版发行　湖北教育出版社

邮政编码　430015　电　话　027-83619605

地　　址　武汉市青年路277号

网　　址　http://www.hbedup.com

经　　销　新华书店

印　　刷　北京慧美印刷有限公司

开　　本　710mm×1000mm　1/16

印　　张　18.25

字　　数　304千字

版　　次　2014年7月第1版

印　　次　2014年7月第1次印刷

书　　号　ISBN 978-7-5351-9815-0

定　　价　28.80元